中国乡村振兴书系

共同富裕目标下的乡村振兴战略研究

谭卫平　张琦　等◎著

经济日报出版社

图书在版编目（CIP）数据

共同富裕目标下的乡村振兴战略研究 / 谭卫平等著
. -- 北京：经济日报出版社，2023.5
ISBN 978-7-5196-1281-8

Ⅰ. ①共… Ⅱ. ①谭… Ⅲ. ①农村-社会主义建设-研究-中国 Ⅳ. ①F320.3

中国版本图书馆 CIP 数据核字（2023）第 022789 号

共同富裕目标下的乡村振兴战略研究

作　　者	谭卫平　张琦 等
责任编辑	胡子清
责任校对	孙鹤窈
出版发行	经济日报出版社
地　　址	北京市西城区白纸坊东街 2 号 A 座综合楼 710（邮政编码：100054）
电　　话	010-63567684（总编室）
	010-63584556（财经编辑部）
	010-63567687（企业与企业家史编辑部）
	010-63567683（经济与管理学术编辑部）
	010-63538621　63567692（发行部）
网　　址	www.edpbook.com.cn
E-mail	edpbook@126.com
经　　销	全国新华书店
印　　刷	北京九州迅驰传媒文化有限公司
开　　本	710 毫米×1000 毫米　1/16
印　　张	16
字　　数	208 千字
版　　次	2023 年 5 月第 1 版
印　　次	2023 年 5 月第 1 次印刷
书　　号	ISBN 978-7-5196-1281-8
定　　价	58.00 元

本书受国家乡村振兴局中国国际扶贫中心比尔·盖茨基金会研究项目《共同富裕目标下的乡村振兴战略研究》资助，特此致谢！

引　言

共同富裕是社会主义的本质要求，是中国式现代化的重要特征。2021年2月，全国脱贫攻坚总结表彰大会庄严宣告我国脱贫攻坚战取得了全面胜利，区域性整体贫困得到解决，完成了消除绝对贫困的艰巨任务。2021年3月十三届全国人大四次会议表决通过了关于“十四五”规划和2035年远景目标纲要的决议，提出到2035年，人的全面发展、全体人民共同富裕要取得更为明显的实质性进展。《中共中央关于党的百年奋斗重大成就和历史经验的决议》将“全体人民共同富裕基本实现”确定为中国本世纪中叶全面建成社会主义现代化强国的目标之一。乡村是实现共同富裕最大的短板，如何在推进共同富裕中有效促进乡村振兴，又如何在全面推进乡村振兴中实现共同富裕，这不仅关系到农业农村的发展与农民的福祉，而且也关涉我国新时代农村社会经济发展的动力和质量。无疑，这是乡村振兴的紧迫需求，也是共同富裕的有效突破口，对切实推进中国农业农村现代化具有重要的实践意义。

当今世界遭遇百年未有之大变局。世界格局动荡不定，我们需要保持足够的定力，把自己的事情办好。“治国之道，民富为始；民之贫富，国之责任”，共同富裕就是中国当今步入新时代的“国之大者”，如何实现是新的挑战。从国际比较来说，这其实是探索和发挥社会主义制度优越性的问题。国际竞争根本上是制度竞争，实现共同富裕是社会主义制度优越性的重要体现。从发展阶段来说，这是探索中国如何实现“由富到强”的转变。“富起来”是“一个都不能少”的共同富裕；“强起来”是创新驱动的凝心聚力。共同富裕需要聚合各方面力量，在新时代进行新的探索。这是必须要回答的“时代之问”，也是新时代必须要探索的“中国之路”。

以2020年党的十九届五中全会为标志，共同富裕已经从一种理念转变为国家发展的阶段性目标，如今正在进行全面的部署，从理论层面的探讨跨越到试验推进的实践层面。共同富裕起初被当作社会主义制度的原则和追求的目标来看待；改革开放之后，被纳入“两个大局”战略构想之中，即先富带动后富；脱贫攻坚战取得胜利后，“扎实推动共同富裕”被提上议事日程；2021年5月，中共中央、国务院印发《关于支持浙江高质量发展建设共同富裕示范区的意见》，选取浙江作为共同富裕建设的试点示范。

全面推进乡村振兴是实现共同富裕的战略基点。农民富裕是实现共同富裕的短板，也是我国实现共同富裕的重点难点所在。在共同富裕的进程中，农民是数量庞大的相对贫困群体，决定着我国富裕的基数和实现程度。从城镇化率来看，2020年，我国常住人口城镇化率为63.9%，农村常住人口有5.1亿；户籍人口城镇化率是45.4%，农村户籍人口是7.71亿。按照联合国的预测，2035年我国城镇化率为74%左右，届时我国农村人口还有3.74亿；到2050年我国城镇化率为80%，几乎达到中国城镇化的极限，但到那时农村人口还有2.73亿，如此庞大的农村人口构成了共同富裕的基数。再就收入差距和富裕差异来看，2020年我国城乡居民人均可支配收入差距是2.56倍，比1986年的1.86倍高37.6%，城乡收入差距不断拉大，且远远高于发达国家水平，而近年来农民增收难度也日益增大。总体上，按照中国社科院农村发展研究所的估算，以当年价格和可比价格计算，目前农民收入比城市居民落后11～12年，农民生活水平比城市居民落后10～13年。要实现共同富裕，要建成现代化强国，就必须促进城乡居民收入实现均衡化、生活质量实现等值化。城乡居民收入比接近1左右，这个难度相当大。

促进乡村振兴是实现共同富裕的关键。“民族要复兴，乡村必振兴”，在走向共同富裕的目标进程中，必须全面推进乡村振兴战略，而我们如何更好地把握共同富裕的要求？又如何在共同富裕目标下，促进实现乡村全面振兴？这是一个问题的两个方面。乡村振兴的条件、背景决定了共同富裕的起点，而共同富裕也给乡村振兴提出了具体的目标、任务、要求。我们要对二者的关系进行深入的研究探索，国家乡村振兴局中国国际扶贫中心敏锐地关注到共同富裕目标下的乡村振兴问题，在比尔·盖茨基金会的资助下，设定《共同富裕目标下的乡村振兴战略研究》专题，由扶贫中心谭卫平副主任和北京师范大学中国扶贫研究院院长张琦教授联合主持，组成包括北京师范大学、中央民族大学、甘肃农业大学、内蒙古农业大学等高校的联合课题组，由 5 名教授领衔，17 名博士、硕士参加。

本书聚焦于探讨共同富裕目标下的乡村振兴战略问题。书中采用文献研究和实地调研相结合的方法，从逻辑一致的系统性要求出发，提炼出 6 个关键问题：乡村振兴现状怎么样、如何评判评估乡村振兴、共同富裕与乡村振兴二者的内在关系机理如何、共同富裕下的乡村振兴重点要点何在、从浙江共同富裕示范中可获得怎样的借鉴启发、在具体乡村振兴的实践中针对不同地区如何把握时序节奏。并相应成立 6 个研究小组，每一小组明确具体的牵头人和研究成员，分工如下：乡村发展的理论与实践（张建平教授牵头）；乡村振兴的进展及其评价（杨澄宇教授牵头）；共同富裕与乡村振兴关系机理（王玉海教授牵头）；共同富裕目标下的乡村振兴实践案例（张艳荣教授牵头）；乡村振兴的区域与时序发展战略（沈扬扬副教授牵头）；共同富裕目标下的乡村振兴对策建议（张琦教授牵头）。

本书具体分 10 章内容来探讨。第一章首先从中国乡村发展战略与政策演变的趋势出发，对乡村振兴战略进行定位，目的是阐述清楚乡村振兴战略的来龙去脉。第二章从共同富裕目标出发审视乡村振兴战略理论与实践探索，通过比较乡村振兴促进共同富裕的国内外实践经验，辨析探讨乡村振兴促进共同富裕的实现路径。第三章从共同富裕出发对既有乡村振兴指标体系进行增减调整，提炼出构建的三重逻辑，分析构建的三种思路，最后提出新的共同富裕目标下的乡村振兴指标体系。第四章运用新的共同富裕目标下的乡村振兴指标体系，对共同富裕目标下的乡村振兴进展进行测度，对乡村振兴的时空格局进行分析，界定乡村振兴的起点基础，确定发展努力的方向定位。第五章就共同富裕与乡村振兴之间的关系机理进行深入剖析，探讨了乡村振兴的内生动力与共同富裕外在助力实现利益兼容的机制，提出了实现共同富裕与乡村振兴目标对接、任务连接的途径渠道。第六章就共同富裕目标下的乡村振兴战略要点进行分析，分别从产业、人才、文化、生态和组织五个方面来阐述。第七章从城乡关系角度探讨共同富裕目标下的城乡差距与城乡融合问题，研判城乡融合趋势，分析城乡融合机制，提出城乡融合战略举措。第八章以浙江共同富裕示范区建设方案为借鉴参照，对比国内外乡村振兴促进共同富裕的案例，就浙江共同富裕的方案进行分析，以提炼在全国实践推进乡村振兴的启示效应。第九章对共同富裕目标下乡村振兴的区域发展与时序发展进行分析，以把握时序节奏、辨析区域差别，试图从时间与空间两个维度上对乡村振兴实践做出具体阐释。第十章综合前面的分析，提出对策建议，具体包括体制改革、高质量发展方式、适应分配政策调整等三个层面。

通过研究，我们得出了如下三点结论：（1）要重视共同富裕目标下的乡村振兴战略，共同富裕涵盖社会经济发展的方方面面，短板是乡村振兴，难点也在乡村振兴。（2）乡村振兴要立足于探索乡村高质量发展模式，这是农业农村现代化的具体支撑，也是乡村振兴战略真正落地的表现形式。（3）在推进共同富裕目标下的乡村振兴中，三次分配是可采用的政策手段，却并不是基本的途径，更不是共同富裕的目标所在，重要的还是要借助共同富裕深化分配制度改革，并将分配制度改革转化为乡村振兴的内在动力。因此，共同富裕要着力于农村体制改革、乡村高质量发展模式探索、财政分配政策调整的综合性实践探索。

通过研究，我们提出了针对性的对策建议。共同富裕既是分配问题，也是发展问题，更是改革问题。共同富裕为乡村发展确定了新的目标，也提出了新的变革要求。站在乡村振兴的角度，顺应共同富裕的要求，我们围绕体制改革、高质量发展、分配政策调整三个层面提出了对策建议：（1）深化体制改革：打破身份束缚消解二元结构。破除农民与市民、编制内与编制外、工人与干部等阻碍流动的社会身份体制，这是乡村发展的体制束缚，也是共同富裕的根本目标。（2）转变发展方式：探索乡村高质量发展模式。共同富裕内含着高质量发展的要求，乡村振兴要有高质量发展模式支撑，要促进乡村振兴走向高质量发展轨道，这是促进共同富裕的基本途径。这涉及发展动力积极性的调动，也涉及克服贫困和培育人的发展和能力提升问题。（3）巧借分配政策：适应三次分配瞄准乡村重点。要根据乡村振兴的不同内容区分三次分配政策的重点，根据乡村振兴的不同阶段考虑三次分配政策作用，根据不同地方的乡村发展统筹三次分配政策运用。

我们的研究力图在如下三方面有所突破：（1）提出构建一套新的共同富裕目标下的乡村振兴指标体系，以便对共同富裕目标下的乡村振兴进行科学准确的评价。（2）搞清楚乡村振兴与共同富裕之间的关系机理，以便科学运用共同富裕分配手段，凝练抽象乡村振兴的重点抓手，瞄准乡村振兴的重点，发挥三次分配政策的最大效应。（3）联系乡村振兴不同地区，把握时序阶段，提出具体针对性的对策举措。

新时代新征程新起步！毛主席说："雄关漫道真如铁，而今迈步从头越。"我们将不懈探索共同富裕目标下的中国乡村振兴之路！

目　录
CONTENTS

引　言 …………………………………………………………………… 1

第一章　中国乡村发展政策与乡村发展战略演变历程及其评价 …… 1

一、共同富裕目标下的中国乡村发展战略 ………………………… 2

（一）中国共产党在共同富裕上的探索 …………………………… 3

（二）收入分配制度改革 …………………………………………… 3

（三）共享理念下的乡村发展 ……………………………………… 4

（四）城乡关系演变中的农村发展 ………………………………… 5

二、中国乡村发展政策演进历程 …………………………………… 5

（一）第一阶段：农村经济体制改革背景下的生产力释放（1978—1992 年）……………………………………………… 6

（二）第二阶段：社会主义市场经济浪潮下的农村发展（1992—2000 年）……………………………………………… 7

（三）第三阶段："以工促农、以城带乡"的"三农"保障（2002—2016 年）……………………………………………… 8

（四）第四阶段：乡村振兴与农村现代化（2017—2021 年）…12

三、共同富裕视角下中国乡村发展政策路径展望 ………………14

第二章　国内外关于共同富裕与乡村振兴战略的理论与实践 ………17

一、共同富裕的概念与内涵 …………………………………………18

（一）国外学界针对"共同富裕"概念内涵的科学探讨 …………19

（二）国内学界针对"共同富裕"概念内涵的深入挖掘 …………19

（三）"共同富裕"内涵的时代价值与现实意义 …………………20

二、乡村振兴与共同富裕的关系研究 ……………………………21

三、共同富裕实现路径研究 …………………………………………23

（一）通过完善基础设施缩小城乡收入差距 ……………………24

（二）通过培育人力资本缩小城乡收入差距 ……25
（三）通过推动金融发展缩小城乡收入差距 ……26
（四）通过完善制度安排缩小城乡收入差距 ……28
四、乡村振兴促进共同富裕的国内外实践经验 ……31
（一）乡村振兴促进共同富裕的国内实践经验 ……31
（二）乡村振兴促进共同富裕的国外实践经验 ……33

第三章　共同富裕目标下中国乡村振兴评价指标体系构建 ……41

一、共同富裕目标下乡村振兴指标体系构建的三重逻辑 ……42
（一）共同富裕目标下乡村振兴指标体系构建的理论逻辑 ……43
（二）共同富裕目标下乡村振兴指标体系构建的历史逻辑 ……44
（三）共同富裕目标下乡村振兴指标体系构建的实践逻辑 ……45
二、共同富裕目标下乡村振兴指标体系的三条构建思路 ……46
（一）继承发展思路 ……46
（二）有机统一思路 ……46
（三）前瞻引领思路 ……47
三、共同富裕目标下乡村振兴指标体系构建 ……47
（一）根据实施进度优化现有乡村振兴指标 ……48
（二）根据共同富裕目标优化乡村振兴指标 ……50
（三）根据乡村振兴长远目标完善乡村振兴指标 ……57
（四）根据发达国家乡村发展指标完善乡村振兴指标 ……61
（五）根据世界发展指标完善乡村振兴指标 ……62
四、共同富裕目标下乡村振兴重点指标的目标值设定 ……64
（一）产业兴旺 ……65
（二）生态宜居 ……67
（三）生活富裕 ……67
（四）乡风文明 ……68
五、指标导向下的认识结论及其建议 ……70

第四章　共同富裕目标下中国乡村振兴的时空格局测度 ……73

一、国内外关于乡村振兴测度方法的研究 ……74

二、共同富裕目标下乡村振兴综合评价指数构建 ……………………76
（一）指标选择 ……………………………………………………………76
（二）数据来源 ……………………………………………………………76
（三）指标无纲量化方法 ……………………………………………77
（四）权重计算和指数合成方法 ……………………………………77
（五）指数结果评价 ……………………………………………………79
三、乡村振兴时空发展格局的空间计量分析 ……………………………82
（一）时间上乡村振兴的地区收敛 …………………………………82
（二）空间上乡村振兴的地域聚集 …………………………………84
四、结论与对策建议 ……………………………………………………87
（一）在区域协同发展中谋求乡村振兴 ……………………………88
（二）在新型城镇化进程中推动乡村振兴 …………………………89
第五章 共同富裕与乡村振兴的关系机理研究……………………………91
一、共同富裕与乡村振兴内涵的界定 …………………………………92
（一）共同富裕的含义 …………………………………………………92
（二）乡村振兴战略的含义 ……………………………………………93
（三）总体一致但各有不同 ……………………………………………95
二、乡村振兴与共同富裕的关系辨析 …………………………………96
（一）从乡村振兴出发对二者关系的阐释 …………………………97
（二）从共同富裕出发对二者关系的阐释 …………………………98
（三）现有关于二者关系研究的不足 ………………………………99
（四）从发展进程出发界定乡村振兴与共同富裕的关系 …… 101
三、乡村振兴与共同富裕的关系机理 ………………………………… 104
（一）二者的相互作用关系通过乡村发展的利益相关者来联通 … 106
（二）二者的相互作用关系通过共享公共平台来实现对接 … 107
（三）二者的相互作用关系通过乡村自组织来加强 ………… 108
四、乡村振兴与共同富裕的结合 ……………………………………… 110
（一）共同富裕与乡村振兴的目标对接 …………………………… 111
（二）共同富裕手段与乡村振兴任务的连接 ……………………… 114
（三）科学运用共同富裕分配手段促进乡村振兴的重点抓手 117

第六章　乡村振兴总体部署及共同富裕目标下乡村振兴战略要点分析… 121
一、乡村振兴战略部署和总体要求 …………………………………… 122
（一）战略部署 ……………………………………………………… 122
（二）总体要求 ……………………………………………………… 127
二、产业、人才、文化、生态和组织振兴的战略要点 ………… 130
（一）产业振兴战略要点 ………………………………………… 130
（二）人才振兴战略要点 ………………………………………… 133
（三）文化振兴战略要点 ………………………………………… 136
（四）生态振兴战略要点 ………………………………………… 138
（五）组织振兴战略要点 ………………………………………… 141
第七章　共同富裕目标下城乡融合机制与战略举措 ……………… 145
一、共同富裕目标下城乡差距评价 ………………………………… 146
（一）城乡收入差距较大 ………………………………………… 147
（二）基本公共服务不均等 ……………………………………… 147
（三）城乡基础设施差距依然很大 ……………………………… 148
（四）县城和村庄公共设施建设投入差距较大 ………………… 148
二、共同富裕目标下城乡融合趋势 ………………………………… 149
（一）城乡居民消费结构正在逐步优化 ………………………… 149
（二）脱贫地区生产生活条件得到有效改善 …………………… 150
（三）南北差距削弱了城乡融合基础 …………………………… 152
三、共同富裕目标下城乡融合机制 ………………………………… 154
（一）城乡要素合理流动配置机制 ……………………………… 155
（二）城乡基本公共服务普惠共享机制 ………………………… 156
（三）城乡基础设施一体化建设机制 …………………………… 156
（四）城乡产业融合发展机制 …………………………………… 157
（五）农民收入持续增长机制 …………………………………… 157
四、共同富裕目标下城乡融合战略举措 …………………………… 158
第八章　浙江省共同富裕示范下的乡村振兴实践及其经验启示 … 161
一、勾勒乡村振兴宏伟蓝图，谋划共富之路 ……………………… 162

（一）顶层设计，打造先行示范区 …… 162
（二）谋篇布局，统筹统战乡村振兴 …… 163
二、夯实民生大计，筑牢振兴基础 …… 165
（一）整合资源，荒地变宝地 …… 166
（二）广聚英才，共建乡村振兴 …… 167
（三）合作社助农，实现高效生产 …… 169
（四）科技强农，领跑农业发展 …… 170
三、振兴乡村产业，奠定富裕基石 …… 173
（一）村强且民富：壮大村集体经济 …… 173
（二）宜居且富裕：变生态优势为经济优势 …… 175
四、高质量发展：数字化改革缓解发展不平衡不充分问题 …… 177
（一）以数字化改革推动乡村振兴，为共同富裕提供动力支撑 … 177
（二）数字经济打开高质量发展新空间 …… 178
（三）依靠数字经济提质升级，满足居民对美好生活向往 … 179
五、重塑城乡关系，推进城乡融合发展 …… 181
六、电商赋能农特产品，跑出共同富裕"加速度" …… 183
（一）大力推进"传统电商＋直播电商"销售新模式 …… 184
（二）培育"农业龙头企业/合作社＋农户＋产品加工包装＋电商"经营新模式 …… 184
（三）积极打造"一村一品、一乡一品＋电商"发展新模式 184
（四）大力发展"海外仓＋跨境电商"外贸新模式 …… 185
七、共建乡村振兴，共享富裕之果 …… 185
（一）搭平台勤致富，弱势群体共富裕 …… 185
（二）共享红利，病有所医 …… 187
（三）资源下沉，优教共享 …… 188
小结 …… 191

第九章　共同富裕目标下的区域与时序发展战略 …… 193

一、我国贫困区域确定的历史沿革 …… 194
（一）艰苦卓绝减贫事业下的几类农村贫困区域设定 …… 194
（二）全面建成小康社会时期的国家乡村振兴重点帮扶县 … 196

二、脱贫地区、欠发达地区、乡村振兴重点帮扶县三者之间的关系…196
（一）农村欠发达地区的几种界定……196
（二）几类欠发达区域与国家乡村振兴重点帮扶县的关系……197
三、共同富裕目标下的区域发展战略……199
（一）共同富裕目标下脱贫区域的发展战略设计……200
（二）共同富裕目标下欠发达地区发展战略设计……202
（三）共同富裕目标下巩固区域发展成果与乡村振兴有效衔接……203
四、共同富裕目标下的时序发展战略……204

第十章　共同富裕目标下乡村振兴的对策建议……207

一、推进共同富裕就要深化改革：打破身份束缚消解二元结构……209
（一）推进身份体制改革……210
（二）促进要素社会流动……212
（三）进行全面综合改革……214
二、增进共同富裕转变发展方式：探索乡村高质量发展的模式……217
（一）共同富裕内含着高质量发展的要求……217
（二）乡村振兴要有高质量发展模式支撑……218
（三）促进乡村振兴走向高质量发展轨道……220
三、促进共同富裕巧借分配政策：适应三次分配瞄准乡村重点……222
（一）搞清三次分配政策的一般内涵和作用方式……222
（二）瞄准乡村重点发挥三次分配政策最大效应……225

参考文献……228

附录：2008 年以来我国农业补贴政策演变一览表……237

第一章　中国乡村发展政策与乡村发展战略演变历程及其评价

习近平总书记在2021年2月25日全国脱贫攻坚总结表彰大会上指出："脱贫摘帽不是终点，而是新生活、新奋斗的起点。解决发展不平衡不充分问题、缩小城乡区域发展差距、实现人的全面发展和全体人民共同富裕仍然任重道远。"与此同时，在第二个百年奋斗目标新征程的开局之年，中共中央做出"在高质量发展中促进共同富裕"的重大战略部署，提出"促进农民农村共同富裕，巩固拓展脱贫攻坚成果，全面推进乡村振兴"。可以说，以共同富裕为中长期目标的发展过程中，乡村振兴作为"全体人民共同富裕的必然要求"与"新时代'三农'工作总抓手"，对于实现高质量发展、迈向共同富裕都有重大的战略意义。一方面，缩小城乡差距将对未来实现共同富裕起着重要的决定作用（李实等，2021）；另一方面，农业农村的现代化是高质量发展的重要基础（王春光，2021；沈扬扬，2021）。在实践层面，高质量乡村振兴无疑是迈向共同富裕的关键领域、薄弱环节和重要组成部分，是实现共同富裕的必要条件（黄承伟，2021）。基于此，本章以梳理中国乡村发展政策与乡村发展战略演变历程作为起点，将上述发展政策与我国共同富裕理念建立联系，增进对我国当前阶段乡村振兴与共同富裕重大发展战略意义的理解，也有助于规避实践的偏差以及推动实践的创新。

一、共同富裕目标下的中国乡村发展战略

治国之道，民富为始；民之贫富，国之责任。"共同富裕"作为中国共产党和中国政府的一种理念一直是中国政府的努力目标。2020年底，经

过艰苦卓绝的扶贫攻坚战，我国全面消除了现行标准下的绝对贫困，带领贫困人口和贫困地区同全国一道进入全面小康社会。以 2020 年党的十九届五中全会为标志，共同富裕从一种理念转变为一种国家发展阶段目标，我国拉开了推进共同富裕的战略部署的序幕（李实，2021）。回顾我国乡村发展战略，既体现了国家对“三农”问题的重视，同时也根源于中国共产党和中国政府对共同富裕之路的追求和实践精神。具体可以从如下四个方面回顾。

（一）中国共产党在共同富裕上的探索

建党百年之际，党和国家在乡村发展与共同富裕实践探索上积累了丰富经验。一方面，在党的领导和带领下，社会主义新中国集中力量发展生产力，经济社会各方面取得了突飞猛进的发展，人民生活水平大幅提高。只有在把“蛋糕”做大的前提下，才能把“蛋糕”分得更好，先富带动后富的优化路径，也是社会主义生产力和生产关系发展的必然规律。因此，党和政府带领下的中国经济社会的进步与发展，为实现高质量乡村振兴和共同富裕目标提供了根本保障。另一方面，中国共产党始终坚持以人民为中心，为人民谋利益、求幸福的发展理念，以带领中国人民走向共同富裕为奋斗目标。在经济水平提升到一定阶段后，尤其是党的十八大以来，党和国家聚焦于如何处理好利益增长和利益分配问题上面，通过一系列战略部署，促进乡村经济与农民收入同步增长，实现城乡融合发展，以及收入分配的合理有序，让改革发展成果更多更公平地惠及全体人民。

（二）收入分配制度改革

改革开放初期，建立在经济高速增长基础上的共同富裕成为基本的政策取向。收入差距的适度扩张以及收入形成机制的调整成为实现这一目标的重要手段。但这也在一段时期导致收入差距急剧扩大，收入分配成为比较突出的社会问题。有鉴于此，2006年《中共中央关于构建社会主义和谐社会若干重大问题的决定》中强调收入分配“更加注重社会公平”，并将“完善收入分配制度、规范收入分配秩序”作为“保障社会公平正义”制度建设的重要内容。因此，“更加注重公平”成为新阶段收入分配制度改革的新取向。在一段时期内，对于“效率优先、兼顾公平”在实践中广泛存在的理解通常偏向于初次分配注重效率、再分配强调公平。党的十九大报告提出的2035年目标和2050年目标，都鲜明地体现了改善人民生活、缩小差距、实现共同富裕的要求①。在十九届五中全会上，明确了到2035年基本实现社会主义现代化远景目标，并首次提出“全体人民共同富裕取得更为明显的实质性进展”。由此可见，建立和完善“更加注重公平”的收入再分配机制，以期实现居民收入差距水平与收入差距的形成机制符合社会认同的基本规范，保障社会成员共享发展成果，完善社会福利和公共服务均等化，成为实现共同富裕基本目标的必经之路。

（三）共享理念下的乡村发展

改革开放初期，党和国家以制度创新推动乡村发展，在农村实行家庭联产承包责任制，以产权制度为突破口实现了要素的流动和优化，提高了农民生产活动积极性。同时，国家发展战略逐渐由汲取乡村资源向支持乡村发展转变，中国政府开始持续关注“三农”问题，在福利与保障上建立农村社会保障体系，并以“三西地区”为起点持续加大扶贫开发力度，为实现乡村高质量振兴和共同富裕提供了制度保障。一系列推动农村发展的政策措施提高了农村居民的生产活力，打破了低水平共同富裕的局面。党的十八大以来，以习近平同志为核心的党中央以乡村振兴为引领，全面促进“三农”共享发展（黄承伟，2021）。

---

① 参见http：//www.ccdi.gov.cn/special/zmsjd/zm19da_zm19da/201712/t20171206_113306.html.

（四）城乡关系演变中的农村发展

新中国成立初期，为发展工业带动性经济，党和国家把发展中心转向城市，建立重工业优先发展战略。城乡二元结构由此形成，城镇与乡村各司其职，但为了确保城市工业化顺利快速前进，也形成了以农业哺育工业的发展关系，农村不断向城镇输送农业剩余价值。这种发展关系以改革开放为标志开始发生扭转。国家逐步构建“以工促农、以城带乡”的发展格局，同时在政策上努力破除二元经济社会结构体制，乡村获得更多的发展资源。这段时期，国家加快推进工业化和城镇化建设，在几十年时间里走过了发达国家上百年的路程。但农业现代化的发展速度仍较为缓慢，农村经济发展落后，农民增收困难，城乡收入差距被拉大（李实、罗楚亮，2007）。为弥补这一问题，党的十八大以来，国家推进实施了一揽子政策来提高农村居民收入，缩小城乡差距，包括：城乡一体化发展、城乡融合发展、脱贫攻坚和乡村振兴战略等。由此可见，在城乡共同富裕的进程中，城乡发展关系的演进逻辑是城乡建设要服务于国家的经济战略、城乡发展要以生产关系符合生产力发展水平的规律为原则。实施乡村振兴战略，加快促进农民增收，加大农村公共服务投入对未来我国缓解城乡发展不平衡问题、促进城乡一体化发展，实现城乡人民共同富裕具有深刻意义。

二、中国乡村发展政策演进历程

前文通过总结不同层面的我国乡村发展战略演进脉络，可知国家在乡村发展方面时刻围绕着共同富裕的目标，下面我们将具体梳理我国乡村发展的政策演进，更为深入地体会不同发展阶段我国出台的乡村发展政策的必要性和重要性。

（一）第一阶段：农村经济体制改革背景下的生产力释放（1978—1992 年）

第一，改革开放为农村发展注入新动力。新中国成立初期，我国的乡村发展策略主要参照苏联经验模式进行农业社会主义改造，以计划经济、农业“一大二公”生产模式指导农村经济发展。但这种方式未能进行要素的合理配置，忽略了农民生产激励问题，尽管农村内部居民间的收入差距缩小了，但实际上这只是一种低发展水平的“共享”结果，既不利于农村经济发展，同时乡村振兴也缺乏内生动力。1978 年的十一届三中全会拉开了我国改革开放的巨大序幕，乡村发展也成为我国改革开放的桥头堡。在此次会议上，我国确立了“对内改革、对外开放”的战略方针，邓小平提出“整个社会主义历史阶段的中心任务就是发展生产力，这才是真正的马克思主义”。至此，中国的改革将农村放在了突出位置，摆脱贫困和发展生产是这一时期的重要议题。在实施农村土地联产承包责任制后，中国农村贫困温饱问题基本解决。制度的变革就成为缓解贫困的主要途径。土地经营制度的变革，即以家庭承包经营制度取代人民公社的集体经营制度，极大地激发了农民的劳动热情，从而极大地解放了生产力，提高了土地产出率。

第二，改革农产品流通体制。与此同时，在农村进行的农产品价格逐步放开、大力发展乡镇企业等多项改革，也为解决农村的贫困人口问题找到了出路。这些改革，促进了国民经济快速发展，并通过农产品价格的提升、农业产业结构向附加值更高的产业转化以及农村劳动力在非农领域就业三个方面的渠道，将利益传递到贫困人口，使贫困农民得以脱贫致富，农村贫困现象大幅度缓解。1982 年，改革开放以来第一个中央一号文件《全国农村工作会议纪要》发布，为农村改革的深入奠定政策基础。其中强调了农业结构的调整，放宽粮食政策，逐步开放农副产品价格。统计数据显示，1978—1984 年，我国粮食产量从 3.04 亿吨增至 4.07 亿吨。与此同时，农村富余劳动力获得了在农村就地就近就业的契机。1979—1988 年间，农村居民人均纯收入年均增长突破 11%，且“城乡居民收入差距在 1978—1989 年间出现了缩小的趋势”（吴敬琏，2018）。

第三，“三农”支持雏形初现。1978—2003 年期间，有关“三农”政策数量持续偏少并伴随细微波动。这与我国改革开放刚刚起步，政策系统尚不完善有一定的关联。其中 1980 年到 1990 年是中国农村经济繁荣发展的黄金时期，主要动因在于 1982—1986 年连续五年发布的中央“一号文件”，拉开了乡村经济繁荣的序幕。

第四，国家扶贫体系初步建立。20 世纪 80 年代中期，国务院扶贫开发领导小组及办公室成立，中国农村扶贫开发工作进入了大规模开发式扶贫的阶段，国家开始安排专项资金，制定专门的优惠政策，并对传统的救济式扶贫进行彻底改革，确定了开发式扶贫方针。自此，中国政府在全国范围内开展了有计划、有组织和大规模的开发式扶贫，中国的扶贫工作进入了一个新的历史时期。第六届全国人大第四次会议将如何帮助“老、少、边、穷”地区脱离穷困落后状况作为一项重要议题。与上一阶段以全方位改革来带动扶贫事业的方针不同，这一阶段的扶贫工作更具有针对性，提高了工作效率，有助于改善区域经济发展不平衡的问题。

（二）第二阶段：社会主义市场经济浪潮下的农村发展（1992—2000 年）

一是社会主义市场经济基本框架确立。1992 年，党的十四大确立了社会主义市场经济体制的基本框架。在此期间出台了一系列农业经营制度调整政策。结合其他产业结构和战略结构调整政策，农业农村获得持续发展。同时，户籍制度和农民进城的限制出现松动，由此形成了声势浩大的“民工潮”，这也极大缓解了农民的贫困问题。但在此过程中，城乡之间的差距在波动中逐步拉大，城乡居民收入比由 1989 年的 2.2 提升至 1999 年的 2.8（刘儒等，2020）。同时，伴随农民工浪潮，农村空心化、老龄化现象出现，农业农村可持续发展面临一系列不可回避的问题。农业停滞、农村凋敝、农民贫困的问题进一步凸显。

二是扶贫力度增大。在减贫方面，随着农村改革的深入发展和国家扶贫开发力度的不断加大，中国贫困人口逐年减少，贫困特征也随之发生较大变化，贫困人口分布呈现明显的地缘性特征。这主要表现在贫困发生率向中西部倾斜，贫困人口集中分布在西南大石山区、西北黄土高原区、秦巴贫困山区以及青藏高寒区等几类地区。导致贫困的主要因素是自然条件恶劣、基础设施薄弱和社会发育落后等。1994 年 3 月，《国家八七扶贫攻坚计划（1994—2000 年）》的颁布标志着综合性扶贫攻坚战略的展开，计划用七年时间基本解决剩余的 8000 万农村贫困人口的温饱问题。经过七年的扎实工作和不懈努力，我国在 2000 年基本完成了《国家八七扶贫攻坚计划（1994—2000 年）》的既定目标，解决了贫困人口的温饱问题。

三是"三农"支持面临挑战。从"三农"政策数量上看，1990 年后政策数量下降，这与中国改革发展重心由农村转向城市有关。2000 年中国处于申请加入世界贸易组织阶段，乡村经济结构亟须调整。但另一方面，由于国家仍以城市和工业为改革重点，且对农村资金投入较少，这导致农村地区出现不少问题，如基层政权问题、粮食问题等。因此，2003 年国家将统筹城乡发展放在首位，并制定一系列政策以缓解乡村矛盾。

（三）第三阶段："以工促农、以城带乡"的"三农"保障（2002—2016 年）

进入 21 世纪，尽管我国综合国力显著提升，人民生活条件显著改善，但农业农村的弱势并没有得到根本性扭转。尤其是加入 WTO 后，中国农业面临国内外市场的激烈竞争。2002 年底，党的十六大通过了《全面建设小康社会，开创中国特色社会主义事业新局面》的报告，首次将“全面繁荣农村经济”与“加快城镇化进程”作为并列的目标要求，并提出“消除不利于城镇化发展的体制和政策障碍，引导农村劳动力合理有序流动”。由此可以看出，此时政策战略思想是优先发展城镇，进而以城镇带动乡村发展。2004 年中共十六届四中全会上提出了“两个趋向”，即：在工业化初始阶段，农业支持工业，为工业提供积累是带有普遍性的趋向；但在工业化达到相当程度后，工业反哺农业，城市支持农村也是带有普遍性的趋向。从 2004 年起，每年的中共中央“一号文件”几乎都聚焦在“三农”领域，实施了一系列包含“真金白银”的惠农政策（参附表 1）。具体来看：

第一，农业补贴政策与取消农业税。主要有四类补贴：良种补贴、种粮农民直接补贴、农机补贴和农业生产资料综合补贴。其中，2002 年中央财政在东北地区推广高油大豆良种补贴，2003 年同时实施优质专用小麦良种补贴。2004 年中共中央“一号文件”件要求将良种补贴进一步扩大到小麦、大豆、水稻、玉米四个品种，现阶段的补贴范围进一步扩大。此外，2004 年 2 号文件还提出了主产区种粮农民直接补贴政策，2005 年进一步提高的补贴力度，2006 年明确提出粮食主产区要将种粮农民直接补贴资金规模提高到粮食风险基金的 50% 以上。2007 年则将这一要求推广至全国。可以说，我国的粮食直补政策是中央财政支持“三农”的基本政策之一。另一方面，2004 年中共中央“一号文件”还提出了农机购置补贴政策，从试点县开始，2008 年推广到了全国所有的农牧业县，这对于我国农业机械化水平的提高起到了巨大推进作用。此外，2006 年国际石油价格上扬导致国内柴油、化肥等生产资料价格上涨，为弥补农业生产成本的快速上升，国家财政紧急拨付了农业生产资料综合补贴。2007 年以及后续的一些年份中，中共中央“一号文件”均要求加大农业生产资料补贴力度，后续有剔除完善农业生产资料综合补贴动态调整机制，从而保障了农业生产的成本风险。此外，2006 年 1 月 1 日，我国全面废止了《中华人民共和国农业税条例》，延续了2600年之久的农业税从此退出历史舞台。

第二，新农村建设。2005年10月11日，中共十六届五中全会通过了“十一五”规划，提出“建设社会主义新农村是我国现代化进程中的重大历史任务”。2016年中共中央“一号文件”对社会主义新农村建设工作做出具体部署，包括农村道路、房屋、改水、改厕等工作。农村面貌得到一定程度改善，此后多年的农业农村工作均与十六届五中全会相关。

第三，公共服务保障。2006年10月11日中共十六届六中全会通过了《中共中央关于构建社会主义和谐社会若干重大问题的决定》，提出“完善公共财政制度，逐步实现基本公共服务均等化”，由此确立了2020年基本建设成“覆盖城乡居民的社会保障体系”目标。具体地，在农村公共事业投入方面，2006年中共中央“一号文件”提出对西部农村义务教育学生全部免除学杂费；2007年进一步提出对全国农村义务教育学生全部免除学杂费。2007年7月，国务院下发《关于在全国建立农村最低生活保障制度的通知》，决定自2007年起在全国建立农村最低生活保障制度。2003年国务院发布《关于建立新型农村合作医疗制度的意见》，提出2010年在全国建立基本覆盖农村居民的新型农村合作医疗制度目标。由此可见，伴随一系列农村惠农惠贫政策的出台，国家支持惠农政策体系基本形成。

第四，农业现代化发展与新型城乡关系转变。2007年10月，党的十七大报告提出“要加强农业基础地位，走中国特色农业现代化道路，建立以工促农、以城带乡长效机制，形成城乡经济社会发展一体化新格局”。这体现出城乡统筹进入新发展阶段，在此过程中我国城乡关系也发生了重大转变。具体来讲，一方面在中央继续提高对农业生产的补贴之外，2008年中共十七届三中全会提出了2020年中国农村改革发展基本目标，包括“城乡基本公共服务均等化明显推进，农村文化进一步繁荣，农民基本文化权益得到更好落实，农村人人享有接受良好教育的机会，农村基本生活保障、基本医疗卫生制度更加健全，农村社会管理体系进一步完善”。

2009 年 9 月国务院颁布《关于开展新型农村社会养老保险试点的指导意见》，明确建立新型农村社会养老保险制度。2010 年 10 月通过《中华人民共和国社会保险法》，确认了新农保的法律地位。

第五，“三农”政策出台。2004—2012 年“三农”政策数量波动增长。2004 年中共中央“一号文件”作为“三农”政策的重要转折点，以促进农民增收为主要目标的惠农政策出台，此后，国家涉农政策数量呈显著上升趋势（见附录附图 1）。后期来看：2006 年我国取消了农业税制度，促进了农村经济的发展和社会的稳定，农业现代化也在探索和实践中不断推进。2013—2019 年期间政策发文数量呈现迅猛增长的态势。其中 2016 年中共中央“一号文件”推动了农业供给侧改革，标志着我国农村发展思路的大转变。

第六，扶贫开发事业的发展。进入 21 世纪后，我国的经济发展步入了一个全新的阶段。党的十六届三中全会提出了全面建设小康社会的奋斗目标，并指出“全面建设惠及十几亿人口的更高水平的小康社会，使经济更加发展、民主更加健全、科教更加进步、文化更加繁荣、社会更加和谐、人民生活更加殷实”。2001 年和 2011 年，国家先后颁布了第一个十年扶贫纲要《中国农村扶贫开发纲要（2001—2010 年）》和第二个十年扶贫纲要《中国农村扶贫开发纲要（2011—2020 年）》。我国新世纪扶贫攻坚以整村推进、农村劳动力转移培训和产业化扶持为三大重点，推进就业促进、小额贷款、自愿移民、以工代赈等扶贫模式，进一步完善农村立体化扶贫系统，推动扶贫事业的发展。特别是党的十八大以来，以习近平同志为核心的党中央高度重视“三农”问题，举全党之力实施精准扶贫和精准脱贫攻坚，推进农业供给侧结构性改革和农村体制改革。在此期间，我国农业综合生产能力明显增强，农业结构不断优化，农村土地制度、农村集体产权制度改革取得一定突破，农民收入和生活水平明显改善。在精准扶贫的政策推动下，我国在 2020 年底全面消除绝对贫困，率先完成了

SDG1.1 的减贫目标，为全世界的减贫事业提供了成功范本。

（四）第四阶段：乡村振兴与农村现代化（2017—2021 年）

第一，乡村振兴战略的提出。伴随 2002—2017 年城乡一体化不断深入，2017 年 10 月 18 日，党的十九大报告提出了在乡村振兴战略下实现城乡融合的新理念，即“要坚持农业农村优先发展，按照产业兴旺、生态宜居、乡风文明、治理有效、生活富裕的总要求，建立健全城乡融合发展体制机制和政策体系，加快推进农业农村现代化。”党的十九大以来，中共中央、国务院关于乡村振兴作出一系列重要部署，其中，党的十九大报告首次提出“实施乡村振兴战略”，2018 年出台《中共中央 国务院关于实施乡村振兴战略的意见》；同年 9 月印发《国家乡村振兴战略规划（2018—2022 年）》。此外，2019—2021 年的中共中央“一号文件”，以及“十四五”规划均多次提及“乡村振兴”这一关键词。可见，实施乡村振兴战略将是我国发展的重要举措，乡村振兴将成为迈向共同富裕发展进程中的重要手段和目标。未来，通过推行高质量乡村振兴，将有助于实现第二个百年的共同富裕目标。

第二，农业现代化发展路径。2017 年，党的十九大提出乡村振兴发展战略，对开展“三农”工作给出了更高规格的规划方案，明确了农村现代化与农业现代化相融合的发展方向。2018 年《国家乡村振兴战略规划（2018—2022 年）》出台，明确提出“加快推进乡村治理体系和治理能力现代化，加快推进农业农村现代化，走中国特色社会主义乡村振兴道路，让农业成为有奔头的产业，让农民成为有吸引力的职业，让农村成为安居乐业的美丽家园”等一系列奋斗目标，为我国以农业农村现代化推动乡村振兴的实践路径提供指引。2021 年，中央“一号文件”对新发展阶段优先发展农业农村、全面推进乡村振兴做出总体部署，为做好当前和今后一段时期“三农”工作指明了方向，并提出启动实施农业农村现代化规划，目标是到2025年农业农村现代化取得重要进展。同年,《中华人民共和国国民经济和社会发展第十四个五年规划和2035年远景目标纲要》对加快农业农村现代化提出了一系列具体的政策安排，包括：以农业经济发展和农业质量提升带动农业现代化，以实施乡村建设推动农村基础设施、公共服务和乡村治理的发展提升带动农村现代化，以及深化推进农业农村现代化与乡村振兴的机制体制改革与创新。可以说，伴随农业农村改革的深化和乡村振兴战略的推进，我国农业现代化的内涵在不断丰富和拓展，由仅注重农业现代化发展，过渡到融合了农业现代化和农村现代化（即农村农业现代化）的互联互通发展路径（叶兴庆，2018）。

第三，2021年底中央经济会议对“三农”问题的重视。2017年，政策数量达到峰值，这主要与国家实施乡村振兴战略密切相关。国家对乡村发展的重视上升到新的高度。国家各个涉农管理部门详细制定了部门法规和决策，拓宽了乡村政策内容的覆盖面，使得乡村发展的政策体系逐步完善。2021年12月25日至26日，中央政治局常委会会议专题研究“三农”工作。保障好初级产品供给是一个重大战略性问题。2022年2月发布的《“十四五”推进农业农村现代化规划》中，明确将“提升粮食等重要农产品供给保障水平”作为重点任务之一。并提出严格落实耕地保护目标责任、巩固拓展好脱贫攻坚成果、奋力开创全面推进乡村振兴工作新局面等发展目标。

总结来看，改革开放40多年来，中国政府在共同富裕视角下，对“三农”问题和农业现代化问题十分重视，始终强调和不断加强农业的国民经济基础地位。1982—2019年期间，党中央共发布了21个以“三农”为主题的中央一号文件，这在任何国家农业现代化和政党发展史上都是绝无仅有的。表明了国家对解决“三农”问题的重视和决心。“三农”政策作为不同阶段乡村社会经济、政治、文化的映射，反映了不同阶段的工作任务和政策侧重点。从改革开放初期我国确立以家庭承包经营为基础的双层经营体制，到调整农村产业结构的农村改革，再到 21 世纪初的农业税取消，我国农业农村的发展经历了不断理顺农业与工业、农村与城市发展关系的历程。实践证明，仅仅依靠城镇化和乡村自身发展难以有效解决“三农”问题，必须注重政府在推进农业农村现代化中的关键性作用，为农村发展提供引领和制度保障。改革开放以来“三农”政策数量呈上升趋势，这既是时代背景下人们日益增长的美好生活的需要，也反映了党和政府对农村问题和乡村发展的重视。以工促农、产业兴农、人才振兴等发展路径对实现我国农业农村现代化、乡村振兴以及迈向共同富裕均具有积极作用。正如汪勇政等（2020）发现，改革开放以来“三农”政策呈现显著的阶段性特征，尽管不同阶段政策主题存在差异性，但仍以制度的总体作用力展现出向全要素统筹聚焦的总体趋势。政策内容趋向于精准化和全面化，且始终以农业发展和土地改革为重点。同时，一些研究者发现，人才、科技和资金是乡村发展的关键。

三、共同富裕视角下中国乡村发展政策路径展望

第一，农村公共服务和福利优化路径。推进基本公共服务均等化，是全面建设小康社会的应有之义，对早日实现共同富裕有十分重要的意义。与城市相比，农村社会的生活条件配套仍然存在短板，体现为基础公共服务的有效供给不足，劳动力就业的质量较差，且农村的社会保障政策也不够完善。这些民生领域的短板将会对农村未来社会的可持续稳定发展形成挑战。对乡村振兴而言，基本问题在于公共服务发展水平上的不平衡，比如教育、医疗和社会保障制度等。为此，要建立城乡教育资源均衡配置的机制，大力促进教育公平，优先发展农村教育事业，用教育公平来促进全社会的公平，进而缩小差距实现共同富裕；此外，还要健全乡村医疗卫生服务体系，平衡城市和农村间不平等的医疗资源分布；最后，完善统一城

乡的社保制度，改革现有的分割的社会保障体系。

第二，新型城镇化协同推进路径。城镇化发展可以吸纳农村富余的劳动力，提升农业劳动生产率；同时能够扩宽农民非农就业的机会和渠道，提升农民的非农收入。此外，现代农业发展中的科技进步也离不开城镇的支持。展望未来，在共同富裕视角下城乡关系中乡村是中心，城乡相互帮助、相互支撑，促进乡村发展以带动整体经济可持续发展，是实现共同富裕的重要路径之一。基于此，新型城镇化协同推进进程中有两个政策方向需要被关注：一是形成以城市群为主体、大中小城市和小城镇协调发展的城镇新格局；二是加快农业转移人口市民化进程，降低农业人口转移的成本，让市民化的农民能够真正享受到与城市居民同等的待遇（吴彬彬等，2020）。

第三，审慎创新乡村土地改革战略。土地是乡村最重要的资源，当前阶段，乡村土地改革的滞后正成为制约农业现代化、农民增收和乡村经济社会发展的重要因素（陈锡文，2014）。新时代乡村的新土地改革战略布局方面，在耕地制度改革上，要以完善“三权”分置制度为核心，在保持土地承包关系稳定的前提下，形成规范耕地经营权的流转系列政策，引导多种形态的农业新型经营主体的出现；在宅基地方面，要在保障农民宅基地用益物权前提下，出台宅基地管理政策；在集体建设用地方面，可以在规范交易规范市场的前提下，推动和完善农村集体经营性建设用地入市制度的发展。

第四，改善提升乡村治理战略。一方面，要加强乡村法治建设。明确乡村法治的主体责任，构建完善的乡村法治体系。另一方面，要落实乡村自治。通过建立健全乡村自治组织，以自治组织赋权的方式提高农民参与乡村治理的设计和实践。同时，加强党对乡村自治组织的领导和协助，以稳健的村“两委”班子保障、维护农民自主管理农村事务的民主权利。

第五，明确税制在再分配体系中的重要作用。发达国家将税制体系作为国家收入再分配的重要手段，明显地降低了本国的贫富差距。而在我国，税制组织财政收入的功能作用远远超过了税制调节收入分配的功能。对再分配来说，我们需要明确税收在再分配中的重要作用，尤其是个人所得税、房产税和遗产税等重要的再分配工具，一定要它们在社会中发挥出正向的调节作用，它们在收入再分配中扮演重要角色。当然，在这个过程中，税制的立法和宣传是非常重要的，要让政府和社会都认识到税制在社会中的再分配作用，让人人都参与进来。

第二章　国内外关于共同富裕与乡村振兴战略的理论与实践

乡村振兴的现状怎么样？我们从共同富裕目标出发审视乡村振兴战略理论与实践探索，通过比较乡村振兴促进共同富裕的国内外实践经验，辨析探讨乡村振兴促进共同富裕的实现路径。本章从共同富裕的概念与内涵、乡村振兴与共同富裕的关系、共同富裕的实现路径、乡村振兴促进共同富裕的国内外实践经验这四个方面，梳理了国内外关于共同富裕与乡村振兴战略的理论与实践，并对其进行评价。从理论角度，辨析共同富裕的概念和内容，探讨乡村振兴的理论依据，论证乡村振兴在实践上的先进性和可行性，为农业农村实现现代化提供理论参考和支持；从实践角度，将实现乡村振兴的实践工作立足在共同富裕的发展理念上，一切从当前社会发展实际出发，分析我国农村目前存在的问题与不足，提出实现城乡均衡发展、切合实际的乡村振兴路径。

一、共同富裕的概念与内涵

党的十九届五中全会审议通过的《中共中央关于制定国民经济和社会发展第十四个五年规划和二〇三五年远景目标的建议》（以下简称《建议》）明确提出："全体人民共同富裕取得更为明显的实质性进展"。什么是共同富裕？毛泽东从参与领导土地革命到新中国成立后，一直在理论和实践上探索共同富裕的道路。邓小平（1993）指出"社会主义的本质，是解放生产力，发展生产力，消灭剥削，消除两极分化，最终达到共同富裕"。江泽民（2006）指出"实现共同富裕是社会主义的根本原则和本质特征，绝不能动摇"。胡锦涛（2007）指出要"走共同富裕道路，促进人的全面发展，做到发展为了人民、发展依靠人民、发展成果由人民共享”。

（一）国外学界针对“共同富裕”概念内涵的科学探讨

目前国外学者对于共同富裕的论述较少，追溯到 19 世纪 80 年代，在马克思主义经典作品中，直接论及共同富裕的部分较少，对于相关思想的阐述也散见于不同篇章中，其理论价值尚需我们深入挖掘才能显现。例如，在谈到资本在促进社会整体自由时间创造方面的积极意义时，马克思作如此设想：“社会生产力的发展将如此迅速，以致尽管生产将以所有的人富裕为目的，所有的人的可以自由支配的时间还是会增加。”可见，在马克思那里，共同富裕的实现是漫长的动态进程，“所有人的富裕”是共同富裕的终极目标，是一种“现在—未来”渐进式发展的共同富裕。恩格斯（1876）提出“无论如何，在考察财富的分配时，我们最好还是遵循现实的客观的经济规律”，而这个规律就是马克思主义关于人类社会实现共同富裕的规律，揭示了共同富裕在共产主义目标指引下的理论含义。

（二）国内学界针对“共同富裕”概念内涵的深入挖掘

就国内而言，一直以来，学者们对“共同富裕”内涵的研究热度持续不减。厉以宁（2021）提出，共同富裕是社会主义的根本原则。共同富裕是一个过程，只能逐步实现。在实现共同富裕的过程中，人们之间的收入差距有所缩小，即使是按劳分配的收入、靠诚实劳动和合法经营得到的收入，也不至于差距过大。李瑞军、董晓辉（2021）在马克思主义理论的基础上，提出社会物质生产力的不断发展是人类从贫穷走向共同富裕的最一般的基础和前提，共同富裕要经历按劳分配、按需分配的渐进过程，而新社会制度的本质特征就是共同富裕。龚云（2012）结合邓小平理论指出，共同富裕意味着中国人民都有追求富裕的权利和机会，是中国人民的共同发展，而追求富裕不是少数人的特权，应该是中国人民都有的权利。韩文龙、祝顺莲（2018）提出新时代的共同富裕理论追求物质文明、精神文明以及生态文明的协调发展，在注重物质富裕的同时，会更注重个人的获得感、满足感和幸福感。蒋政（2014）从公平正义这个层面来解读共同富裕，我国实现的社会主义共同富裕并不是同等、同步富裕，而是一种包含着基本权利均等化、按贡献比例参与分配以及所有财产承担社会责任这三个层次的公平公正状态。严文波、祝黄河（2014）认为我国实现的社会主义共同富裕并不是单一的物质方面的富足，而是物质与精神两个层面都要实现富裕。卫兴华（2013）认为社会主义的共同富裕是一个相对概念，很难找出可以衡量共同富裕的一个绝对性标准。要真正理解共同富裕的含义，就需要对共同富裕的各个层次进行清晰明了的把握，尤其需要将共同富裕的道路与目标加以区别。沈斐（2018）从西方民主社会主义经验教训的角度分析，社会主义共同富裕既区别于“均富”，也与资本主义国家所出现的贫富悬殊所对立，它是一切社会主义的本质，从科学社会主义这一意义上来理解，它还意味着“共同发展”。朱诗柱（2017）认为社会主义共同富裕指的就是全体人民共同享有幸福安康的生活。这里的“生活”是作为一个包括横向和纵向两方面的整体生活，横向上包括家庭、职业、社会、个性等各个方面的生活，纵向上包括物质、情感、精神等不同层次的生活。

（三）“共同富裕”内涵的时代价值与现实意义

如今，共同富裕内涵与时俱进，有了更深层的意义，《中共中央关于制定国民经济和社会发展第十四个五年规划和二〇三五年远景目标的建议》中提出：“共同富裕是社会主义的本质要求，是人民群众的共同期盼。我们推动经济社会发展，归根结底是要实现全体人民共同富裕。”这表明共同富裕不是一成不变的，在特定的历史阶段有特定的含义，是需要把握发展方向，明确共同富裕的时代意义。张琦（2021）提出共同富裕是在社会生产力得到很大提升的基础上，全民相对公正、但有差异地共享经济、社会、文化等全方面的发展成果。张峰（2021）基于习近平新时代中国特色社会主义思想，提出要坚持有质量有效益的发展，弘扬勤劳致富精神，完善收入分配制度，优化民营经济发展环境，改善人民生活品质，为实现共同富裕夯实基础、筑牢根基。潘毅刚（2021）强调了共同富裕是社会主义现代化的重要体现，而优化收入分配结构，发展壮大中等收入群体，对中国未来发展、全体人民实现共同富裕显得更加意义重大。刘培林（2021）提出，共同富裕的实质是在中国特色社会主义制度保障下，全体人民共创日益发达、领先世界的生产力水平，共享日益幸福而美好的生活。

综上所述，学者们对共同富裕的内涵进行了多视角、多方位的研究，已取得了丰硕的成果，为本书的研究提供了重要的理论借鉴。特别是自2020年脱贫攻坚战取得全面胜利后，共同富裕内涵与时俱进，也有了更深层的意义，但目前针对新时代共同富裕内涵的研究少有结合我国乡村振兴战略进行深度挖掘，本书在学者们研究的基础上，结合我国乡村振兴战略，研究共同富裕的概念，进一步丰富共同富裕的新时代内涵。

二、乡村振兴与共同富裕的关系研究

2018年中共中央、国务院印发《乡村振兴战略规划》（以下简称《规划》），明确指出到2035年，乡村振兴要取得决定性进展，农业农村现代化要基本实现；到2050年，乡村要全面振兴，农业强、农村美、农民富全面实现。能够看出，《规划》中提出的两阶段政策目标刚好对应了党的十九大报告提出实现共同富裕分“两步走”的远景目标，可见乡村振兴和共同富裕的政策内涵是统一的。“民族要复兴，乡村要振兴”，全面建成小康社会之后，实施乡村振兴战略已是我国在新发展阶段缩小城乡差距、促进城乡人民共同富裕的重要举措。

针对乡村振兴与共同富裕两者关系，很多学者从自己的研究视角进行解读，但整体来看，学者们普遍认为乡村振兴和共同富裕的政策内涵是统一的，乡村振兴是消除城乡差距走向共同富裕的重要举措。李实（2021）提出乡村振兴是全体人民实现共同富裕的必然要求。实施乡村振兴战略有助于巩固拓展脱贫攻坚成果、提高农业农村的现代化水平，以缓解我国城乡发展不平衡问题，从而扎实推进共同富裕建设。黄承伟（2021）提出乡村振兴是实现共同富裕的必然选择，是提升中国式现代化水平最具潜力的领域。打赢脱贫攻坚战、实施乡村振兴战略，其出发点和落脚点就是要通过解决发展不平衡不充分的问题，增进人民福祉、促进人的全面发展、稳步迈向共同富裕。张琦（2021）认为无论脱贫攻坚，还是乡村振兴，其战略总目标是缩小城乡差距、地域差距和收入差距，最终实现共同富裕。实现共同富裕是乡村振兴的前进方向，乡村振兴是实现共同富裕的必选之路。曹戈（2021）认为共同富裕离不开乡村的富裕，在取得脱贫攻坚战胜利之后，巩固脱贫攻坚成果就是目前的重要工作方向。陈友华等认为推进乡村振兴为全面建成小康社会、实现第二个百年奋斗目标的战略重点。李小静（2021）认为乡村振兴战略的最终落脚点是农民的生活富裕，而农民生活富裕的具体表现是收入的增长。须通过体制机制创新，进一步促进农村产业融合发展，盘活农村休眠资产和资源，支持农民返乡创业等农村内生力量，拓宽农民增收渠道。范馨仪（2021）通过研究推动农民持续增加收入的路径及政策，认为乡村振兴战略使得农业生产能力得到增强，农民收入实现持续稳步增长，农村民生获得全面改善，农村生态文明建设成果得到显著加强，从而显著提升农民获得感，促进农村社会和谐稳定，最终可以达到共同富裕的目标。夏英（2021）基于《乡村振兴促进法》提出，在中国特色社会主义理论体系中共同富裕理应是“生活富裕”的应有之义，“生活富裕”是乡村振兴的根本。

综上所述，学者们普遍认为乡村振兴和共同富裕二者的政策内涵是统一的，共同富裕是实施乡村振兴战略的必要前提，是实施乡村振兴战略的行动指南，而实施乡村振兴战略是实现共同富裕的重要途径。本书在学者们的研究基础上，结合新时代背景，进一步挖掘乡村振兴与共同富裕的关系，为共同富裕目标下的乡村振兴战略研究提出政策性建议。

三、共同富裕实现路径研究

怎么样实现共同富裕是世界各国面临的共同问题。法国经济学家皮凯蒂（2015）的研究表明，近几十年来，全球贫富差距不断增大，未来还会更加严重。改革开放以来，我国经济发展进入快车道，经济增长速度一直处于世界前列，但是经济的高速增长也在一定程度上拉大了我国的贫富差距。贫富差距问题在20世纪80年代至新世纪初表现得尤为突出。国家统计局住户调查数据显示，20世纪80年代初至21世纪初期，全国居民收入基尼系数从0.31上升到0.45；Benjamin等（2008）利用中国营养健康调查数据发现，中国居民收入基尼系数从1991年的0.37上升至2000年的0.44。大部分学者或机构都认为中国的贫富差距从2008年开始逐渐缩小，但是也应当看到，当前我国的贫富差距问题依旧突出，2019年基尼系数仍高达0.465，和南非、美国等收入差距较大的国家差不多。

从具体领域来看，我国的贫富差距整体表现为城市内部差距、农村内部差距、地区差距、城乡差距、产业间差距、不同经济体差距、不同部门差距。其中尤以城乡收入差距较大。截至2020年，我国城乡收入比仍然高达2.56，城乡收入差距在全球范围内都是较高的。至于城乡收入差距产生的原因及城乡收入公平的实现路径，学者们从不同的视角予以了回应。

（一）通过完善基础设施缩小城乡收入差距

国外关于基础设施建设与缩小城乡收入差距的研究，起源于 20 世纪末拉美国家国有企业私有化改革过程中出现的基础设施供给问题的讨论，由于基础设施改革对收入不平等影响的效果容易被测度而得到特别的关注。López（2004）首次将基础设施作为重要因素引入城乡收入不平等的分析，证实公共基础设施可以在促进经济增长的同时减少收入不平等。此后，Calderón 和 Servén（2004）系统地总结了基础设施建设缓解收入不平等的机理，即通过帮助贫困人口获取额外的生产性机会、改善贫困地区教育和健康状况、引发就业效应等方式提升贫困地区家庭收入。但也有一些学者提出异议，Banerjee 和 Somanathan（2007）关于印度的研究结果表明，获取重要的基础设施服务以及公共产品与社会地位之间一般呈正相关的关系，世界银行（2006）的报告同样指出，在印度最贫困的地区，地方政府提供的基础设施的质量和性能倾向于使贫困人口发展条件变得更糟糕。Khandker 和 Koolwal（2007）关于孟加拉国农村的研究得到类似的结论。之后的学者又将基础设施与城乡收入不平等的关系扩展至开放经济的框架下，Raychaudhuri 和 De prabir（2010）使用 14 个亚洲国家 1975—2006 年的数据研究了贸易开放度、基础设施与收入不平等之间的相互关系。研究结果表明，基础设施的数量和质量都明显有助于缓解收入不平等。

有关中国样本的研究，Banerje 等（2012）使用铁路数据和中国农业部国家定点调查收集的区域收入不平等数据，分析了铁路可达性对农村村庄收入不平等的影响。而刘晓光等（2015）采用中国 1992—2010 年省级面板数据，分析基础设施水平与劳动力转移和城乡收入差距的关系，发现交通和通信基础设施均具有缩小城乡收入差距的作用，可以同时提高农村居民收入和城镇居民收入，且对农村居民收入的提升作用更为显著。罗能生、彭郁（2016）则通过空间相关性分析和空间计量分析揭示了交通基础设施对我国城乡收入差距的影响，发现交通基础设施对我国各省区城乡收入差距的缩小有正面影响，但随着时间的推移和交通基础设施存量的增加，交通基础设施对城乡收入差距影响的边际效应有所下降。

（二）通过培育人力资本缩小城乡收入差距

在雅各布·明瑟（Jacob Mincer）首次明确人力资本与收入分配存在关联之后，国内外学者对二者之间的具体关系进行了大量研究。西方发达国家经济发展较为成熟，二元经济结构不甚明显，大部分研究侧重于分析人力资本与收入差距的关系，少有城乡之分。Becker 和 Chiswick（1966）最早构建了关于收入分配的人力资本模型，认为人口总体的平均教育程度和教育分布状况会影响收入分配状况。Mincer（1974）通过构建同时包含收入分配和人力资本的模型，指出收入差距与教育不平等存在正相关关系。该结论与大多数研究者的结论相同。Knight 和 Sabot（1983）认为二元经济中教育水平的提高对收入差距形成“倒 U”型关系，即随着教育水平的不断提升，高学历劳动供给增加导致工资相对下降，低学历劳动供给减少导致工资相对上升，此消彼长之下，收入不平等得到缓和。Gregorio 和 Lee（2002）也指出提高全民平均教育水平有利于减少收入差距，而教育水平差距的扩大会恶化收入差距。Whyte 和 Parish（1984）则利用中国数据测算出 20 世纪 60—70 年代中国城乡教育回报率均为负，但改革开放后情况略有好转。国内学者基于我国城乡二元差距的现实，对人力资本与城乡收入差距的关系进行了研究。吕炜等（2015）在 Galor、Zeria 所提出的跨期模型中引入城乡二元结构和政府行为，从理论层面揭示城乡教育不平等、城乡收入差距和政府教育投入这三者间的内在关系。陈斌开等（2010）基于 2002 年 CHIP 数据，利用 Oaxaca-Blinder 对城乡收入差距进行分解，发现教育水平差异是中国城乡收入差距最重要的影响因素，其贡献程度达 34.69%。罗楚亮、汪鲸（2021）同样使用 CHIP 数据，在测算总体、城乡组间组内不平等指标的基础上，分析了人力资本特别是教育对城乡收入差距的影响。

（三）通过推动金融发展缩小城乡收入差距

国内外学者分别就传统金融和普惠金融对城乡收入差距的影响进行了分析。对于传统金融发展与城乡收入差距的关系，部分学者认为金融发展扩大了城乡收入差距，成为城乡收入差距的重要来源。Cagetti 和 De Nardi（2006）基于职业选择模型，提出金融发展有利于促进高技能人员成为企业家，但低技能人员则会成为雇佣工人，由此扩大了城乡收入差距。Maurer 和 Haber（2007）认为银行等金融机构出于投资回报率与资金收回风险的综合考量，会优先考虑向那些信用较好的大型企业发放贷款，此时金融体系发展所带来的马太效应会进一步加剧社会贫富差距。Beck 等（2007）则提出金融体系的存在对于穷人极其重要，尤其有利于最贫穷人口的收入增长。Jeanneney 和 Kpodar（2011）同样强调这一观点，认为金融发展为穷人所带来的经济利益远大于弊端，银行所提供的便捷交易与储蓄服务有助于城乡收入差距的缩小。同时，还有部分学者提出，传统金融发展与城乡收入差距存在“倒 U”型关系，金融发展有利于推动经济增长，因此当收入增长到某一临界值后，其增长速度将滞后于经济增长速度，因此传统金融发展与城乡收入差距间的关系呈先正向而后反向的变化趋势（Greenwood and Jovanovic，1990）。Kuznets（1955）也曾指出，收入差距与经济增长两者间的动态关系呈现“倒 U”型。在发展初期，金融资源主要投向于城市区域，有利于城市建设而无法兼顾农村地区的经济发展。国内对于传统金融发展与城乡收入差距关系的研究，同样也可以归纳为传统金融发展扩大城乡收入差距、传统金融发展缩小城乡收入差距和两者呈“倒 U”型关系三大方面。认为传统金融发展扩大城乡收入差距的学者认为，在金融发展初期，国家战略旨在优先发展重工业，金融资源优先向城镇地区及国有单位进行分配（姚耀军，2005），因此在农村地区存在强烈的金融排斥效应（王修华、邱兆祥，2011），而且随着对外贸易的深入推进，各企业为提高其竞争力以获得更多的市场份额，对高技能员工的需求增加，间接降低了低技能员工的就业率，导致社会收入分配不均，城乡收入差距加大。持传统金融发展缩小城乡收入差距观点的学者则提出，虽然传统城乡居民贷款在条件限制方面存在显著差异，不利于城乡收入差距缩小。但以农业贷款为代表的金融资源弥补了该种不足，能显著地降低城市与农村的贫困水平，即存在减贫效应（张立军、湛泳，2006；丁志国，2011；崔艳娟、孙刚，2012；苏基溶、廖进中，2019）。张龙耀等（2013）基于微观视角，提出中国城乡家庭创业普遍面临金融约束问题，金融发展为居民创业提供新机遇，影响居民创业选择，有利于通过促进创业进而带动就业，缩小城乡收入差距。部分国内学者的研究同样支持了传统金融和城乡收入差距呈“倒 U”型关系这一结论。学者们提出，改革开放初期，我国金融资源主要用于支持城市建设，农村地区发展难以获得有效的金融支持。但随着我国经济水平的提高，金融发展逐渐深入，城市金融资源逐渐饱和，在达到顶峰后开始向农村地区分散（乔海曙、陈力，2009；胡宗义、刘亦文，2010）。同样，从受益群体来看，金融发展在初期无法兼顾所有阶层的群众，尚不具备普惠性质，不利于改善城乡收入差距。随着金融服务不断拓展，金融发展有利于增加低收入者就业机会，提高弱势群体受教育水平，增加融资渠道降低融资成本进而缩小城乡收入差距（李志军、奚君羊，2012），且一线城市将率先迎来拐点（杨楠、马绰欣，2014）。

就普惠金融发展与城乡收入差距的关系来看，国内外主要研究结论均认为普惠金融发展有利于缩小城乡收入差距。学者们提出，普惠金融有利于维持金融稳定（Han and Melecky，2013），且其与实现更大的效益和导致更低的交易成本、更广泛的金融机构以及更严格的法律约束密切关联

（Alln，2016）。就我国的普惠金融而言，农村普惠金融水平的提高，为农村经济发展提供驱动力，以供给带动需求，以需求带动收入增加，体现了普惠金融发展在农村地区所发挥的减贫效应的有效性（李建伟等，2015）。通过增加地理渗透与产品接触，农村居民收入可显著提高，农村普惠金融发展与农村居民收入两者间呈显著的正向关系（田杰、陶建平，2011）。就微观个体而言，普惠金融有利于促进农村居民和小微企业的创业行为（张勋等，2019；谢绚丽等，2018），通过扩大就业来增加农村居民收入，缩小城乡收入差距。

（四）通过完善制度安排缩小城乡收入差距

国家的制度安排会对城乡收入差距产生一定的影响。改革开放以来，我国采取的先富带后富的发展模式，使得大城市拥有优先发展的权利，一方面确实提高了中国的综合国力，成为促进国家经济发展的一大重要助力，但在促进经济发展的同时也造成城乡居民收入差距问题突出。Lipton（1968）将印度作为研究对象，第一次站在城市偏向的角度，研究制度安排对发展中国家城乡两部门发展水平与进度的影响。Lipton（1977）进一步阐述了城市偏向理论，指出在发展中国家，一国政府之所以颁布带有城市偏向的投资、税收等政策，是因为这个国家的城乡居民具有不平等的谈判地位以及在政治上的影响力。以上行为促使在资源分配上，城市地区占有更大的部分，从而使城市和农村居民二者关系不平等，也加重了农村居民的困难程度。Andres 和 Vassilis（2009）则以欧盟各地区作为研究对象，对影响收入不平等的相关因素展开研究分析，认为良好的制度安排对缩小收入差距产生正向影响，尤其是完善的教育制度可以有效缩减收入不平等。

国内学者则将研究视角聚焦于特定制度安排。陈维涛、彭小敏（2012）通过实证研究发现户籍制度对城乡收入差距有较大的影响，拥有城镇户口有利于劳动者进入高收入行业，造成城镇居民在收入和福利待遇方面显著地高于农村居民。万海远、李实（2013）的研究得出了相似结论，研究结果表明仅仅因为是户籍职业选择歧视，农户个体的收入将会减少3.5%。谢冬水（2014）和方达、郭研（2020）基于我国的土地制度，探讨了农村土地流转对城乡收入差距产生影响的直接与间接机制。部分学者分析了我国“城市倾向”的财政制度对城乡收入差距的影响，认为不同项目的财政支出对城乡收入差距的影响互异，其中支持农业支出和基本建设支出能够有效地缩小城乡收入差距，而科教文卫事业支出将扩大城乡收入差距，且存在地区差异性（陆铭、陈钊，2004；王艺明、蔡翔，2010；邓旋，2011；张义博、刘文忻，2012）。同时，随着我国人口老龄化加剧，越来越多的学者将研究视角转向社会保障制度对城乡收入差距的影响。余菊、刘新（2014）从城镇化和社会保障支出两个方面分析其与城乡收入差距的影响及其区域差异性，认为大部分地区的社会保障支出对城乡收入差距呈正相关关系。郭平等（2016）利用动态面板模型与门槛模型，从财政分权和社会保障支出的视角，也认为社会保障支出与城乡收入差距表现出正相关关系，并存在门槛效应。此外，有学者结合新型城镇化特征和经济增长以及社会保障支出规模和结构（吕承超，2017），分析了社会保障支出与民生支出对城乡收入差距所产生的非线性影响。

推进乡村振兴的重大战略导向，就是要实现乡村高质量发展，坚持农民主体地位，缩小城乡发展和收入差距，最终实现共同富裕。随着乡村振兴战略的全面推进，国内外越来越多的学者开始探究如何在实施乡村振兴战略中缩小城乡收入差距。李丹、裴育（2019）提出缩小城乡收入差距，要坚持“乡村振兴战略”，重点提高农村基础设施和公共服务的投入力度，加大对农村人才和资本的投入，弥补农村发展短板。张艳萍（2018）提出乡村振兴背景下，增加农村居民收入要推进农民长效增收机制改革，通过农业现代化和挖掘农村新产业发展的增收潜力，不断提高农业的收益水平。李乾等（2018）提出要在实施乡村振兴战略中，推动农村产业融合发展，根据农户个体收入来源的内在比较优势，合理引导农户参与农村产业融合或外出就业，拓宽农户收入来源渠道、提高农民收入水平。此外，刘赛红、王志飞（2019）从乡村振兴战略出发，实证研究了农村信贷投入、农业振兴以及二者交互效应对城乡居民收入差距存在的直接和间接影响效应，发现增加农村信贷投入和推动农业振兴对城乡居民收入差距有显著减缓作用。白雪秋、包云娜（2021）则基于马克思的劳动价值论，分析拉大城乡收入差距的因素，进而提出通过实施乡村振兴战略，深化农村改革，推动农业生产的组织化和现代化、加强农村教育、吸引二、三产业下乡，实现城乡收入差距缩小。

分析现有研究成果，首先，关于缩小城乡收入差距的实现路径，国内外学术界目前已有较为全面且严谨的研究分析，学者们站在基础设施、人力资本、金融发展和制度安排等不同的研究角度提出问题，并根据理论分析及实证研究，提出缩小城乡收入差距的对策建议，为共同富裕下缩小城乡差距、实现乡村振兴提供了重要的理论和方法借鉴。其次，作为共同富裕水平和成色的重要反映，学界关于城乡发展差距、城乡收入差距测度的研究，不论是测度指标、现状分析还是研究视角，都已形成较为全面的研究体系。但应当看到，作为一个问题的两个方面，目前鲜有学者关注共同富裕目标下，怎样促进实现乡村全面振兴这一时代课题，学者们更多地将研究焦点局限于乡村振兴或共同富裕单一研究领域，尚未形成对共同富裕目标下实现乡村全面振兴的有效回应。本书将在国内外已有研究的基础上，从乡村振兴战略出发，对共同富裕给乡村振兴提出的具体目标任务作出学理回应。

四、乡村振兴促进共同富裕的国内外实践经验

（一）乡村振兴促进共同富裕的国内实践经验

现阶段，我国在缩小三大差距方面做了一些重要的工作，主要包括：第一，在缩小地区差距，促进区域协调发展方面，国家通过深化区域合作机制构建先富带后富的机制，通过深化区域互助机制构建先富帮后富的机制，充分发挥社会主义制度优越性，深入实施东西部扶贫协作、深入开展对口支援、创新开展对口协作（合作），通过精准化帮扶，激发欠发达地区的内生发展动力，确保推进共同富裕动态进程稳步前进。第二，在缩小城乡差距，促进城乡融合发展方面，国家逐步统筹推进新型城镇化战略和全面推进乡村振兴战略，促进城乡融合发展，不断健全农业转移人口市民化机制，稳步推进城镇基本公共服务常住人口全覆盖，逐步破解城乡二元结构，城乡差距、居民间差距也对应得到缩小。在农村地区，国家不断深化农村土地制度改革，通过对农村宅基地和农村承包地开展三权分置改革，探索农业资源变资产、资金变股金、农民变股东的“三变”有效做法，促进农民增收和农业增效。近年来，国家借助脱贫攻坚和乡村振兴的契机，以农村厕所革命、生活污水垃圾治理、村容村貌提升为重点，全面提升农村人居环境质量，加快农业农村现代化。此外，在城乡融合方面，推动城市公共服务向乡村延伸，提升城乡基本公共服务均等化水平。第三，在缩小居民收入差距方面，国家持续推动改革，提高低收入群体收入水平，扩大中等收入群体规模，更加积极有为地促进共同富裕。实施扩大中等收入群体行动计划，提高技能型人才待遇水平和社会地位，完善小微创业者扶持政策；加大普惠性人力资本投入，提高低收入群众子女受教育水平，拓宽增收渠道，推动更多低收入人群迈入中等收入群体行列。

但是，促进共同富裕，最艰巨最繁重的任务仍然在农村。农村是共同

富裕的主战场。乡村振兴促进共同富裕的国内实践经验研究方面，针对我国贫富差距最突出存在在城乡之间这一社会现状，要实现共同富裕，首先要解决的就是城乡区域发展不平衡的问题，即要大力发展乡村，推动乡村建设，国内学者结合自己研究方向对此做出诸多研究。研究主题上，当前的学界研究大多集中在全面推进乡村振兴的实现路径，加快农业产业化的政策建议以及盘活农村资产的措施方法等问题探讨上；研究方法上，理论机理探讨和实践案例分析方法为主，定量研究相对较少。

杨佩卿（2022）以陕西为例，分析其新型城镇化与乡村振兴协同推进的路径，提出了新时期新阶段协同推进两大战略的政策建议：一是深化制度改革推动城乡融合发展；二是以新发展理念为引领，高质量推动新型城镇化；三是以农业农村优先原则大力实施乡村振兴。郑瑞强、郭如良（2022）探讨了促进农民农村共同富裕的理论逻辑、障碍因素和实现途径，认为促进农村农民共同富裕作为新时代扎实推动共同富裕的重要组成，需要做好以下 5 个领域的工作：推进产业发展“双融合”，打造高能级产业体系；勇于集成式惠民改革，增进高浓度创新策源能力；畅通拓宽“两山”双向转化通道，推进高标准绿色发展；进一步强化精致服务，全力营造乡村高水平发展环境；促进均衡优质发展，创新高品质人民生活。冯兴元等（2022）基于扩展的威廉姆森经济分析框架，较为全面地分析社会资本参与乡村振兴和农业农村现代化的状况、特点与问题，提出在“十四五”时期，应创新乡村振兴与农业农村现代化多元投融资机制，强化顶层设计，细化操作方案，加快健全社会资本下乡的用地、人才和融资保障机制，吸引、培养和保护更多的企业家型人才，健全社会资本政策支持体系，优化社会资本参与的政策环境，健全利益联结风险防范机制，构建和完善农业产权市场，增强投资吸引力。翟慧（2021）以甘肃省甘南藏族自治州合作市为典型案例，提出了“1+2+3”精准脱贫与乡村振兴协同创新模式，坚持脱贫攻坚与振兴发展相互促进，着重加强产业发展、人才培养和组织建设。王俊程等（2021）在脱贫攻坚战的基础之上，提出了加大基础建设和产业配套投入、下派特派员突破乡村振兴人才瓶颈、转移劳力和吸引人才回乡等巩固脱贫成果，并进一步实施乡村振兴。张晓燕等（2021）基于湖北省宜昌市的案例调查，发现农村适度规模化是推进乡村振兴战略的重要载体。杨亚东等（2021）基于“产—景—村”融合发展理论模型，指出如今在乡村振兴战略下复合型乡村景观形成，为农村提供了大量机遇。陆林等（2019）从乡村旅游带动乡村振兴角度出发，深入开展了乡村旅游引导乡村经济振兴、生态宜居、乡村治理体系重构等方面研究，强调实现区域良性互动、城乡融合发展，塑造区域协调发展新格局。李虹贤（2021）从认识农业经济发展的重大意义入手，强调优化农业经济管理应综合运用政府、市场、制度三种手段，在此基础上不断优化管理策略，实现农业经济更好更快地发展，从而推动乡村振兴的发展。杜艳艳（2021）对法治乡村建设进行了研究，指出如何消除长期以来人治传统的影响，如何处理改革创新与“于法有据”的现实矛盾，如何将乡村传统文化、宗族意识、熟人社会与现代法治社会兼容起来等问题的研究对乡村振兴的发展都有着举足轻重的作用。

（二）乡村振兴促进共同富裕的国外实践经验

国外学界在“共同富裕”主题下开展的研究相对较少，对“共同富裕”尚未形成一个明确的定义，其研究大都从区域经济发展入手，就区域间贫富差距和经济发展水平展开探讨，这方面的研究同样可以为本书研究提供一定的参考价值。本节在梳理国外学者研究文献的基础上，从区域发展、城乡差距缩小、收入差距缩小三方面出发，列举归纳国外发达国家、发展中国家乡村振兴促进共同富裕实践经验。

1. 区域发展

美国发展经济学家艾伯特·赫希曼（2009）提出了“均衡地区发展”

的观点，重点研究了发展中国家应该如何利用自己的地理优势和地理环境实现区域经济均衡发展，区域经济均衡发展重点在于“均衡发展”，也就是说不仅要实现经济的增长，还要在实现增长的同时控制“差距”。

首先，国外学者针对农村的发展研究成熟，Steiner and Fan（2019a）认为乡村振兴是全球农村危机的解决之道，乡村振兴对实现农村转型至关重要，乡村振兴不仅要提升农业发展，还要提升非农产业的发展，并通过尖端技术和创新大力推动农村经济增长（IFPRI，2019）。同时，乡村振兴还可以显著提升农村居民基本公共服务均等化水平。例如，在孟加拉国，改善农村道路使极端贫困人口减少了3%~6%，同时提高了男孩和女孩的中学入学率（Khandker and Koolwal，2009）。Sadoulet（2010）利用塞内加尔和布基纳法索村级样本数据研究了农村组织行为。其提出，组织化形式分为市场导向型和社区导向型。其中，市场导向的村庄组织效率更高，但这类村庄发展受限于市场分割和社会阶层分化；较差的管理能力和缺少发展资源也限制了村庄组织的发展。Lowe等（2019）讨论了村内能人发展路径问题。作者指出在知识外溢程度和知识共享程度较高的时代，地方能人的知识构成越来越依赖于外来知识以及合作者所拥有的技能，并形成知识的互通和共享。Bebbington等（2006）基于政治经济学理论，构建了模型基于印度尼西亚数据讨论了地方治理能力与村庄发展之间的关系，并实证分析了不同村庄的自治能力。Weber等（2001）讨论了美国农村的福利改革制度，并指出福利制度的构建在消除贫困和发展经济上具有一定好处。针对乡村建设，国外主要形成了“政策支持—技术保障—社会参与—综合评价”的乡村振兴实践路径，例如美国通过农业立法、颁布农村政策等方式，构建完善的农业农村政策及法律体系，指导推动农业农村各方面发展；英国颁布《城乡规划法》，实施“乡村保护运动”；欧盟颁布“共同农业政策”，进行资源预算和宏观管理等，欧盟各国家因地制宜，其中法国通过政府颁布法律政策，指导建设合作社农场，给予其税收、资金和技术等支持，按照“平原发展种植业、丘陵发展牧业、山地发展果蔬”的原则，因地制宜发展特色产业，设立农业高等院校、中等院校、职业技术培训院校、成人培训学校来培养农技人员。德国欧豪村采取自下而上的改变政策，以绿色环保为乡村建设主题，寻求自然与乡村的平衡，合理使用乡村空间，旧空间新利用，发展再生能源，将旅游旅居与农业相结合，在探索生态化与现代化和谐发展的同时，实现乡村经济发展，共同富裕。匈牙利通过将临近的村及镇联合在一起，提供公共产品，共同解决问题，提高管理效率，取得规模经济效益。澳大利亚除采取科技惠农、加强基础设施建设等措施外，还实施农民职业培训，加强农民专业技术，带来可持续发展。荷兰先是颁布《土地整理法》，整合土地，改善土质，完善水、电、路等农村基础设施，再是通过颁布新《土地整理法》，保护乡村传统景观，预留部分土地进行自然保护、休闲娱乐和村庄改造。最后由农业发展的单一路径转向乡村的综合开发建设，包括合理规划农业用地，发展乡村旅游业；发展绿色农业，提高自然环境景观质量；合理减少农田的碎片化，实现规模经营等实现乡村振兴的举措。国外乡村建设立足自身与实践，具有各自特色，在乡村振兴过程中采取的做法，取得了不错的典范效果。对我国欠发达地区乡村建设具有很好的借鉴意义。

2. 推动城乡发展

在推动城乡发展中，乡村振兴的一个重要驱动力是城乡融合经济（rurbanomics），它强调农村和城市经济之间的紧密联系，视农村经济和城市经济为平等的伙伴（Steiner and Fan，2019b）。国家快速发展的城市化进程提高了农村地区的重要性，如韩国在 20 世纪 70 年代发起了“新农村运动”（Saemaul Undong），韩国开展了加强乡村公共设施（道路、桥梁、水利、住房等）建设，通过中央成立研修院，地方成立培训机构以及专家学者、技术人员下乡，加强乡村人才的培养，发展乡村特色产业的“新村运动”，引入竞争机制、并利用家族和血缘关系推广推动“新村运动”，注重塑造民众使命感、责任感，发挥其主观能动性建立新乡村，最终成功地实现了乡村繁荣。大力投资于农村地区的灌溉、农业投入品、电气化和交通运输，农村农户收入在1970—1979年间增长了5倍，大大缩小与城市居民的差距（Park，2012）。李玉恒等（2019）分析了德国巴伐利亚州土地整理与乡村更新项目，实行城乡等值化的发展模式统筹城乡发展，认为其推行的乡村等值化试验促进了农村从传统农业向多功能、综合性发展的转变，使得农村地区具有与城市同等的吸引力，促进了城乡融合发展，成为德国农村发展的普遍模式。美国等发达国家也同样实施城乡发展“等值化”，美国、加拿大实施了自上而下的城乡共生方式以实现乡村振兴，美国通过建设乡村小城镇，实现农村社会的发展，中产阶级向城市郊区迁移以及政府推行小城镇建设政策推动了其发展，美国政府结合区位优势和地区特色，改变生活环境和发展休闲旅游，制定管理体制和规章制度，统筹监管城镇经济社会，实现城乡统筹发展。Lietal（2016）提到瑞典奥勒村“目的地支撑战略”从最初濒临破产，演化为涵盖了当地百姓、私营企业主、各级政府部门、国际大公司在内的多主体共同参与的地方发展战略，强化了主体间的共同责任、担当、信任及合作发展的理念与行动，为奥勒村的发展提供了强有力支撑，也推动了整个瑞典北部地区的发展。李玉恒等（2019）提出日本大分县的“一村一品”运动（One-Village-One Product）极大地促进了乡村振兴与可持续发展，其模式也被联合国工业发展组织所推崇，并在泰国、马拉维等国推广。日本“一村一品”模式，主要立足本地资源，发展特色产业，发挥农协自上而下带动作用，通过加强人才培养等一系列政策措施解决了其城乡发展矛盾，并最终实现了高度融合的城乡一体化。匈牙利实施“市镇联合体”，发展规模经济，促进乡村振兴。俞云峰（2010）指出日韩两国在促进城乡发展的阶段及路径上存在相似性，在初期存在明显的二元结构特征，处于加速阶段时，都大力实施了扶持农村发展的政策，例如建设基础设施、实施自由的人口流动制度、城乡基本统一的社会保障制度、土地开发政策、乡村基础教育与职业教育政策。巴黎市近郊区乡村振兴过程促进了城乡融合发展，在第一阶段乡村危机阶段，巴黎乡村重点推进农业农村现代化，提升乡村生产设施、水电、交通、通信等的基础设施建设。第二阶段乡村转型阶段，出台了有关乡村经济、社会、生态、空间等一系列政策，改善乡村生态、居住环境，建设乡村高质量服务设施，发展多样化乡村产业，开始出现逆城市化现象。第三阶段复兴阶段，进行设施服务、产业发展、住房供给、乡村文旅、推进市镇联合体发展五大方面的全方位乡村复兴，建立"乡村复兴区"，发展二、三产业。第四阶段特色发展阶段，实施差异化的特色发展，实施"卓越乡村"项目，以乡村特色资源禀赋为基础，发展特色产业。英国为促进城乡融合发展，颁布包括《农业法》在内的各种法律政策，实行农业补贴、公共资源均等化政策，缩小了农村与城市差距。城乡融合发展是实现共同富裕的促进因素，国外成功促进城乡发展，为成功实现乡村振兴奠定了基础，为共同富裕的实现提供了条件。

3. 收入差距

针对收入差距问题，也有不同的国际案例可以进行参考。Aslihanetal（2021）基于来自亚洲、拉丁美洲和非洲的170000份家庭调查数据，提出农村空间的商业潜力对改善福利结果影响显著，而通过提高农业生产率，投资农村非农业经济，可以为贫困户、女性和青年户主家庭提供更多创收机会（Steiner and Fan，2019a）。付娜（2014）通过研究发达国家，发现美国对于农业支持政策的实施较早，到20世纪中期，农业固定资产投资比重大于同期的农业增加值比重，因此美国的乡村与城市之间的收入差距也在不断缩小。Gattoetal（2017）基于印度尼西亚村级数据研究指出，农业生产合约的签订，能够有效降低村内农户的收入不平等，可以成为有力保障贫困落后村庄农户生产的制度安排。在缩小收入差距方面，日本"一品一村"实施过程中，通过颁布法律为乡村振兴提供资金，农民收入逐渐增长，逐步超过城市工人人均收入，并且日本通过实施“六次产业”计划，在发展当地特色产业的同时提升乡村包括老年人、妇女等各个人群收入水平；韩国发展乡村地区特色产业，增加农民的非农业收入，缩小收入差距。美国、日本、韩国等国家通过政府建立农业补贴体系、发展多样乡村产业、提供普惠性公共服务、提高劳动生产率等措施达到缩小城乡收入差距的目的。巴西采取按照家庭成员人数给贫困家庭发放现金补贴的方式，提高农村低收入家庭收入，缩小差距。瑞典对失业者和病人提供失业救济金，新加坡为低收入家庭提供补助金、购房补贴等，严格审查，确保真扶贫，缩小收入差距。

可以看出，亚洲国家日、韩两国乡村发展以政府统筹、统一规划为基础，自上而下实施；美国、加拿大的乡村振兴采取了自上而下的城乡共生模式。欧盟国家实施生态保护型乡村振兴发展模式，对乡村发展进行统一规划，通过出台法律、颁布政策、提供资金等方式，自下而上推行，其中法国构建了生态型的乡村振兴长效内生机制，德国走整合规划乡村田地，农业结构的整合型乡村发展之路。荷兰进行土地整理、采取发展高效产业振兴乡村模式。瑞士发展观光旅游业乡村振兴模式。我国乡村发展不同于国外，既发挥政府的政策引领、财政支持和效果监督作用，又发挥乡村的能动作用，同时发力。不同于国外乡村振兴，我国拥有独特的制度优势，我国乡村振兴现阶段经济实力也比国外建设乡村时期更强大。国外乡村建设发展过程中依据当地情况，因地制宜，发展特色农业产业，自上而下规模化推动乡村农业产业、文化产业、旅游产业发展，注重本土人才培育。注重土地流转机制完善，设立农业科技、农业组织带动乡村建设，这与我国现阶段乡村振兴内容是一致的。从国外乡村发展中发现，实现乡村振兴是一个长期过程，需要遵循规律，适时解决各种问题。

综上所述，根据现有的文献，我们可以发现在现阶段，共同富裕是社会主义的本质要求，而乡村振兴和共同富裕的政策内涵是统一的，实施乡村振兴战略是消除城乡差距走向共同富裕的必经之路。但是，无论是国内实践还是国外经验，针对共同富裕和乡村振兴的关系这一问题，当前的文献研究普遍存在一定程度上把握不准、梳理不清、阐述不明、研究深度不够、研究广度不足的问题。在乡村振兴的道路上，我们需要解决自然环境、社会环境问题，并且积极巩固好脱贫攻坚所取得的成果，从产业兴旺、生态宜居、乡风文明、治理有效、生活富裕五个维度出发，促进农村发展，缩小城乡收入差距，最终实现全体社会的共同富裕。

第三章　共同富裕目标下中国乡村振兴评价指标体系构建

如何评判评估乡村振兴？乡村振兴评价指标体系是指引乡村振兴具体工作的方向标。2021 年 6 月 1 日起施行的《乡村振兴促进法》第六十九条规定，国务院和省、自治区、直辖市人民政府有关部门建立客观反映乡村振兴进展的指标和统计体系。可以看出，全面实施乡村振兴的根本目的是实现共同富裕，因此在建立乡村振兴指标体系时，要充分考虑乡村振兴指标与共同富裕目标的协调性。构建有利于乡村振兴目标的乡村振兴指标体系关系到未来三十年乡村振兴战略的效率和共同富裕的实现程度。本章将根据共同富裕目标对《乡村振兴战略规划（2018—2022 年）》（下文简称“战略规划”）中乡村振兴指标体系提出修订和完善建议，提出部分具有前瞻性和引导性的指标体系，构建一套理想化的共同富裕目标下的乡村振兴指标体系，同时结合乡村振兴战略“三步走”给出 2025 年、2035 年和 2050 年的目标值。从共同富裕出发对既有乡村振兴指标体系进行增减调整，梳理构建的三重逻辑，分析构建的三种思路，最后提出新的共同富裕目标下的乡村振兴指标体系。

一、共同富裕目标下乡村振兴指标体系构建的三重逻辑

共同富裕目标下乡村振兴指标体系是在我国进入社会主义现代化强国建设阶段，贯彻落实共同富裕理念、扎实推动共同富裕进程的风向标和指挥棒。构建共同富裕目标下乡村振兴指标体系的必要性内含于共同富裕与乡村振兴的理论逻辑、历史逻辑和实践逻辑之中。理论逻辑来源于共同富裕和乡村振兴的关系机理和指标评价的理论含义；历史逻辑来源于全面建

设小康社会向建设共同富裕美好社会过渡的新变化和新要求；实践逻辑是中央推动共同富裕和乡村振兴以及地方落实中央战略部署的必然要求。

（一）共同富裕目标下乡村振兴指标体系构建的理论逻辑

共同富裕和乡村振兴的覆盖面决定了需要指标体系实现目标对接。共同富裕是指引全社会发展的目标，乡村振兴是新时代农村建设的总抓手，如果乡村振兴指标不能包含共同富裕的所有目标，那么农村的共同富裕就无从谈起。因为除了乡村振兴战略，没有别的战略和政策有足够的力度和高度弥补乡村振兴指标缺失造成的农村共同富裕短板。因此，共同富裕目标和乡村振兴的指标必须是协调统一的。

共同富裕和乡村振兴的内涵决定了需要建立指标体系来实现理念落地。共同富裕是乡村振兴的目标，乡村振兴是共同富裕的手段途径。虽然共同富裕是一个目标，但是其内涵和定义还需要进一步细化和明确，以使全社会能够准确理解。乡村振兴是实现共同富裕的重要内容，更加突出实践性。可以说乡村振兴是共同富裕理念在乡村发展上的具体落地。同样乡村振兴也只是战略层面的规范，要将战略规范转变为地方政府和人民大众能够理解执行的具体标准，还需要指标体系的进一步细化。

指标评价是推动乡村振兴各个方面进程统一协调的必要手段。乡村振兴包含解决“三农”问题的各方面要素，每个要素之间存在必然性联系，如果有某一个方面发展滞后，就会使其他方面发展失速。指标评价强调系统性、发展性和引领性。指标评价不仅仅是发现系统的自然到达状态，而且强调政策预期目标的达成程度，反映阶段性进程“是否满足目标要求”。通过指标评价就可以实现乡村振兴各个要素达到协调统一的目标状态。

（二）共同富裕目标下乡村振兴指标体系构建的历史逻辑

历史逻辑是理论逻辑的现实基础，理论逻辑产生于历史逻辑，指引历史逻辑。共同富裕目标继承和发展了全面建成小康目标，建设新农村和精准扶贫作为全面建成小康社会的重要内容，其指标体系为连接小康理念和政策执行提供了关键链条，乡村振兴作为实现共同富裕目标的重要战略内容，建立健全乡村振兴指标体系是必须的。

共同富裕目标是全面建成小康社会后的新的世纪性发展目标。人类生活水平发展阶段论认为，按照生活水平由低到高，可以分为绝对贫困、温饱、小康和富裕四个阶段。小康社会的概念在我国最早是由邓小平同志在1979年12月会见日本首相大平正方时提出："我国提出四个现代化，最低的目标是在世纪末达成小康社会"，经过政府和社会各界充分论证，1982年党的十二大把小康列入经济建设目标。1992年，国家统计局提出了一套完整的农村小康指标体系，分为收入分配、物质生活、精神生活、人口素质、生活环境、保障安全等6个方面，6个方面下共有16个指标。直到2020年全面建成小康社会，共历时约40年。在步入中国特色社会主义新时代以来，学术界和政府管理部门不断研究拓展共同富裕内涵，在全面建成小康社会后，我国开启实现共同富裕的新征程，到21世纪中叶基本实现共同富裕。

全面建成小康社会目标指引下新农村建设和精准扶贫的指标体系链接起了小康理念与具体战略部署。在全面建设小康社会期间，我国又有针对性地提出了一系列农村发展战略。2005年10月11日，十六届五中全会通过了"十一五"规划，提出要按照"生产发展、生活富裕、乡风文明、村容整洁、管理民主"的要求，扎实推进社会主义新农村建设。脱贫攻坚中，最为人熟知的指标莫过于"两不愁三保障"，这是农村贫困人口脱贫的基本要求和核心指标，这一简单明晰的指标体系为精准扶贫的有效性和准确性提供了重要支撑。

同样，共同富裕目标下建立健全乡村振兴指标体系是必须的。乡村振兴是共同富裕的重要内容，是破解城乡二元结构造成农村落后局面的重大战略。2018年，中央农办出台的《乡村振兴战略规划（2018—2022年）》。但是这一战略规划出台时我国农村建设的核心是脱贫攻坚，所以指标体系中对共同富裕的理念融入不足，2021年进入全面建设共同富裕社会阶段后，需要重新对标共同富裕目标，健全乡村振兴指标体系，确保乡村振兴前进方向不走偏。

（三）共同富裕目标下乡村振兴指标体系构建的实践逻辑

理论逻辑、历史逻辑统一于实践逻辑。实践逻辑阐释了过去的实践和当下的实践。运用指标体系推动国家发展是我国经济社会建设的历史实践经验和有效工具。无论从治国理政还是基层工作推动，共同富裕目标下构建乡村振兴指标体系具有实践必然性。

一方面，中央推动乡村振兴战略实现共同富裕需要指标体系。从治国理政来看，用规划引领政策实践已经成了一种制度性的方法，尤其是每五年制定一次的五年规划。在乡村振兴指标方面，除《乡村振兴战略规划（2018—2022年）》提出的乡村振兴指标体系以外，《农村人居环境整治提升五年行动方案（2021—2025年）》《全国农产品加工业与农村一二三产业融合发展规划（2016—2020年）》《全国乡村产业发展规划（2020—2025年）》《关于推进污水资源化利用的指导意见》等中央层面规划均提出了相应的指标体系。

另一方面，地方推动乡村振兴实践实现共同富裕需要指标引领。目前各地在乡村振兴指标体系方面均有探索，比如《上海市乡村振兴“十四五”规划》《重庆市推进农业农村现代化“十四五”规划（2021—2025年）》《浙江省关于加快培育生活垃圾再生资源回收利用市场主体的意见》等都有乡村振兴方面的指标。各地也开始了乡村振兴统计和指标监测实践探索，如四川省、山东省建立了乡村振兴战略统计监测制度。

二、共同富裕目标下乡村振兴指标体系的三条构建思路

从共同富裕目标下乡村振兴指标体系构建的三重逻辑出发，指标的选择和调整要遵循继承发展、有机统一和前瞻引领三条思路。从历史逻辑和实践逻辑出发，乡村振兴指标的选择必须继承和发展全面建设小康社会期间及目前中央和地方已经提出的各类乡村振兴指标；从理论逻辑出发，乡村振兴指标选择必须展现共同富裕和乡村振兴的有机统一；从实践逻辑出发，乡村振兴指标选择必须引领未来 30 年乡村振兴实践。

（一）继承发展思路

继承发展思路是指指标选择要注重历史传承，同时要根据进度完成情况适时调整优化指标。任何指标体系必须历史地、发展地看问题，对于共同富裕目标下的乡村振兴战略指标而言，需要从历史和当前的经验中吸收其先进可用的养分，去除其过时落后的成分。其一是要借鉴全面建设小康社会期间的农村发展指标和脱贫攻坚指标，不但要借鉴其构建思想方法，也要借鉴其具体指标的运行。其二是要从当前乡村振兴相关指标体系中选取关键性指标，包括中央和地方层面出台的各类规划，以及理论界提出的新的指标。

（二）有机统一思路

有机统一思路是指共同富裕目标必须与乡村振兴指标体系协调统一，乡村振兴指标体系内部元素之间需要协同统一。从国家发展战略系统的角度看，共同富裕的子目标与乡村振兴的各类指标之间应该是互相交互平衡

的，共同富裕的子目标能够指导乡村振兴，乡村振兴的各个要素能够服务共同富裕目标。同时共同富裕子目标之间和乡村振兴子指标之间也是有机统一的，这些子目标相互关联、相互促进、相互掣肘。因此，有机统一思路要求必须从多层次、多方面、多角度地反映乡村振兴战略对共同富裕的推动作用；同时，要保持乡村振兴战略指标的全面性，不能因为共同富裕而遗漏乡村振兴的重要要素。

（三）前瞻引领思路

前瞻引领思路是指指标体系构建必须要有目标导向和问题导向。“凡事预则立，不预则废。”乡村振兴指标的作用是引领政策实践的发展，其优化调整离不开对共同富裕和乡村振兴的前瞻性认识。前瞻性体现在目标导向与问题导向的辩证统一。从目标导向出发，我们要牢牢抓住共同富裕的目标和乡村振兴战略自身的目标。从问题导向出发，我们要在更深层次上揭示规律、把握规律，为更长远的发展奠定基础。当然对共同富裕和乡村振兴内涵特征的把握，既要立足既有的认知水平，又要充分考虑未来乡村发展道路上发生的演进。认识到社会发展规律性和同质性，共同富裕目标下乡村振兴指标构建要充分借鉴发达国家现有经验和国内发达地区实践经验。

三、共同富裕目标下乡村振兴指标体系构建

从共同富裕目标下乡村振兴指标体系的三条构建思路出发，可以将共同富裕目标下乡村振兴指标构建分成三类。根据继承发展思路，优化和调整现有乡村振兴指标；根据有机统一思路进行共同富裕目标和乡村振兴指标比对匹配，保证乡村振兴指标能够解决农村的共同富裕短板问题；根据前瞻引领思路，从未来 30 年共同富裕和乡村振兴的需求出发，选择具有方向指导作用的指标。

（一）根据实施进度优化现有乡村振兴指标

2018年中央农办出台的战略规划，共有22项主要指标，其中约束性指标3项、预期性指标19项，并将目标值分成2020年和2022年两个阶段（见表3–1）。从指标阶段性实施进度看，有五个指标任务已经基本完成，接近100%，所以不再适用于下一阶段战略规划的制定。其中“生活垃圾进行处理的村占比”和“具备条件的建制村通硬化路的比例”应该进行调整，“村综合性文化服务中心覆盖率”“村庄规划管理覆盖率”“有村规民约的村占比”等三项指标可以删除。

一是将“生活垃圾进行处理的村占比”替换为“农村生活垃圾回收利用率”。根据《乡村振兴战略规划实施报告（2020年）》，至2020年末，该指标达到90%以上，该指标应该删减，但是农村生活垃圾是影响农村生活宜居的主要因素，农村生活垃圾治理的指标必不可少。目前的村庄认为如果将垃圾集中堆放、统一清理就代表垃圾得到了处理，但是这不能满足乡村振兴的要求，要实现乡村宜居就需要达到垃圾得到有效治理的水平。借鉴《上海市乡村振兴“十四五”规划》，其主要指标包含农村垃圾回收利用率，2020年基期值为38%，2025年目标值为45%以上。浙江省对农村垃圾分类处理回收利用率也进行统计，2020年为45%。从指标值来看，农村生活垃圾回收利用率正在上升期，对未来乡村振兴具有一定引领作用，而且已有地方实践，具有可行性。因此，可以将生活垃圾进行处理的村占比替换为农村生活垃圾回收利用率。

二是将“具备条件的建制村通硬化路的比例”调整为“通等级公路的行政村比例”。到2020年底，我国具备条件的乡镇和建制村通硬化路、通客车目标全面实现，农村交通基础设施已经有了很大提升，农村道路建设由注重规模速度向高质量发展转变。《农村公路中长期发展纲要》提出，到2035年基本实现乡镇通三级路、建制村通等级路、较大人口规模自然村（组）通硬化路。考虑到乡村振兴乡镇三级路不能有效度量村庄的道路情况，未来自然村（组）可能会大面积衰落和撤并，短期内推动较大人口规模自然村（组）通硬化路可能会造成资源浪费，同时较大人口规模很难界定。因此，可将具备条件的建制村通硬化路比例调整为通等级公路的行政村比例。

三是删除“村综合性文化服务中心覆盖率”“村庄规划管理覆盖率”和“有村规民约的村占比”等三项指标。根据《乡村振兴战略规划实施报告（2020 年）》，至 2020 年末，村综合性文化服务中心覆盖率已经达到 95%，98% 的村制修订了村规民约。从部分地区进度看，村庄规划管理覆盖率该目标很快会完成，如昆明市村庄规划编制完成率达 99.7%，西安市行政村村庄规划覆盖率达到 94.8%。从指标的完成周期来看，这三项指标都是短期性指标和一次性指标，村庄规划、村规民约可以在短期内完成，一旦制定就会使用较长时间，综合性文化服务中心一般是村委会办公场所改建，建设完成后就可以长期使用。总体来看，这三项指标可以直接删除。

表 3-1　乡村振兴战略规划主要指标

分类	序号	主要指标	单位	2016 年基期值	2020 年目标值	2022 年目标值
产业兴旺	1	粮食综合生产能力	亿吨	>6	>6	>6
	2	农业科技进步贡献率	%	56.7	60	61.5
	3	农业劳动生产率	万元 / 人	3.1	4.7	5.5
	4	农产品加工产值与农业总产值比	—	2.2	2.4	2.5
	5	休闲农业和乡村旅游接待人次	亿人次	21	28	32
生态宜居	6	畜禽粪污综合利用率	%	60	75	78
	7	村庄绿化覆盖率	%	20	30	32
	8	对生活垃圾进行处理的村占比	%	65	90	>90
	9	农村卫生厕所普及率	%	80.3	85	>85

续表

分类	序号	主要指标	单位	2016年基期值	2020年目标值	2022年目标值
乡风文明	10	村综合性文化服务中心覆盖率	%	—	95	98
	11	县级及以上文明村和乡镇占比	%	21.2	50	>50
	12	农村义务教育学校专任教师本科以上学历比例	%	55.9	65	68
	13	农村居民教育文化娱乐支出占比	%	10.6	12.6	13.6
治理有效	14	村庄规划管理覆盖率	%	—	80	90
	15	建有综合服务站的村占比	%	14.3	50	53
	16	村党组织书记兼任村委会主任的村占比	%	30	35	50
	17	有村规民约的村占比	%	98	100	100
	18	集体经济强村比重	%	5.3	8	9
生活富裕	19	农村居民恩格尔系数	%	32.2	30.2	29.2
	20	城乡居民收入比	—	2.72	2.69	2.67
	21	农村自来水普及率	%	79	83	85
	22	具备条件的建制村通硬化路比例	%	96.7	100	100

数据来源:《乡村振兴战略规划（2018—2022年）》。

（二）根据共同富裕目标优化乡村振兴指标

按照共同富裕目标乡村振兴指标构建有机统一思路，乡村振兴指标需要全面反映共同富裕目标，但是《乡村振兴战略规划实施报告（2020年）》构建的指标体系未能全面覆盖共同富裕目标。我们将共同富裕分解成子目标、匹配乡村振兴现有指标与共同富裕目标的统一性、增加补充乡村振兴指标的三步法，保证乡村振兴指标与共同富裕目标的有机统一。

1. 共同富裕目标分解的5个维度和16个子目标

2021年10月16日，习近平总书记在《求是》发表重要文章《扎实推动共同富裕》，系统阐述了共同富裕的重要内涵和总体思路。根据共同富裕的总体思路将共同富裕目标归纳为高质量发展、橄榄型收入分配结构、公平正义的基本公共服务、人的全面发展和全体人民共同富裕 5 个维度目标和区域发展平衡性、行业发展协调性、企业发展包容性等 16 个子目标。

第一，习近平总书记强调要“坚持以人民为中心的发展思想，在高质量发展中促进共同富裕”。发展的质量决定了富裕的潜力和程度，高质量发展是实现共同富裕的基础和保障，没有高质量发展就谈不上富裕。乡村振兴是实现共同富裕目标的难点，但乡村丰富的沉睡资源和多样化功能价值能够为中国现代化提供动能。因此，我们将共同富裕目标的第一维度目标设置为高质量发展，包括提高区域发展平衡性、提高行业发展平衡性、提高企业发展平衡性 3 个子目标。

第二，习近平总书记强调要“正确处理效率和公平的关系，构建初次分配、再分配、三次分配协调配套的基础性制度安排，加大税收、社保、转移支付等调节力度并提高精准性，扩大中等收入群体比重，增加低收入群体收入，合理调节高收入，取缔非法收入，形成中间大、两头小的橄榄型分配结构”。可以看出初次分配、再分配、三次分配协调配套的基础性制度和税收、社保、转移支付等调节方法是实现橄榄型分配结构的手段和工具，形成中间大、两头小的橄榄型分配结构是目标。收入分配机制决定了个人和家庭的收入所得，很大程度上决定了人民的幸福感和满足感，乡村振兴的一个主要衡量标准就是农民的收入是否能够让农民舒心安心地在农村从事农业生产，过上体面的生活。因此，我们将共同富裕的第二个目标设置为塑造橄榄型收入分配结构，有提低、扩中、控高 3 个子目标。

第三，习近平总书记强调要“促进社会公平正义”“促进基本公共服务均等化”。我国城乡二元体制决定了公共服务供给与公共基础设施建设在城市与农村之间的不平衡性，长期以来农村远远滞后于城市。要促进社会的公平与正义，就必须推动城乡之间基本公共服务的均等化。因此，我们将共同服务的第三个维度目标设置为公平正义的基本公共服务，包括教育、医疗、住房、养老、兜底等 5 个子目标。

第四，习近平总书记强调要“促进人的全面发展”，共同富裕是指人民群众物质生活和精神生活都富裕。人们的精神生活具有宽泛的内涵，从广义角度来看，除物质需求层面以外的需求均可以纳入精神文化生活方面，包括对政治、文化、生态、自身素养等方面的需求。因此，我们设置了第四个维度目标：人的全面发展，包括民主政治、先进文化、生态文明等 3 个子目标。

第五，习近平总书记强调“使全体人民朝着共同富裕目标扎实迈进”，同时特别强调要“促进农民农村共同富裕”。共同富裕的共同性体现的是全体人民性，没有农民的富裕就不算共同富裕，没有欠发达地区人民的富裕就不能算共同富裕。城乡和区域是空间上的两个主要概念，促进城乡平衡发展有利于实现区域平衡发展。一方面城乡与区域相互关联，当前我国发展格局中，农业农村占比高的区域往往发展程度也低，这是从农业社会向工业社会转型的必然结果，在现如今的发达国家也是如此，如果能够实现农村的发展，那么区域差异也会得到缓解。另一方面两者又有区别，决定区域划分的关键是自然地理条件，而决定城乡划分更多的是人为因素，比如我国的制度性划分标准，美国按地铁联通划分城乡的标准，欧洲许多国家按人口密度和人口总量划分城乡的标准，制定城乡互促政策制度，城乡间发展差异可以相对容易缓解，从而有效地促进区域平衡。因此，我们设置了第五个维度目标：全体人民共同富裕，包括缩小城乡差距和缩小区域差距 2 个子目标。

2. 在医疗、住房、养老等 3 个子目标下新增乡村振兴指标

我们根据乡村振兴指标是否能够促进共同富裕子目标的实现，将优化调整后的 18 个乡村振兴指标与共同富裕 15 个子目标进行比对，发现有控高、医疗、住房、养老等 4 个子目标没有乡村振兴指标对应和支撑。

一是控高可以没有乡村振兴指标对应。我国高收入群体主要是城市居民以及非农业从业者，农民中高收入群体极少，而且控制高收入重点是打

表 3–2　删除不再适用指标后的乡村振兴指标体系与共同富裕目标匹配表

乡村振兴指标		共同富裕准则层目标	共同富裕目标：高质量发展			橄榄型收入分配结构			公平正义的基本公共服务				人的全面发展			全体人民共同富裕	
			区域发展平衡性	行业发展协调性	企业发展包容性	提低	扩中	控高	教育	医疗	住房	养老	民主政治	先进文化	生态文明	缩小城乡差距	缩小区域差距
产业兴旺	1	粮食综合生产能力	■	■	■	■										■	■
	2	农业科技进步贡献率	■	■	■	■										■	■
	3	农业劳动生产率	■			■										■	
	4	农产品加工产值与农业总产值比		■	■	■	■									■	■
	5	休闲农业和乡村旅游接待人次	■	■	■	■	■									■	■
生态宜居	6	畜禽粪污综合利用率													■	■	
	7	村庄绿化覆盖率													■	■	
	8	农村卫生厕所普及率													■	■	
生活富裕	9	农村自来水普及率														■	
	10	农村居民恩格尔系数														■	
	11	城乡居民收入比														■	
	12	通等级公路的行政村比例	■													■	■

续表

乡村振兴指标		共同富裕准则层目标	共同富裕目标														
			高质量发展			橄榄型收入分配结构			公平正义的基本公共服务				人的全面发展			全体人民共同富裕	
			区域发展平衡性	行业发展协调性	企业发展包容性	提低	扩中	控高	教育	医疗	住房	养老	民主政治	先进文化	生态文明	缩小城乡差距	缩小区域差距
乡风文明	13	县级及以上文明村和乡镇占比											■				■
	14	农村义务教育学校专任教师本科以上学历比例							■								
	15	农村居民教育文化娱乐支出占比											■				
治理有效	16	建有综合服务站的村占比	■										■				
	17	村党组织书记兼任村委会主任的村占比															
	18	集体经济强村比重	■			■								■		n	

击不合理收入，农民并没有不合理收入来源。因此，乡村振兴指标没有实现控高的共同富裕子目标也无可厚非。

二是医疗、住房、养老等公共服务均等化目标需要有乡村振兴指标对应。这些目标关系到农民的切身利益，在脱贫攻坚期间，医疗和住房是“三保障”中的两项，是全面小康的重要指标，如果医疗和住房没有达到富裕的程度，就无从谈起共同富裕。而养老是关系到老年人群体的重要公共服务，有专家就提出共富不会消除收入差别，但可保障底层体面生活，而让农村老年人过上体面的生活是乡村振兴面临的最大考验。未来 20 年，农村老龄化现象将更加突出，而我国无论是城市还是农村，养老的公共服务体系都不健全。从“木桶效应”的角度看，养老公共服务的短缺是我国共同富裕道路上最短的那条木板。因此我们认为应该在医疗、住房、养老方面重新构建主要指标。

3. 医疗、住房、养老等共同富裕子目标下新增的 3 个指标选择

一是医疗方面新增：有执业（助理）医师的村卫生室占比。战略规划在医疗健康方面提出了 4 个指标：基本实现每个乡镇都有 1 所政府举办的乡镇卫生院，每个行政村都有 1 所卫生室，每个乡镇卫生院都有全科医生，公有产权卫生室比例达到 80% 以上等。前三个指标在 2022 年实现，最后一个指标也很快将达到 100%，因此这 4 个指标都缺乏引导性。目前来看，农村医疗体系最缺的软件，是医生的服务质量，而不是卫生室数量。由图 3–1 可知，2019 年我国平均每个村卫生室有 0.82 个执业（助理）医师。分区域来看，东部地区有 0.85 个，中部地区有 0.98 个，西部地区只有 0.58 个；分省（区、市）来看，西藏、贵州、北京、广西四个省（区、市）低于 0.5，其中，西藏为 0.23、贵州为 0.33；而超过 1 的省（区、市）有 6 个，为重庆、黑龙江、上海、湖南、安徽、江苏。可以看出村卫生室执业（助理）医师是度量一个区域医疗不平衡的重要指标，《重庆市推进农业农村现代化“十四五”规划（2021—2025 年）》，也将乡村医生中执业（助理）

医师比例设置为乡村宜居宜业的指标，2021 年基期值为 22%，2025 年目标值为 27%。因此，从乡村振兴 2035 年目标值来看，我们认为可以将医疗均等化的指标设置为有执业（助理）医师的村卫生室占比。

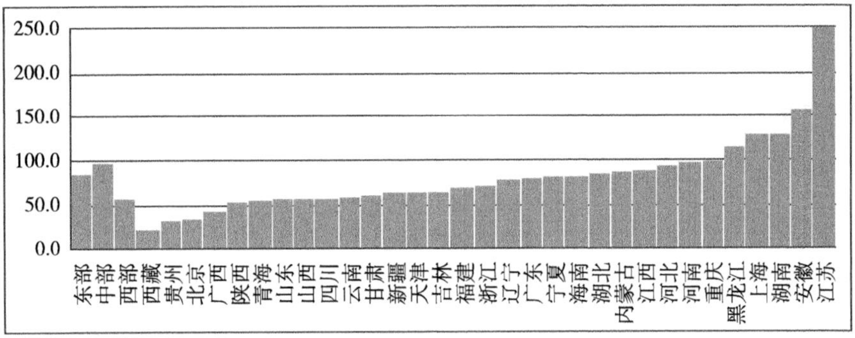

图 3-1　各地区平均每村执业（助理）医师数（%）

数据来源：《中国卫生健康统计年鉴（2020 年）》。

二是住房方面新增：有冲水式卫生厕所和独立厨房的农房占比。《乡村振兴战略规划（2018—2022 年）》没有设置住房保障类指标，但是从乡村振兴中长期目标来看，住房保障和提升是农村现代化的重要指标，不仅关系到农村宜居，而且也是吸引城市居民返乡归农的主要条件。目前农村有危房改造补助政策，但限定为 C 级和 D 级危房，这类标准是危房安全性鉴定和评估标准，用于住房保障方面有一定指导性，但是解决危房问题远远不能满足乡村振兴要达到的共同富裕目标。要实现乡村美丽宜居，住房不应仅仅只跨过危房的门槛，还应考虑舒适美观耐用性。住房和城乡建设部印发的《关于开展 2022 年乡村建设评价工作的通知》提出了十项住房现代指标，其中有冲水式卫生厕所的农房占比和有独立厨房的农房占比两项指标，能够较好地反映农户住房的质量、便捷性和现代性。因此我们认为在乡村振兴战略中用有冲水式卫生厕所和独立厨房的农房占比指标较为合适可行。

三是养老方面新增：有日间照料机构的行政村比例。战略规划提出的养老指标为有农村养老机构的乡镇占比，2022 年的目标值为 50%。2019

年全国共有养老机构34369个，其中城市为18437个，农村为15932个，农村每个乡镇有养老机构0.41个。但是农村养老主要依赖于家庭，如果有子女，住乡镇集中式养老院的比例很低，大多数都是在家里或村里养老，从调研来看，农村老人大多数都是这种情况。若老人生活能够基本自理但也需要人照看，往往会造成年轻人外出务工和在家照看老人的两难困境。为了让农村老人能够有一个体面的老年生活，设置农村日间照料中心或提供日间照料服务非常必要。2017年，日本有照料养老设施的村（町）占比是83%①，中国2020年的人均GDP与日本1983年相等，中国在35年里能够达到今天日本的发展程度，对农村养老的需求也将和日本相似，依照日本目前的养老配套设置我国2035年和2050年的发展目标较为合理。因此，从乡村振兴长远目标来看，将有日间照料机构的行政村比例设置为养老均等化指标具有引导性、前瞻性和可行性。

（三）根据乡村振兴长远目标完善乡村振兴指标

根据前瞻引领思路，需要结合我国乡村振兴目标对乡村振兴的指标体系进行动态调整。从广义乡村振兴角度看，我国与其他发达国家的城乡问题和乡村发展历程具有同质性。欧美国家在18—19世纪开始了工业化的经济腾飞阶段，而我国经济的腾飞开始于改革开放，这为我国乡村振兴提供了借鉴的机会。

在后工业化阶段，发达国家在粮食自给、农村联网、科研驱动、优质政务服务等方面采取了重大举措，这值得我们在制定共同富裕目标下的乡村振兴战略时予以重点关注。其一，提高食物自给率一直是日本农业农村发展的重要战略。日本规定政府应该制订《食料·农业·农村基本计划》，增加食品自给率是基本计划的基础内容。《食料·农业·农村基本计划》最

① 数据来源：日本统计局https：//www.e-stat.go.jp/regional-statistics/ssdsview/municipality.

近为2020年发布，将食品自给率分为供给热量自给率和生产额自给率，2018年的基础值为37%和66%，2030年的目标值是45%和75%。可以看出，食品自给率在农业技术相对发达的日本也非常重要。其二，数字互联是后工业化时期城乡互联互通的关键。欧盟在《农村地区发展2040年的长期愿景》中提出的四项目标就包括建设更加互联紧密的农村地区，目的是改善农村地区的交通状况和实现数字接入方面的互联互通。即使是在世界发达地区，农户的网络互联互通依然是一个难题，也是乡村振兴的关键。其三，科研驱动农村发展已成为全球共识。2019年，欧盟提出了财政支持农村发展的6个优先事项，第一个优先事项就是知识转移和创新，包括三个方面：促进农村地区的创新、合作和知识库的发展；加强农业、粮食生产和林业以及研究和创新之间的联系；促进农业和林业部门的终身学习和职业培训。其四，注重乡村公共服务吸引人们返农返村。韩国自1975年开始快速工业以来，农村老龄化和人口流失问题异常突出，自2009年政府出台一系列返乡支持政策，设立归农归村综合服务中心，返农返村人数大幅度上升，从2005年韩国的1000户左右增至2015年的33万户。2019年和2020年调查发现，超过70%的人认为返乡教育对返乡有帮助。这些措施都是发达国家在后工业化时期为解决农村短板制定的举措，从我国乡村建设实践看，这些举措已经逐步开始实施，但是各地的重视程度依然不足，如果在下一个乡村振兴战略规划中没有得到指标性的推进，就很有可能造成新的“木桶效应”，制约农村高质量发展。

1. 新增食物自给率

战略规划没有食物自给率方面的指标，但我国关于食物自给率的指标有谷物自给率，根据2019年发布的《中国的粮食安全》白皮书，2018年我国谷物自给率在95%以上，中国人口占世界的近1/5，粮食产量约占世界的1/4。但是，在《北京市“十四五”时期乡村振兴战略实施规划》中设置了蔬菜自给率和生猪自给率两项指标，2020年基期值分别为10%和

2%，2025 年目标值为 20% 和 10%。

一方面，虽然我国粮食自给率很高，但是存在粮食结构不优、食物质量不高的问题，这不仅与粮食安全相关，也与农民的收入密切相关。如果国内农户生产的农产品质量无法满足国内消费者不断提升的需求，那消费者只能依赖于进口食物，造成农户收入受损。根据海关总署通报的 2017 年中国进口食品质量安全状况[①]，2017 年我国进口食品贸易额前 10 位的食品种类分别为：肉类、油脂及油料类、乳制品类、水产及制品类、粮谷及制品类、酒类、糖类、饮料类、干坚果类和糕点饼干类，共 539.1 亿美元，占我国进口食品贸易总额的 92.5%。进口食品贸易额列前 10 位的省市分别是：广东、上海、天津、山东、江苏、辽宁、浙江、福建、北京和广西，共 555.5 亿美元，占我国进口食品贸易总额的 95.3%。可以看出，进口食物需求主要是高端食品，消费区域主要是东部沿海发达地区，一定程度上反映了我国居民食物消费需求层次正在不断升级，而且高层次需求未得到满足。另一方面，部分进口食品占国内供应量比重较大。2017 年乳粉（含乳清粉）进口占国内乳制品供应量的 22.7%，进口食用植物油占国内食用植物油供应量的 12.0%，进口肉类占国内肉类供应量的 4.8%，进口水产及制品占国内水产品供应量的 5.6%。可以看出，在乳粉、食用植物油、肉类、水产等方面我国自给率比较低。

综上所述，我们认为在乡村振兴指数中应增加食品自给率，为方便计算可以使用生产额自给率：食品的国内生产额除以食品的国内消费额。

2. 新增农产品网络零售额占农产品总交易额比重

2019 年，科技部组织编制了《创新驱动乡村振兴发展专项规划（2018—2022 年）》，提出了 11 项创新驱动乡村振兴发展专项规划主要指标，包括：农业科技进步贡献率、农作物耕种收综合机械化率、农业劳动

① 数据来源：http：//www.gov.cn/xinwen/2018-07/20/content_5308105.htm.

生产率、农作物农药利用率、农业化肥利用率等比率性指标，以及国家技术创新中心、国家农业高新技术产业示范区等硬件建设指标。这里面的硬件建设指标是乡村振兴的关键，但是与农户的联系不够紧密，不能很好地起到农村互联互通的目的，而比率性指标已经包含在乡村振兴规划中，不是促进农村互联互动指标，前文已有分析。

2019 年，农业农村部和中央网信办印发《数字农业农村发展规划（2019—2025 年）》，提出了三项指标：农业数字经济占农业增加值比重、农产品网络零售额占农产品总交易额比重和农村互联网普及率。我们认为农业数字经济占农业增加值比重很难统计，因为农业数字经济概念比较模糊，统计口径较为宽泛。农村互联网普及率是一个硬件指标，很容易实现，发展规划设置的 2025 年目标值为 70%，年均增速为 10.5%，也就是说在 2028 年该指标将达到 100%。该规划中农产品网络零售额占农产品总交易额比重 2018 年基数值为 9.8%，2025 年目标值为 15%，指标提升空间较大。而且地方对农产品网络零售额已有统计实践，山东省 2019 年和 2020 年农产品网络零售额分别为 294.6 亿元和 360.3 亿元。

因此，我们认为将农产品网络零售额占农产品总交易额比重设置为乡村振兴产业兴旺指标较为合理可行，不仅能够展现农村互联互通程度，也是农村产业发展信息化的体现。

3. 新增农户层面的科研供给服务和培训满意度指标

农业农村现代化关键在于提升农民的生产素养和农业的生产能力，这些软实力必须借助于知识和创新，借助于农业科研服务。战略规划在农业转型和生产能力提升方面设置了劳动生产率和农业科技进步贡献率两个指标，这两个指标是整体统计层面的计算指标，对于农村的实际指导作用比较弱，对农户的指引性不强。为了更好激发农业科研机构和农技服务人员的积极性，有效满足农民的农业知识需求，着实提升农业科技水平，我们认为应该新增农户层面的科研供给服务和培训满意度指标。农户层面的科研供给服务和培训满意度指标可以通过 12396 新农村科技服务热线匿名采集农户数据，直接获取农户真实感想，倒逼农业科研和技术服务的进步。这类指标虽然目的是提高农业生产能力，但是属于乡村治理的范畴，应该归入治理有效指数较为妥当。

4. 增加乡村公共服务满意度指标

目前，满意度调查已经深入金融服务、餐饮服务、政务机构等各个城市服务部门，但是在农村，满意度调查应用依然比较滞后，农村基层组织的官本位思想依然突出，基层干部更多的是“管百姓”而不是“服务百姓”。国家市场监督管理总局委托第三方机构开展的全国公共服务质量监测，包括居住环境、公共交通、基础设施、医疗服务等 11 个重点公共服务领域，对全国 31 个省（区、市）137 个城市进行调查统计，这一经验完全可以推广到乡村振兴过程中，用满意度调查促进农村基层组织的公共服务发展。

（四）根据发达国家乡村发展指标完善乡村振兴指标

由于城市与乡村在现代化发展当中的异步性，1960—1970 年发达国家整体出现“乡村凋敝”的问题。为解决“乡村凋敝”的问题，发达国家出台了重在缩小城乡差距的农村现代化举措。比如法国，在 1970 年颁布《乡村整治规划》，在微观地区层面对自然群落进行规划，促进乡村地区发展。通过数十年的发展，城乡间的人口流动也由长期以来的单向变为双向。比如德国，在 20 世纪 60 年代，将“城乡等值化”确定为区域空间发展的战略目标，要求城乡居民具有相同的生活条件、工作条件、交通条件，保持和建立同等的公共服务。再比如，日本乡村振兴、韩国新村运动等。

从发达国家乡村振兴实践来看，农村现代生活条件的范围是比较广泛的，与国内通用指标相比，发达国家指标更加强调村庄环境和公共基础设施的整体改造。其一是德国乡村振兴注重对乡村公共空间和设施的规划建设。德国“村庄更新”的主要目的是改善村庄和社区的生活和工作条件，所涉及的村庄一般不超过 2000 名居民。在生活条件上，主要考虑的方面有：交通，道路和村庄广场，基本的市政基础设施，绿地和水路，历史古迹的建设规范和维护以及村庄的社会生活。其二是法国注重乡村生活条件的全面提升，从而吸引城镇居民。1970 年的《乡村整治规划》，将对农村发展的投入从基本设施转变为进一步改善乡村生活条件及提升接待城镇居民设施上，通过改善乡村公共服务设施、气候环境、污染、住房品质、生活成本等，建设了品质优越的乡村居住环境。从而在四十年间，使郊区居民的人口数量增长了 70%。其三是韩国引入了村庄安全和生命安全的衡量指标，值得借鉴。韩国的农民渔民福利状况调查中，除了对教育、文化休闲、医疗、社会安全网、环境景观等调查外，还专门设置了基本生活条件调查，包括：房屋设施、供暖、房屋装修、供水、垃圾、污水、村庄安全、生命安全等项目。

综合上述国际经验，本文认为共同富裕目标下乡村振兴应该增加关于村庄整体便利性的指标。建议将村庄历史文化设施，如民宿馆、文化馆、村史馆等，乡村商业服务设施（农村商店、超市等）可及性纳入衡量指标。考虑到数据采集的准确性和简捷性，上述指标可以简化为有历史文化设施和商业服务设施的村庄占比。在该指标项下可以进一步对历史文化设施和商业服务设施的标准进一步确定。

（五）根据世界发展指标完善乡村振兴指标

2015 年 9 月 25 日，联合国可持续发展峰会在纽约总部召开，联合国 193 个成员国在峰会上正式通过 17 个可持续发展目标。旨在从 2015 年到 2030 年间以综合方式彻底解决社会、经济和环境 3 个维度的发展问题，转向可持续发展道路。17 个目标中目标 3 对我国农村妇女儿童权益保障具有至关重要的借鉴意义。目标 3 是让不同年龄段的所有人过上健康的生活，提高他们的福祉。这项指标与实现共同富裕、过上美好生活的本质要求相吻合。目标 3 下有 9 项具体目标。其中，孕产妇死亡率和婴儿死亡率两项具体指标对我国乡村振兴具有重要借鉴意义。近十年来，我国孕产妇死亡率和婴儿死亡率已经下降至历史最低水平，但是城乡差异和区域不平衡的问题依然值得关注。

首先，从孕产妇死亡率来看，我国城乡之间孕产妇死亡率的相对差距正在逐渐扩大。2010 年，城市孕产妇死亡率为 29.70/10 万，农村为 30.1/10 万。近十年来，城乡孕产妇死亡率都在逐步下降。但是，到 2020 年城市孕产妇死亡率下降至 14.10/10 万，而农村孕产妇死亡率下降至 18.5/10 万。城市高出农村 4.4/10 万。从中国与高收入国家对比来看，2017 年中国孕产妇死亡率为 29/10 万，而高收入国家为 11/10 万，其中欧盟国家仅为 6/10 万。以此来看，农村孕产妇保健问题仍然是通过乡村振兴实现共同富裕的一个关键。

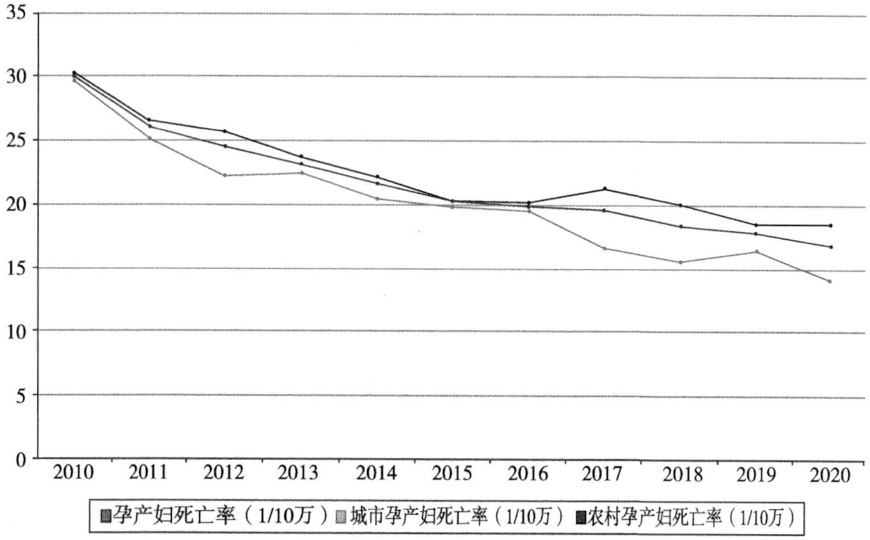

图 3-2　2010—2020 年中国孕产妇死亡率趋势

其次，从婴儿死亡率来看，城乡和区域不平衡问题依然较为突出。其一，从城乡来看，城乡婴儿死亡率在近十年有大幅度的下降，从 2010 年的

16.1‰和 5.8‰下降至 2020 年 6.2‰和 3.6‰。但是可以看出，农村婴儿死亡率依然高于城市。其二，从地域结构来看，部分地区婴儿死亡率严重偏高。比如 2020 年，新疆、西藏、海南的部分县市的婴儿死亡率超过 20‰。

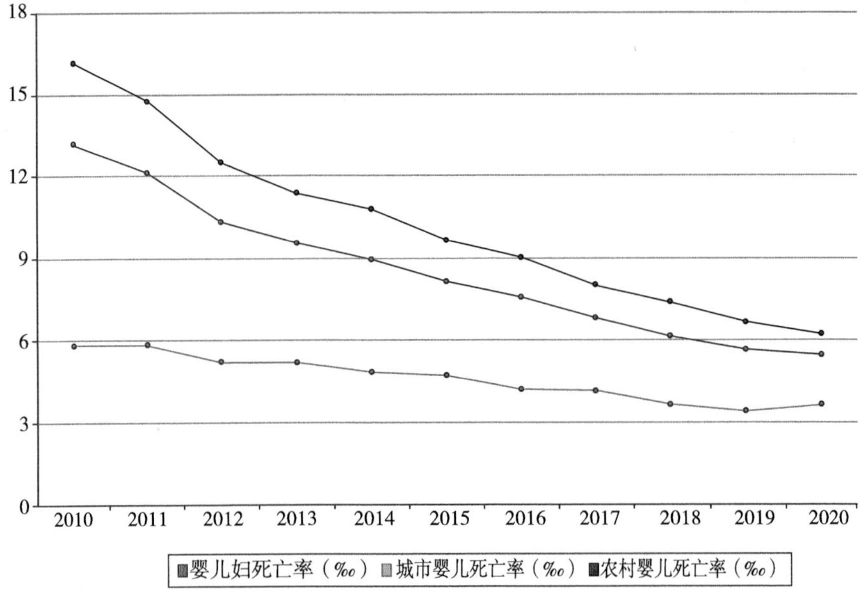

图 3–3　2010—2020 年中国婴儿死亡率趋势

综上所述，本人认为共同富裕目标下乡村振兴指标体系应该纳入农村孕产妇死亡率和农村婴儿死亡率，以县为单位进行测算，以充分反映乡村振兴对全民健康水平、生活质量和文明程度的促进作用。

四、共同富裕目标下乡村振兴重点指标的目标值设定

要实现乡村振兴指标的前瞻引领作用和统一协调作用，就需要按照发展趋势对指标的进度进行预测和估计，然后设定不同阶段的目标值。通过类比发达国家发展路径和国内发达地区发展经验，按照乡村振兴战略“三步走”，本文对 2025 年、2035 年和 2050 年的共同富裕目标下乡村振兴重

点指标进行测算（具体的测算结果见表 3–3）。

（一）产业兴旺

一是粮食综合生产能力在 2025 年、2035 年和 2050 年保持在 6 亿吨以上。粮食的需求弹性比较低，需求增长相对于人均收入的增长更慢，而且随着人均收入的增长，对于高端食品的需求更高。因此我们认为在未来人口规模保持稳定的前提下，对于粮食的需求也会相对稳定。粮食综合生产能力稳定在 6 亿吨以上较为合理。

二是食物自给率在 2035 年和 2050 年分别达到 90% 和 95%。根据日本设定的 2030 年生产额食物自给率为 75%，目前我国谷物自给率为 95%，将 2035 年的食物自给率设定为 90%，2050 年的目标值设定为 95% 比较合适。

三是农业科技进步贡献率在 2025 年、2035 年和 2050 年分别达到 63%、70% 和 95%。乡村振兴规划中将 2022 年目标值设定为 61.5%，年均增加 0.8%，以此速度测算 2035 年为 75%，2050 年为 90%。2010 年，我国农业科技进步贡献率为 48%，比发达国家低 20 个百分点左右[①]，荷兰的农业科技创新贡献率达 97%，德国、美国均超过了 90%[②]。再考虑到科技的网络规模效应，农业科技进步贡献率存在一定的加速度。2035 年和 2050 年农业科技进步贡献率达到 75% 和 90% 是可行的。

四是劳动生产率在 2025 年、2035 年和 2050 年分别为 7.0 万元 / 人、18.0 万元 / 人和 28.6 万元 / 人。根据世界银行最新数据[③]，2016 年我国农业劳动生产率是高收入国家的 10%，是日本的 14.1%、韩国的 18.3%，年均增长率为 7.27%。虽然经研究认为该数据低估了我国的劳动生产率，认为我国 2016 年农业劳动生产率相当于日本的 33.0%、韩国的 39.8%，年增长率为 12.61%。

① 数据来源：http：//www.npc.gov.cn/zgrdw/npc/ztxw/gylsaqgzqkbg/2010–08/27/content_1592066.htm.

② 数据来源：https：//zhuanlan.zhihu.com/p/61443065.

③ 数据来源：http：//wdi.worldbank.org/table/3.3.

而战略规划预计的年增长率为 9.55%。世界银行和学者研究增长率的平均值接近于战略规划预计的增长率，因此我们在达到发达国家水平前，将劳动生产率的增长率设定为 9.55% 是比较合理的，按此测算，2035 年为 18 万元，大约相当于目前发达国家的 83%；在 2035 年后按照目前发达国家的增长率计算较为合理，经测算发达国家的增长率为 3.14%，据此测算，2050 年的劳动产出率应为 28.62 万元，相当于目前发达国家的 1.31 倍。

五是农产品加工产值与农业总产值比目标值在 2025 年、2035 年和 2050 年分别达到 2.8∶1、3.4∶1 和 4.3∶1。《全国农产品加工业与农村一二三产业融合发展规划（2016—2020 年）》提出该指标在 2020 年为 2.4∶1，每五年增长 0.2，发达国家的农产品加工产值与农业总产值比一般为 3~4∶1，我国比发达国家落后 15—20 年。而《全国乡村产业发展规划（2020—2025 年）》提出该指标在 2025 年目标值为 2.8∶1，而 2019 年基值为 2.3∶1，调高增长幅度到每六年增长 0.5。考虑到加工业在后期会减速，我们认为长期看平均增长幅度每五年设为 0.3 比较稳妥。据此增长率测算，2035 年和 2050 年为 3.4∶1 和 4.3∶1，将处于发达国家平均水平。

六是农产品网络零售额占农产品总交易额比在 2025 年、2035 年和 2050 年分别达到 15%、25%、57%。根据《数字农业农村发展规划（2019—2025 年）》，2025 年该指标为 18%，年均增长速度为 5.5%，经测算 2035 年和 2050 年目标值分别为 25%、57%。

七是休闲农业和乡村旅游接待人次在 2025 年、2035 年和 2050 年分别达到 40 亿人次、78 亿人次、136 亿人次。根据《全国农产品加工业与农村一二三产业融合发展规划（2016—2020 年）》，该指标预计年均增长为 8.4%，2020 年目标值为 33 亿人次，而根据《乡村振兴战略规划》，年均增长率为 7.0%。《全国乡村产业发展规划（2020—2025 年）》的 2019 年基数值为 32 亿，2025 年目标值为 33 亿人次，年均增速为 3.8%。三个规划对于该指标的增长速度预测高低很不统一。我们认为该指标为个人消费，基本由收入水平决定，其速度应更加接近于收入增长速度，2035 年前，我国人均收入增长预计在 7% 左右，步入发达国家后，收入增长速度预计会减半。因此 2035 年前设定为增长 7.0%，2035 年后设定 3.5% 较为合适。据此测算的 2035 年和 2050 年水平为 78 亿人次和 136 亿人次。

（二）生态宜居

一是畜禽粪污综合利用率目标值在 2025 年、2035 年和 2050 年分别达到 80%、90% 和 95%。国家发改委发布的《关于推进污水资源化利用的指导意见》将该指标 2025 年目标值设定为 80%，在 2020—2025 年的五年增长了 5 个百分点，我们认为在 2025—2035 年的十年间再增长 10 个百分点是可能的，此后达到最高 95% 较为合理。

二是村庄绿化覆盖率在 2025 年、2035 年和 2050 年分别达到 35%、45% 和 60%。2020 年广西壮族自治区的村庄绿化覆盖率为 39.87%，最高的天峨县为 60.7%[①]。按照目前的速度，每年推进 1 个百分点的可行性很大，到 2035 年达到 45%，到 2050 年达到 60%。

三是生活垃圾回收利用率在 2025 年、2035 年和 2050 年分别达到 30%、45% 和 60%。浙江省《关于加快培育生活垃圾再生资源回收利用市场主体的意见》提出，2020 年城乡生活垃圾回收利用率达 45% 以上，到 2022 年城乡生活垃圾回收利用率达 60%。以浙江省共同富裕示范区为目标，将 2035 年全国目标定位当前浙江省水平，比较可行。

（三）生活富裕

一是有执业（助理）医师的村卫生室占比在 2025 年、2035 年和 2050 年分别达到 27%、71% 和 100%。《重庆市推进农业农村现代化“十四五”

① 数据来源：http：//lyj.gxzf.gov.cn/bsfw/sjfb/t9489911.shtml.

规划（2021—2025年）》，将该指标2025年目标值设定为27%，重庆农村发展水平处于全国平均水平，我们参考此目标值将全国也设置为27%。村卫生室的执业（助理）医师人数增长率为10.24%[①]，如果有四分之一的人员充实到还没有执业（助理）医师的村卫生室，那么该指标每年将增加2.5个百分点，到2035年将达到64%，2050年将达到100%。

二是有日间照料机构的行政村比例在2035年和2050年为60%和83%。预测中国2050年的人均GDP将达到并超过日本今天的水平，那么到2050年时有日间照料机构的行政村比例设置为日本现有水平比较合适，即83%，要达到这个目标，在2035年是最低应该达到60%。

三是城乡收入比（农村为1）在2025年、2035年和2050年分别为2.2、1.9和1.25。2012年我国城乡收入比扩大到最大的3.3，此后逐年下降至2020年的2.52，每年下降0.065，照次计算，2035年将下降至1.54。浙江省要求到2025年城乡居民收入倍差缩小到1.9以内，因此，全国在2035年目标值为1.9比较合理，也是可以达到的。考虑到城市更高的生活成本，农村的收入不可能超过城市，而且中国进入发达国家后和日本如今的城乡状况较为相似，那么将2050年城乡收入差距目标设定为日本目前的1.25较为合适。

（四）乡风文明

农村居民教育文化娱乐支出占比在2025年、2035年和2050年分别为11%、13%和15%。战略规划预测2020年该指标为12.6%，而实际值为9.54%，从2015年到2019年的数据来看，该指标并没有上升，一直维持在11%，我们认为该项指标在长期将处于稳定或缓慢增长中，不会有大幅度增长，因此2035年和2050年目标值为13%和15%，到共同富裕的时候大概率不会超过20%。

---

① 数据来源：《中国卫生健康统计年鉴（2020）》.

表 3–3　理想化的乡村振兴指标体系和目标值

分类	序号	指标	单位	2025 年目标值	2035 年目标值	2050 年目标值
产业兴旺	1	粮食综合生产能力	亿吨	>6	>6	>6
	2	食物自给率 *	%	——	90.0	95.0
	3	农业科技进步贡献率	%	63.0	75.0	90.0
	4	农业劳动生产率	万元 / 人	7.0	18.0	28.6
	5	农产品加工产值与农业总产值比	%	2.8	3.4	4.3
	6	农产品网络零售额占农产品总交易额比 *	%	15.0	25.0	57.0
	7	休闲农业和乡村旅游接待人次	亿人次	40	78	136.0
生态宜居	8	畜禽粪污综合利用率	%	80.0	90.0	95.0
	9	村庄绿化覆盖率	%	35.0	45.0	60.0
	10	农村生活垃圾回收利用率●	%	30.0	45.0	60.0
	11	农村卫生厕所普及率	%	73.0	80.0	90.0
生活富裕	12	农村自来水普及率	%	80.0	93.0	98.0
	13	有执业（助理）医师的村卫生室占比 *	%	27.0	64.0	100.0
	14	有日间照料机构的行政村比例 *	%	—	60.0	83.0
	15	有历史文化设施和商业服务设施的村庄占比		—	100	100
	16	有水冲式卫生厕所和独立厨房的农房占比 *	%	50.0	75.0	90.0
	17	农村孕产妇死亡率	1/10 万	25	11	6
	18	农村婴儿死亡率	‰	5.6	4	3
	19	农村居民恩格尔系数	—	40	34	30
	20	通等级路的行政村占比 n	%	—	100	—
	21	城乡居民收入比	—	2.2	1.9	1.25
乡风文明	22	县级及以上文明村和乡镇占比	%	55.0	70.0	80.0
	23	农村义务教育学校专任教师本科以上学历比例	%	70.0	80.0	95.0
	24	农村居民教育文化娱乐支出占比	%	11.0	13.0	15.0
治理有效	25	村党组织书记兼任村委会主任的村占比	%	70.0	95.0	95.0
	26	科研供给服务和培训满意度 *	%	70.0	85.0	95.0
	27	乡村公共服务满意度 *	%	70.0	85.0	95.0
	28	集体经济强村比重	%	10.0	50.0	100.0

备注：* 为新增指标，●为优化调整指标。

五、指标导向下的认识结论及其建议

本文将乡村振兴指标体系构建纳入共同富裕目标体系之下，实现了二者的有机统一。本文提出新增食物自给率、农产品网络零售额占农产品总交易额比、有执业（助理）医师的村卫生室占比、科研供给服务和培训满意度、乡村公共服务满意度、有历史文化设施和商业服务设施的村庄占比、农村孕产妇死亡率、农村婴儿死亡率等 8 个新的指标，优化新增农村生活垃圾回收利用率和通等级路的行政村占比等两个指标，虽然部分新指标还没有统计数据，但是本套指标体系为乡村振兴规划和乡村振兴统计监测制度变革提供新的思路，尤其是为乡村振兴长远期规划提供了新视角。

通过指标优化调整和目标值设定，我们可以对共同富裕目标下推进乡村振兴战略做出综合研判，找准方向和着力点。

首先，在乡村振兴指标方面应加强指标的前瞻引领性和全面性。一是进入全面建设共同富裕社会阶段，乡村振兴主要指标需要做出相应调整，继续沿用现有指标体系会造成战略偏失。二是乡村振兴监测统计和数据公开要有重大变革。目前，农业农村部、国家统计局、住建部等部委会不定期公布一些乡村振兴的统计数据，但是连续性不强，准确性不足，而且往往全国的宏观数据，无法进行结构性和深入研究判断，不利于地方政府进行比较分析和发现问题。其中的关键原因是目前乡村振兴数据统计的“九龙治水”格局，各部委根据自己的业务范围开展数据统计。建议国家统计局协调各部委建立统一协调公开的乡村振兴统计监测体系，为共同富裕目标下乡村振兴战略提供数据动力。三是我国乡村振兴目前最大的短板是在软件和质量方面，内含于信息化、科技水平、公共服务水平等方面。从发达国家经历看，如果不调整现有指标体系，这些弱势在未来就会成为农村发展的新短板。

其次，根据乡村振兴战略“三步走”，设定适宜的动态指标。结合对乡村振兴指标的预测，本文认为应注意如下几点：一是到 2035 年，乡村振兴取得决定性进展，农业农村现代化基本实现。实现这一目标的难题依然集中在农村软件建设上面。一是以产业兴旺推动农业现代化，重点推动农业劳动力生产率、农产品加工产值与农业总产值比、农产品网络零售额占农产品总交易额比等指标，使这些指标值达到高收入国家水平。其二是以生态宜居、生活富裕推进农村现代化建设。短期内着力推动畜禽粪污综合利用、村庄绿化、农村生活垃圾回收利用、农村卫生厕所普及、行政村通等级路、建设村庄历史文化设施和商业服务设施等事项，相应指标需要2035年前达到高收入国家水平。二是到2050年，乡村全面振兴，农业强、农村美、农民富全面实现。这一时期的乡村要求全面实现现代化。那么2035年至2045年间各项指标就需要达到高收入国家水平。这些指标包括有执业（助理）医师的村卫生室占比、有日间照料机构的行政村比例、城乡居民收入比、县级及以上文明村和乡镇占比、科研供给服务和培训满意度、乡村公共服务满意度、集体经济强村比重等。这些指标在短期内较难以高质量推动，需要长期持续地推进。我国地域差异较大，欠发达地区发展缓慢趋势在未来30年也将会持续存在，那么在2045—2050年间设立攻坚阶段，推动进度最缓慢地区实现全面乡村振兴是非常有必要的，也是需要提前谋划布局的。

最后，从指标的发展趋势和现实需要来看，部分指标需要持续地推进。比如，粮食综合生产能力、食物自给率、农业科技进步贡献率、农村孕产妇死亡率、农村婴儿死亡率、农村居民恩格尔系数等。这些指标的改善需要与国家其他宏观发展战略相结合。比如，粮食综合生产能力和食物自给率指标需要与农业区划战略和科技强国战略相结合；再比如农村孕产妇死亡率和农村婴儿死亡率需要与区域发展战略和卫生事业发展规划相结合。但是这些指标是保障乡村振兴顺利推动的底层核心指标，越是在乡村振兴后期阶段，其重要性越凸显。因此，需要将这些指标纳入乡村振兴的每一个阶段，并与其他战略的指标相互衔接，同步推进，持续推进。

第四章　共同富裕目标下中国乡村振兴的时空格局测度

在构建完成乡村振兴指标体系后，如何运用新的共同富裕目标下的乡村振兴指标体系，对共同富裕下的乡村振兴进展进行测度，对乡村振兴的时空格局进行分析，以便界定乡村振兴的起点基础，确定发展努力的方向定位。这就需要确定指标权重，选择评价模型，最后还要评议检验，这样才能计算出评判结果。根据《乡村振兴战略规划实施报告（2020年）》，战略规划确定的重点任务扎实推进，主要指标完成情况符合预期，总体实现2020年阶段性目标。共同富裕目标下乡村振兴评价指标体系中的每个指标，要从不同侧面反映乡村振兴的进度和特征，还要从总体上评价和观察乡村振兴的发展趋势，也要体现不同地域尺度空间特点，以及对共同富裕的实现程度等。

一、国内外关于乡村振兴测度方法的研究

国外及国内学界对乡村振兴政策目标开展了一系列绩效评价研究。国外具有代表性的是Kageyama的乡村发展指数和Abreu的乡村发展指数。在国内，早期关于乡村发展的综合评价以新农村建设为评价目标，李秀霞、刘雁（2006）从物质文明、精神文明、制度文明、生态文明和地域特色角度构建了“4+X”社会主义新农村评价体系；李立清、李明贤（2007）根据社会主义新农村建设“生产发展、生活宽裕、乡风文明、村容整洁、管理民主”二十字方针，构建了社会主义新农村建设评价指标体系。

自2017年提出乡村振兴战略以来，专门针对乡村振兴的综合评价研究大量涌现，具体呈现如下几个特点。

第一，在乡村振兴指数一级指标方面，大多数按照乡村振兴二十字方针：产业兴旺、生态宜居、乡风文明、治理有效、生活富裕五个方面构建，有学者加入了农业农村优先发展或城乡融合程度一级指标。还有学者从某一方面做了深入研究，如人居环境整治、三产融合、乡村旅游等。国外学者主要从人口、经济、环境、社会等四个方面构建指标。

第二，在指标权重确定方面，主要有专家咨询法、层次分析法、熵权法和主客观综合方法，也有部分学者利用了平均权重，认为乡村发展的各个方面同样重要。可以看出，学界对于权重确定方法并未形成一致性的意见。

第三，从研究的对象来看，主要在省级和村级。由于数据可得性不强，县级的乡村振兴指数研究极少。在省级层面，西南财经大学从产业兴旺、生态宜居、乡风文明、治理有效和生活富裕五个方面进行分析，提出 35 个细分指标，通过对 30 个省（市、自治区）的"六化四率三治三风三维"进行测算。河南省根据地方实际情况，从产业进步、生态宜居、精神文明、社会发展、生活富裕、城乡一体六个方面入手，提出 43 个具体指标。上海市乡村振兴指数研究课题组对接《上海市乡村振兴战略实施方案（2018—2022 年）》提出"三园工程"："美丽家园、绿色田园、幸福乐园"，选择 42 个测度指标，构建了乡村振兴指标体系。

第四，从指数结果分析方面来看，大多数学者在完成乡村振兴的综合评价定量研究后，在结果分析阶段或转入了定性研究，或只是简单的趋势性分析。有部分学者也采用定量方法，如吕承超、崔悦（2021）利用基尼系数、极化指数和 Kernel 密度估计法对地区差距与空间极化程度进行了分析；陈秧分等（2018）利用 Pearson 相关系数分析了乡村振兴与城镇化、地方财力、资源禀赋、发展阶段等影响因素的关系。但是，目前还没有文献从指数角度，利用定量方法研究乡村振兴时间变迁和空间格局，本文的利用区域收敛和莫兰指数研究正好弥补了这一空白。

二、共同富裕目标下乡村振兴综合评价指数构建

（一）指标选择

上一章构建的理想化乡村振兴指标体系中有部分指标在当前的公开数据中无法获取，我们通过收集各类年鉴，对于还未开始统计或未公开的指标，我们用与之相近的指标来代替，共选择了25个指标，每个一级指标下包含有3个二级指标。

产业兴旺指标包括耕地播种比例、农林牧渔中间消耗占比、农作物播种产出率等3个指标；生态宜居指标包括单位耕地农药使用量、对生活污水进行处理的乡镇比例、农村卫生厕所普及率等3个指标；生活富裕指标包括集中供水的行政村占行政村总数的比例、农村每千人农村执业（助理）医师、城乡居民收入比等3个指标；乡风文明指标包括乡镇文化站与乡镇数占比、乡村小学本科学历以上专任教师占比、农村居民文教娱乐消费支出占比等3个指标；有效治理指标包括中国共产党员村主任占比、女性村主任占比、35岁以下村委会职工占比等3个指标。

（二）数据来源

本文数据主要来源于权威机构发布的统计年鉴和统计年报，如《中国统计年鉴》《中国环境统计年鉴》《中国教育统计年鉴》《中国科技统计年鉴》《中国民政统计年鉴》《中国农村统计年鉴》《中国城乡建设统计年鉴》以及从《全国农村经济情况统计资料》《中国农村经营管理统计年报》《2019年中国农村政策与改革统计年报》摘录等。

本文选取的部分指标在一些年度存在缺失，主要是由于部分指标开始或者结束统计的年份与指数构建的年份不完全一致，为进行指数的纵向和横向比较，我们并未删除该类指标，而是将缺失数据插入了最近一期有统

计的年份数据。这样可能会造成部分地区指数偏低或偏高，但由于宏观统计数据具有相当高的稳定性，所以其偏差极小。

（三）指标无纲量化方法

首先，为了消除异常值对评价结果的影响，我们对异常值指定 5% 分位数和 95% 分位数进行缩尾处理。如某年某地区基础指标数据小于各地区实际值的 5% 分位数或大于 95% 分位数，则取该年度该地区的基础指标值为该基础指标在该年度内的 5% 分位数或 95% 分位数。

乡村振兴指数是乡村发展不同维度的综合，每个基础指标代表了乡村振兴的一个方面，每个基础指标也具有不同的单位度和性质，在指数合成之前，必须对不同指标进行无量纲化处理。为实现乡村振兴指数的纵向时间比较，采取了定基极值法。考虑到乡村振兴战略自 2018 年起实施，选取 2018 年为基准，便于直观便捷地反映乡村振兴实施效果，具体公式如下：

$$d=\frac{X_{tj}-X_{2018j}^{L}}{X_{2018j}^{H}-X_{2018j}^{L}} \tag{1}$$

其中，X_{tj} 表示第 j 个二级指标在第 t 年度的数值，X_{2018j}^{L} 表示第 j 个二级指标在第 2018 年所有地区中的上限值，X_{2018j}^{H} 表示第 j 个二级指标在 2018 年所有地区中的下限值。对于正向指标，取 X_{2018j}^{H} 为第 j 个二级指标在第 2018 年所有地区中的最大值，取 X_{2018j}^{L} 为第 j 个二级指标在第 2018 年所有地区中的最小值。对于负向指标，我们进行同向化处理，取 X_{2018j}^{H} 为第 j 个二级指标在第 2018 年所有地区中的最小值，取 X_{2018j}^{L} 为第 j 个二级指标在第 2018 年所有地区中的最大值。

（四）权重计算和指数合成方法

首先，我们对一级指标的权重采用了层次分析法，其主要特点是通过建立递阶层次结构，把主观判断转化为因素间的重要性进行比较，我们认为乡村振兴不同阶段，5 个一级指标间的相对重要程度会发生变化。利用专家讨论，确定不同阶段的指标权重，有利于引导乡村振兴实践。经过多名专家讨论，确定了判断矩阵，最终确定的一级权重：产业兴旺的权重 30%，生态宜居 15%，生活富裕 30%，乡风文明 15%，治理有效 10%。二级指标是对一级指标的再细化，相邻指标之间的一级指标的重要程度很难区分，而且各种二级指标是一级指标的不同方面，其代表的政策目标之间互为补充，因此，我们认为二级指标对于一级指标的重要程度相同，将二级指标权重设定为一级指标的平均值。

其次，通过线性加权方法获得了 31 个省 2001 年至 2020 年的乡村振兴指数和五个方面的一级指数。

表 4–1　基于现有统计数据的共同富裕目标下乡村振兴指数体系构建

<table>
<tr><th>分类</th><th>序号</th><th>理想指标</th><th>公开数据指标</th><th>单位</th><th>一级指标权重</th><th>二级指标</th></tr>
<tr><td rowspan="7">产业兴旺</td><td>1</td><td>粮食综合生产能力</td><td rowspan="2">耕地播种比例</td><td rowspan="2">%</td><td rowspan="7">30%</td><td rowspan="2">10.00%</td></tr>
<tr><td>2</td><td>食物自给率 *</td></tr>
<tr><td>3</td><td>农业科技进步贡献率</td><td rowspan="2">农林牧渔中间消耗占比</td><td rowspan="2">%</td><td rowspan="2">10.00%</td></tr>
<tr><td>4</td><td>农业劳动生产率</td></tr>
<tr><td>5</td><td>农产品加工产值与农业总产值比</td><td rowspan="3">农作物播种产出率</td><td rowspan="3">千元 / 公顷</td><td rowspan="3">10.00%</td></tr>
<tr><td>6</td><td>农产品网络零售额占农产品总交易额比 *</td></tr>
<tr><td>7</td><td>休闲农业和乡村旅游接待人次</td></tr>
<tr><td rowspan="4">生态宜居</td><td>8</td><td>畜禽粪污综合利用率</td><td>单位耕地农药使用量</td><td>吨 / 万公顷</td><td rowspan="4">15%</td><td>5.00%</td></tr>
<tr><td>9</td><td>村庄绿化覆盖率</td><td rowspan="2">对生活污水进行处理的乡镇比例</td><td rowspan="2">%</td><td rowspan="2">5.00%</td></tr>
<tr><td>10</td><td>农村生活垃圾回收利用率 n</td></tr>
<tr><td>11</td><td>农村卫生厕所普及率</td><td>农村卫生厕所普及率</td><td>%</td><td>5.00%</td></tr>
</table>

续表

分类	序号	理想指标	公开数据指标	单位	一级指标权重	二级指标
生活富裕	12	农村自来水普及率	集中供水的行政村其占行政村总数的比例	%	30%	10.00%
	13	有执业（助理）医师的村卫生室占比 *	每千人农村执业（助理）医师	人		10.00%
	14	有日间照料机构的行政村比例 *				
	15	农村住房钢筋混凝土结构占比 *				
	16	农村居民恩格尔系数	城乡居民收入比	—		10.00%
	17	通等级路的行政村占比				
	18	城乡居民收入比				
乡风文明	19	县级及以上文明村和乡镇占比	乡镇文化站与乡镇数占比	%	15%	5.00%
	20	农村义务教育学校专任教师本科以上学历比例	乡村小学本科学历以上专任教师占比	%		5.00%
	21	农村居民教育文化娱乐支出占比	农村居民文教娱乐消费支出占比	%		5.00%
治理有效	22	村党组织书记兼任村委会主任的村占比	中国共产党员村主任占比	%	10%	3.33%
	23	科研供给服务和培训满意度 *	女性村主任占比	%		3.33%
	24	乡村公共服务满意度 *				
	25	集体经济强村比重	35 岁以下村委会职工占比	%		3.33%

备注：耕地播种比例 = 农作物总播种面积 / 耕地面积；农林牧渔中间消耗占比 = 农林牧渔业中间消耗 / 农林牧渔业总产值；农作物播种产出率 = 农业总产值亿元 / 农作物总播种面积。

（五）指数结果评价

分地区看，乡村振兴指数东部地区领先于西部地区。2020 年中国乡村振兴综合指数的平均值为 0.532。整体来看，东部沿海地区乡村振兴指数排名比较靠前，排名前 10 的全部在东部地区，分别是北京、江苏、天津、上海、浙江、山东、福建、湖北、广东、安徽。这与我国东部沿海地区经济发展程度较高相关，体现了城市经济对于农村发展的辐射带动作用。西部地区的指数排名较为靠后，广西、陕西、贵州、内蒙古、青海、甘肃、山西、西藏等 8 个中、西部省份排在了最后。乡村振兴指数与生活富裕指标和产业兴旺指标的排名重合度较高。

表 4-2　2020 年各地区共同富裕目标下乡村振兴指数及排名

地区	乡村振兴	排名	产业兴旺	排名	生态宜居	排名	乡风文明	排名	治理有效	排名	生活富裕	排名
北京	0.6979	1	0.1721	2	0.1307	4	0.0891	4	0.0391	20	0.2668	2
江苏	0.6802	2	0.1357	5	0.1336	3	0.0881	7	0.0657	2	0.2571	4
天津	0.6603	3	0.1119	13	0.1337	2	0.0735	21	0.0520	10	0.2893	1
上海	0.6501	4	0.1706	3	0.1338	1	0.0697	25	0.0763	1	0.1998	15
浙江	0.6278	5	0.1197	12	0.1268	6	0.0882	6	0.0314	27	0.2617	3
山东	0.6225	6	0.1268	9	0.1268	5	0.0774	15	0.0571	6	0.2343	5
福建	0.6061	7	0.1858	1	0.1105	11	0.0652	29	0.0338	24	0.2108	12
湖北	0.5734	8	0.1213	11	0.1151	9	0.0740	18	0.0578	5	0.2052	13
广东	0.5633	9	0.1639	4	0.1004	16	0.0704	23	0.0393	19	0.1893	21
安徽	0.5476	10	0.1101	14	0.1087	12	0.0737	20	0.0599	3	0.1952	19
湖南	0.5411	11	0.1308	7	0.0913	20	0.0923	3	0.0498	11	0.1768	26
江西	0.5408	12	0.1296	8	0.1067	15	0.0814	11	0.0456	13	0.1774	25
宁夏	0.5391	13	0.0704	25	0.1154	8	0.0848	9	0.0452	14	0.2233	10
新疆	0.5389	14	0.0948	19	0.0845	25	0.0807	12	0.0527	9	0.2261	8
河南	0.5323	15	0.1226	10	0.0891	23	0.0786	14	0.0448	15	0.1971	17
四川	0.5312	16	0.1078	15	0.1114	10	0.0692	27	0.0489	12	0.1939	20
重庆	0.5264	17	0.0959	18	0.1179	7	0.0692	28	0.0589	4	0.1845	23
海南	0.5156	18	0.1321	6	0.0673	30	0.0638	30	0.0376	21	0.2148	11
河北	0.5092	19	0.0946	20	0.0821	28	0.0742	17	0.0297	29	0.2287	7
吉林	0.5045	20	0.0642	26	0.0951	18	0.0796	13	0.0313	28	0.2343	6
云南	0.4962	21	0.0767	23	0.0983	17	0.0838	10	0.0546	8	0.1827	24
黑龙江	0.4946	22	0.0597	28	0.0845	26	0.0702	24	0.0566	7	0.2236	9
广西	0.4903	23	0.1067	16	0.1072	14	0.0718	22	0.0353	22	0.1692	28
陕西	0.4873	24	0.0885	21	0.0851	24	0.0859	8	0.0296	30	0.1982	16
贵州	0.4847	25	0.0863	22	0.1083	13	0.0936	1	0.0419	16	0.1546	30

续表

地区	乡村振兴	排名	产业兴旺	排名	生态宜居	排名	乡风文明	排名	治理有效	排名	生活富裕	排名
内蒙古	0.4799	26	0.0617	27	0.0909	21	0.0930	2	0.0316	26	0.2026	14
辽宁	0.4683	27	0.1022	17	0.0896	22	0.0756	16	0.0327	25	0.1682	29
青海	0.4503	28	0.0742	24	0.0840	27	0.0693	26	0.0344	23	0.1884	22
甘肃	0.4376	29	0.0411	31	0.0947	19	0.0885	5	0.0396	18	0.1738	27
山西	0.4322	30	0.0576	29	0.0804	29	0.0739	19	0.0239	31	0.1963	18
西藏	0.2911	31	0.0456	30	0.0637	31	0.0301	31	0.0413	17	0.1103	31

分时间总体趋势看，中国乡村振兴程度在持续提高。2001—2020年，中国乡村振兴指数上升了近50%，2001年的平均得分为0.3701，到2020年，平均得分为0.5422，保持了10年内持续上升。治理有效指数在2010年后出现了细化，其他各维度指数均保持了持续上升。分阶段来看。2000—2010年，乡村振兴指数增加相对缓慢。

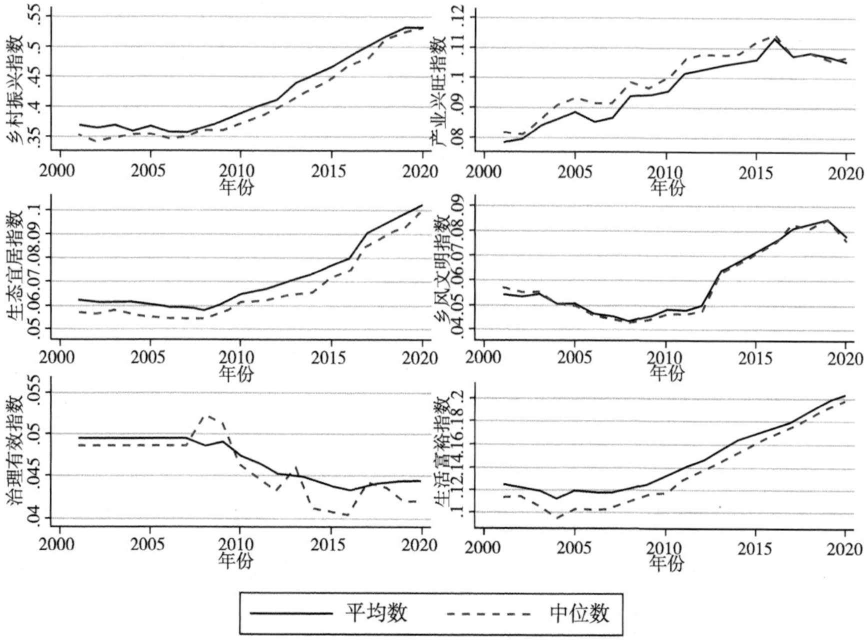

图4-1　2000—2020年乡村振兴指数和各方面指数趋势图

从时间和空间来看，地理特征对乡村振兴的影响持续存在。图 4-2 以地图形式展示了 2001 年和 2020 年乡村振兴指数的梯队和发展趋势。2001 年和 2020 年使用相同的指标值刻度，我们可以清晰地看出，乡村振兴指数呈现从沿海地区向内陆地区的递延增长态势，在 2001 年的排序图中，胡焕庸线两侧地域呈现显著不同的特征，但在 2020 年的图示中则不再明显。可以看出，乡村振兴指数呈现三个梯队，最高梯队在东部平原地区，第二梯队为丘陵地带和黄土高原山地地带，第三梯队是高原地带和盆地地带，这三个梯队在 2001 年较为明显，而在 2020 年的第二梯队中丘陵地貌和高原地貌有融入同一梯队趋势。

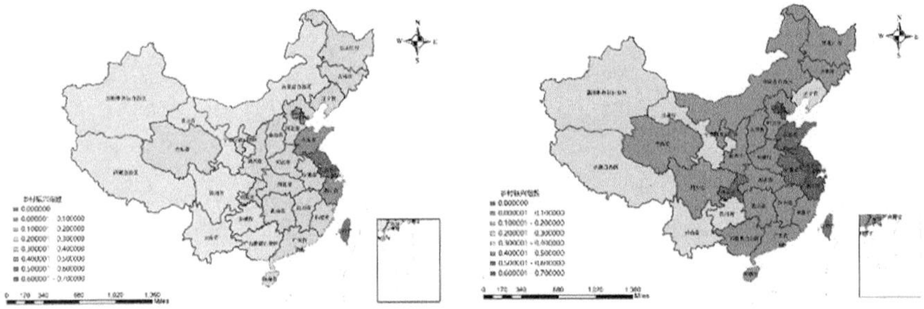

图 4-2　2001 年和 2020 年中国乡村振兴指数相对排序

三、乡村振兴时空发展格局的空间计量分析

（一）时间上乡村振兴的地区收敛

中西部地区受地理区位因素限制，经济发展较为滞后，造成乡村振兴明显落后于东部地区。党的十七届三中全会提出要坚持工业反哺农业、城市支持农村和多予少取放活方针，提出了要大幅度增加对中西部地区农村公益性建设项目的投入。再到党的十九大提出乡村振兴战略，走城乡融合发展道路。那么，究竟在近十年来，中西部地区乡村振兴是否有追赶的趋

势和可能呢？我们使用简单易懂的 σ 收敛和 β 收敛模型进行验证。

1. σ 收敛模型

σ 收敛是指不同地区乡村振兴偏离整体平均水平的差异以及这种差异随着时间的推移而不断降低的态势。具体而言，σ 收敛公式如下：

$$\sigma_t = \sqrt[2]{\sum_{i=1}^{N} \frac{\left(\log(RDI_{tj}) - \log(\overline{RDI_t})\right)^2}{N}} \tag{2}$$

式（2）中 RDI_{it} 表示第 i 个空间样本在 t 时刻的乡村振兴指数，σ_t 即 N 个空间样本之间乡村振兴对数值的标准差。若在时刻 $(t+T)$ 满足 $\sigma_{t+T} < \sigma_t$ 时，则称 N 个空间样本具有 T 阶 σ 收敛。

中国乡村振兴 σ 收敛如图 4–3 所示，中国乡村振兴指数呈现明显的地区收敛趋势，σ 收敛指数从 2001 年的 0.27 下降至 2019 年的 0.16，说明自 2001 年以来，地区间乡村振兴差异化水平正在逐渐递减。

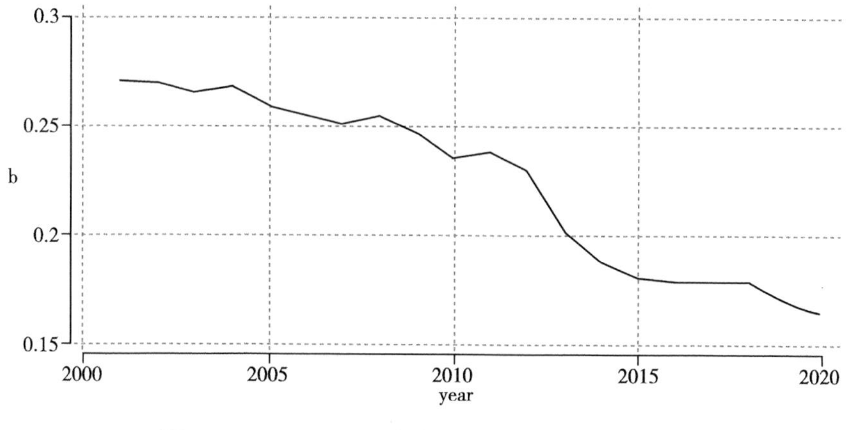

图 4–3　2001—2020 年中国乡村振兴 σ 收敛指数

2. 绝对 β 收敛

绝对 β 收敛是指在不受其他条件限制的情况下，乡村振兴落后地区追赶发达地区的趋势。绝对 β 收敛模型形式可以表示如下：

$$\log\left(\frac{RDI_{jt+1}}{RDI_{jt}}\right)=\alpha+\beta\log(RDI_{jt})4+\phi_{jt} \tag{3}$$

β为收敛系数，如果β小于0，则说明各地区乡村振兴存在绝对收敛；如果β大于0，则说明各地区乡村振兴差异发散。具体回归结果如表（4–3）所示，绝对收敛系数β显著小于0，说明各地区间乡村振兴差异存在绝对β收敛，乡村振兴指数较低的地区有更高的增长速度。乡村振兴的地区收敛性对于乡村振兴规划和政策具有重要意义，说明近十年来支持中西部地区乡村建设的政策发挥了实际作用，而且在未来的国家战略当中应继续深入推动对中西部地区乡村发展的支持。

表 4–3　中国乡村振兴绝对 β 收敛

	指数增长率
$\log(RDI_{jt})$	–0.013**
	（0.006）
常数项	0.011*
	（0.005）
N	558

注：括号内为标准差，$^{*}p<0.1$，$^{**}p<0.05$，$^{***}p<0.01$。

（二）空间上乡村振兴的地域聚集

从前文分析可知，中国乡村振兴总体上存在地区收敛性，那么在空间结构上乡村振兴存在哪些特性？地域之间是否存在互相关联？如果乡村振兴存在区域聚集特性，那么我们就可以进一步研究区域经济政策对于乡村振兴的作用，研究地理因素对于乡村振兴的限制特性。从指数排名来看，东部地区乡村振兴程度较高，而西部地区较低，一定程度上说明了乡村振兴的地域聚集性，下面我们主要通过莫兰指数定量分析区域聚集。

地域聚集的探讨主要为了考察乡村振兴在空间是否存在依赖性。全局莫兰指数考察的是单一时间维度所有样本的空间集聚情况，局部莫兰指数则反映的是单一时间维度某一个区域周边的集聚情况。全局莫兰指数取值范围介于 -1~1 之间，若取值大于 0，则说明乡村振兴存在空间正自相关，即相邻地区间乡村振兴具有相似属性，乡村振兴程度高的地区集聚在一起，振兴程度低的地区集聚在一起，取值越大，说明空间分布正自相关性越强，集聚的强度越强。局部莫兰指数一般通过图形来展示，通过在二维平面上绘制局域莫兰指数散点图，将各区域乡村振兴指数分为四象限集群模式，识别一个地区与邻近地区的空间关系。本文选取地理距离矩阵，即取两地区距离的倒数，经过标准化之后构成的空间权重矩阵。

1. 全局莫兰指数

根据中国乡村振兴指数全局莫兰指数回归结果，E（I）和 VAR（I）分别表示理论上的期望和方差，Z 为标准化统计量。从结果可知，Moran's I 在 2002 年至 2020 年之间一直大于 0 且在统计上显著，说明乡村振兴呈现地域集聚分布。

表 4-4　中国乡村振兴空间自相关莫兰指数

年份	Moran's I	E（I）	VAR（I）	Z	P 值
2002	0.154	−0.033	0.032	5.929	0.000
2004	0.157	−0.033	0.031	6.061	0.000
2006	0.163	−0.033	0.032	6.203	0.000
2008	0.166	−0.033	0.032	6.285	0.000
2010	0.153	−0.033	0.032	5.894	0.000
2012	0.135	−0.033	0.032	5.343	0.000
2014	0.122	−0.033	0.032	4.936	0.000
2016	0.129	−0.033	0.032	5.111	0.000
2018	0.100	−0.033	0.032	4.223	0.000
2020	0.089	−0.0330	0.0320	3.882	0.000

2. 局部莫兰指数

莫兰散点图反映地区乡村振兴指数与其滞后临近空间的相关关系，第一象限为高—高集聚，第二象限为低—高集聚，第三象限为低—低集聚，第四象限为高—低集聚。一、三象限表明地域乡村振兴存在空间正自相关，二、四象限则为空间负自相关，图 4-4 和图 4-5分别给出了 2001 年和 2020 年中国乡村振兴局部莫兰散点图。

可知，2001 年和 2020 年全国乡村振兴均呈现高—高集聚和低—低集聚态势，其中，江苏、浙江、上海、山东、北京、天津等省份落入高—高集聚区域，而云南、甘肃、青海、四川、新疆、贵州等省份落入低—低集聚区域。近十年来，河北和安徽两省逐渐落入高—高集聚区域。上述结果表明，乡村振兴与区域经济发展存在密切关系，乡村振兴高—高聚集区主要分布在长江三角洲地区和京津冀地区，这些地区城市间互动频繁，一定程度上带动了沿线或临域农村地区的发展。而西北地区城市分布松散，加之高山隔断，区域间互动薄弱，造成城市对农村的带动作用不明显。

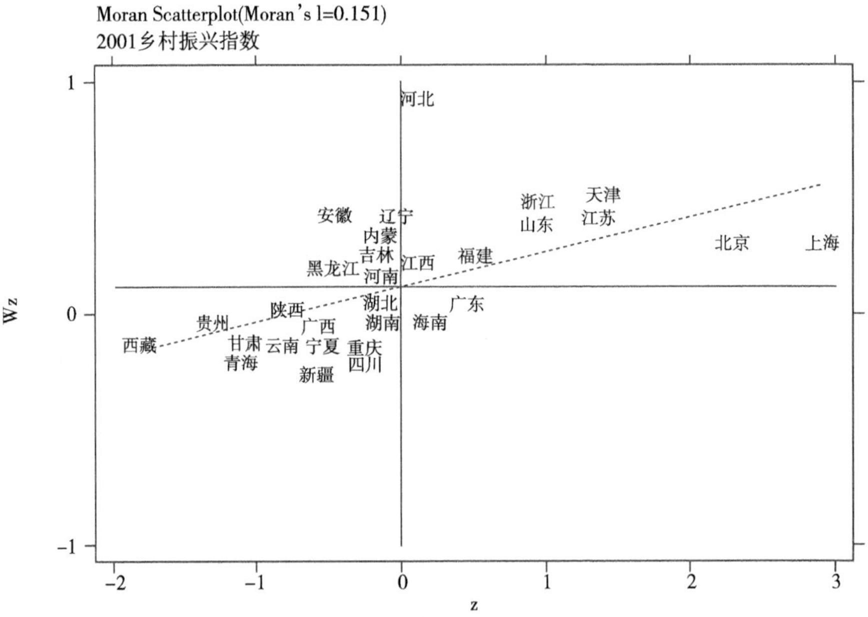

图 4-4　2001 年中国乡村振兴省域莫兰散点图

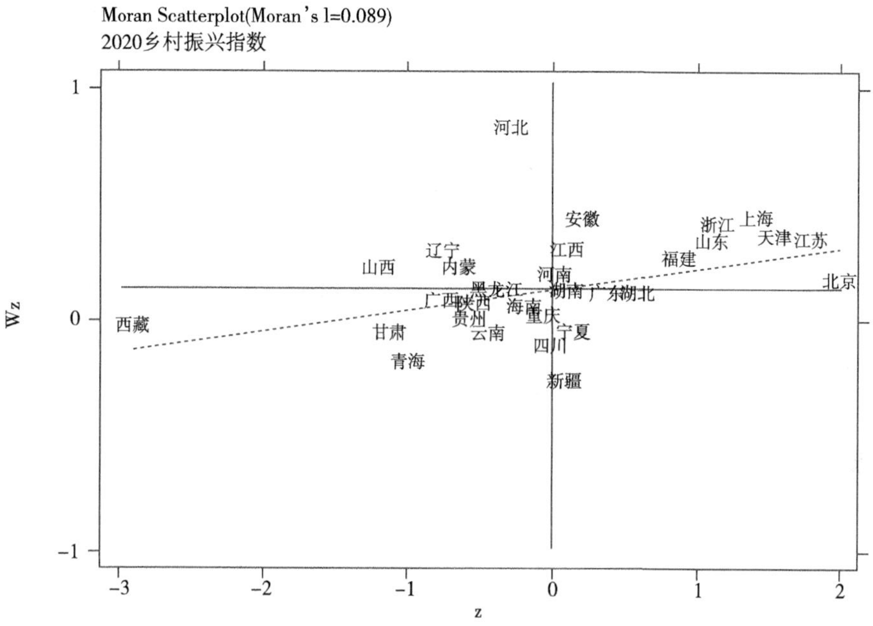

图 4-5　2020 年中国乡村振兴省域莫兰散点图

四、结论与对策建议

从前文研究可知，乡村振兴与区域经济发展、区域地理特征具有很深的关联，其深层次的逻辑在于区域地理特征决定了工业化赋能发挥促农作用，如果城乡间交通设施便捷，人员流动频繁，那么城市的发展就可以有效促进乡村的发展，如果高山大川导致交通闭塞，再加上中国县域政府间的互相竞争以及产生的公共服务互相隔绝，将导致县域边缘地带无法共享城镇化、工业化带来的经济效益。虽然地理特性非人力可改变之因素，但可以通过政策提高交通便利水平、打破地域间公共服务隔离篱笆，提高人力资本流动可能性，加强地域间、城乡间资源互动和协调配置。因此，我们认为乡村振兴战略需要与区域经济发展战略相融合，需要与新型城镇化战略更加深度融合，从而实现经济发展极点“串点成线”“以线带面”，形成联通城市、强化沿线、带动边缘的区域经济发展格局，从而从根本上解决乡村建设动力不足之问题。

（一）在区域协同发展中谋求乡村振兴

第一，要将乡村振兴纳入区域协调发展体制机制建设目标。按照区域战略统筹、市场一体化发展、区域合作互助、区际利益补偿原则，进一步促进发达地区和欠发达地区、东中西部和东北地区互联互通，打破省际政治、地理、文化、公共服务等限制。将边缘地带和行政相邻地区列入区域统一规划重点，利用国家层面十八个重点开发区域的极点带动作用，突破区域发展短板和弱点，逐步实现区域间带状布局和均等化发展。

第二，要借助“一带一路”“两横三纵”，发挥轴承作用，联动城市发展，加强城市相邻地区乡村振兴。我国工业化、城镇化、现代化建设，使经济增长呈现多极化趋势，在城市化开发功能区催生了一家家工厂、一座座城市，但是功能区之间的村庄却有逐渐没落之势。因此，要充分发挥重要交通枢纽的转承作用，将乡村地区发展纳入枢纽辐射重要考虑范围，促进国际国内开放、区域板块融合发展过程中对乡村地区的促进作用。

第三，要完善生态补偿制度，加强对生态功能区农村地区的补偿。中国乡村振兴指数较低的地区，大多分布在生态功能区。这些地区肩负着生态安全战略的重任，是中华民族生息繁衍的保障。提高重点开发区域对生态功能区域的经济补偿，是实现全国一盘棋的主要抓手，是重点开发区域的应有之责。要进一步以经济手段调节相关者利益关系，调动生态保护积极性，完善各种规则、激励和协调的制度安排，这样将有利于通过生态功能区实现乡村振兴战略目标。

第四，要打通县域“断头路”，实现县域间资源互补，强化地域“腰部”力量。由于现行的行政管理制度，相邻行政区划间存在各自为政、互不协调的问题，公路规划建设往往以各自政府所在地为中心向四周辐射，部分乡道、村道位于县域农村公路网络的末端，不再继续延伸，导致相邻市、县、镇、村之间因行政区域不同而不能通路。打通县域“断头路”是补齐交通基础设施短板的重大举措，是强化区域统筹发展的内在要求，是着力解决发展不平衡不充分矛盾的重要途径。省市两级要从大局出发，统一规划、统一部署、加强协调，督促县级政府切实承担起农村公路主体责任，优先打通对地方经济促进大、有利于片区发展的“断头路”，彻底解决交通“最后一公里”问题。

（二）在新型城镇化进程中推动乡村振兴

将乡村振兴作为全党工作的重中之重，不是否定城镇化，也不是搞城乡对立，而是在新时代形成能够有利于现代化的城乡发展格局，顺应时代变化，再次发挥农村的发展动力作用。

一方面，要将城市基础设施和公共服务设施延伸到农村居民点。推进小而精、辐射村庄能力强、服务农民生活能力强的小城镇建设，让乡村生活更加便捷，实现城市和农村具有同等生活品质的格局。乡村有自己的特色和优势，比如绿色、养生、安逸、舒适等，要加强配套基础设施建设，最大化实现乡村特有效用，从而实现城乡具有同样强大的吸引力，减缓城市对乡村人口的虹吸效应，着眼长远，考虑和激励未来城市人口返乡。乡村振兴虽然不需要高楼大厦、宽敞马路，但需要着重开发适合于高品质生活的环境和基础，因此，在充分发展乡村特色的同时，要促进城市基础设施和公共服务向农村延伸，促进城乡要素资源协调互动。

另一方面，要降低农村公共交通成本，调动乡村居民流动积极性。到2020年，具备条件的建制村全部通硬化路，通客车建制村也超过99%，但是乡村居民出行的交通成本依然较高，主要原因是政府对农村公共交通补贴不足。再加上乡村公交客流量少，而私营客运企业不能低成本运行，造成乡村便捷交通缺位。农村地区交通服务要充分提升信息化水平，扩大网络预约制公交在乡村的覆盖面，根据农忙季节、外出打工季节等农村出行特点，提高农村临时交通资源配置，切实降低交易成本，为城乡人力资本流动疏通交通网络。

第五章　共同富裕与乡村振兴的关系机理研究

共同富裕已经被提上我国新时代新征程的议事日程。这是全面建设社会主义现代化国家新征程的第一步，而乡村是实现共同富裕最大的短板。亟须对全面推进乡村振兴与共同富裕的内涵、理论、影响机制、运行机制、制度设计及两者关系等关键问题进行深入研究，以便在理论上有所创新突破，为国家有关部门制定相关政策提供支持，科学指导全面推进乡村振兴实现共同富裕的实践。如何在全面乡村振兴中实现共同富裕，又如何在共同富裕中有效促进乡村全面振兴，也即乡村振兴与共同富裕的关系机理问题，是新时代新征程新起步中必须要首当其冲面对和解决好的问题。这一问题不仅牵扯着农业农村的发展与农民的福祉，而且也关涉我国新时代社会经济发展的动力和质量。我国已经进入到高质量发展阶段，只有促进共同富裕，提高城乡居民收入，提升人力资本，才能提高全要素生产率，夯实高质量发展的动力基础。无疑，这是乡村振兴的紧迫需求，也是有待突破的理论难点，对切实推进中国农业农村现代化具有重要的实践意义。

一、共同富裕与乡村振兴内涵的界定

（一）共同富裕的含义

顾名思义，包括“富裕”的含义与“共同”的要求两个层面，“富裕”是物质与精神统一下人的全面发展，“共同”是大家拥有平等的机会、共享发展的成果。因此，“共同富裕”是以人为本，聚焦于贫富差距及其发展不平衡，探寻消弭贫富分化之道。共同富裕不是少数人的富裕，不是整齐划一的平均主义，不是没有差别的同步同等富裕，更不是“劫富济贫”养懒人，不是要彻底消除城乡和地区差异。共同富裕是通过共同努力、共同奋斗、共同发展来共同分享整个国家进步的成果，也就是全民富裕、全面富裕、共建富裕、逐步富裕。概括而言，共同富裕首先就客观表现来说，是全体公民物质精神富足的状态；其次就主观理想来说，体现着一个国家一个政党的社会追求的目标；再次就方法手段来说，具有可实施的政策工具；最后就内生特性来说，内含着社会主义制度的内在规定性。

在两个百年奋斗目标交替的新时代，提出共同富裕具有客观的必然性和现实的必要性。共同富裕是社会主义制度内在本质属性的要求，是中国发展程度阶段目标转化的要求，也是当今财富两极分化扩大的现实使然。我们对中国特色社会主义共同富裕的特性做出如下界定：一是主体上以人为本，是针对全体人民。不是一部分人和一部分地区的富裕。二是内容上兼顾物质与精神，注重人的全面发展，强调人的获得感幸福感。不是简单的物质生活富裕。三是任务上要求针对贫富差距和发展不平衡，侧重极度贫困和落后地区，致力于补齐短板。四是目标上是一个总体目标，是逐步共富，分阶段实现，强调在实现现代化过程中逐步实现。不是运动式短期行为，不能整体划一同步达到。五是在途径上是共建共享协同发展，首先是勤劳致富，其次是公平分配，最后是国家扶助，不是牺牲效率的平均主义，更不能养懒汉，也不能削富济贫。

（二）乡村振兴战略的含义

“战略”一词最先是在战争中提出来的，在古代社会，军事力量处于支配地位，所谓战略就是指的传统的军事战略，这一直延续到20世纪20年代。而且也没有与战术进行区分，如在中国多称为“兵法”，在西方则称为“将道”。根据军事学的研究，1832年克劳塞维茨的《战争论》问世，战略才开始发展成为一门学问。随着战略问题的相对独立和对战略问题的重视，战略的内涵界定及其与战术的区分也逐渐明晰。战略是具有全局性的居于指导地位的规划和策略，而战术是一种方法手段。战略是长期方略，而战术是有特定时间的，随着形势发展不断变化的。随着生产力水平的提高，国际交往的频繁，市场竞争日趋激烈，战略渗透于社会经济文化的方方面面，而且还上升到国家的层面。20 世纪 80 年代初，国家战略已经被普遍使用，近年来包括区域发展、人才培养、科技创新等都冠以国家战略来指称。

关于战略的内涵，清人陈谵然曾写过："不谋万世者，不足谋一时；不谋全局者，不足谋一域"。这句名言被现代战略家和战略理论家所经常引用，深刻地反映了战略的真谛。即战略的共性特征是全局性、长远性和系统性，其本质则是维护和增进战略主体的利益。而国家战略是战略体系中最高层次的战略，主要针对一国社会经济发展过程中的根本性、长远性、全局性的问题，高瞻远瞩地制定科学的发展战略，对指导国民经济健康发展，尤其是在激烈的国际竞争中审时度势抓住机遇、化危为机加快发展，具有重要的作用。国家战略以一定的系统性的战略架构，体现其所涵盖的范围张力，也彰显出战略所具有的韧劲弹性和应变能力，人无远虑必有近忧，国家发展战略意味着国家能否抓住发展的机遇。

乡村振兴战略是国家发展大战略重要的构成内容，它的地位作用只有从国家战略架构出发才能够准确认识。作为我国现阶段的国家战略，是习近平总书记 2017 年 10 月在党的十九大报告中提出的，关系国计民生的根本性问题，被作为全党工作的重中之重。党的十九大把乡村振兴战略作为国家战略提到党和政府工作的重要议事日程上来，并对具体的振兴乡村行动明确了目标任务，提出了具体工作要求。2018 年 9 月 21 日，中共中央政治局就实施乡村振兴战略进行第八次集体学习，习近平总书记强调，乡村振兴战略是党的十九大提出的一项重大战略，是关系全面建设社会主义现代化国家的全局性、历史性任务，是新时代"三农"工作总抓手。

乡村振兴战略具有乡村发展独特的地位。不仅有《国家乡村振兴战略规划（2018—2022年）》，还颁布了《中共中央 国务院关于全面推进乡村振兴加快农业农村现代化的意见》（2021年中央一号文件），而且还制定了《中华人民共和国乡村振兴促进法》（自2021年6月1日起施行）。一是具有国家层面主观见之于客观的主导性，也就是国家意志的表现，体现在一定时期作为国家发展的重点，处在优先保障的地位，被作为全党工作的重中之重，是新发展阶段优先发展农业农村、全面推进乡村振兴做出的总体部署；二是一种高质量促进发展的方式，是探索新时代乡村高质量发展的方式，突出地表现为坚持农民主体地位，加大国家社会各个方面集中力量的支持促进，国家规划部署了一系列重大工程、重大计划、重大行动，确保乡村振兴战略落实落地；三是在国家整体战略中的保底夯基地位，主要针对广大的农村地区，补齐短板夯实基础，筑牢堤坝提升发展的容量，保底固本减少后顾之忧，增强国家战略的转圜与纵横的张力。

（三）总体一致但各有不同

通过上面关于二者内涵的界定，乡村振兴与共同富裕总体上是一致的，乡村振兴是共同富裕的前提，共同富裕是乡村振兴的结果，乡村振兴是共同富裕的必经途径，共同富裕是乡村振兴追求的目标。我们对二者进行比较之后，做出如下界定。

1. 范围不同。实现全体人民共同富裕，是全覆盖的，包括了全国各地的广大农村地区，采取的措施是全局性的，有些可能还是根本性的制度变革。具体是实现基本公共服务均等化，缩小区域发展差距、减小城乡居民收入和生活水平差距，提高低收入群体增收能力，促进社会福利水平明显提升，形成以中等收入群体为主体的橄榄形社会结构，国民素质和社会文明程度达到新高度。而乡村振兴，这是针对乡村发展的一大战略，具有特殊的针对性。主要针对6亿农民、57万个行政村、2800多个县。小康不小康，关键看老乡。面对共同富裕目标，农村仍然是重点。

2. 性质不同。共同富裕是发展目标，乡村振兴是国家战略。共同富裕是新时代奋斗的目标，是实现第一个百年奋斗目标、全面建成小康社会之后，向全面建成社会主义现代化强国的第二个百年奋斗目标。乡村振兴是上升到国家层面的大战略，包括具体的任务内容、部署安排和对策举措，体现出国家意志和发展的不同侧重点。在《乡村振兴战略规划（2018—2022 年）》中，习近平总书记提出“要让乡村振兴成为全党与全国人民的共同行动”，不是任何国家战略都能享受到这样高规格待遇的，只有非常重大的问题才可能举全党与全社会之力来推动。实施乡村振兴战略是贯穿到 21 世纪中叶全面建设社会主义现代化国家过程中的重大历史任务。

3. 方式不同。共同富裕凭借的是制度政策，乡村振兴意在探索发展方式。共同富裕目的是构建起“三次分配”的基础性制度安排，将“市场、政府、社会”三方面统一起来，构建“初次分配、再分配、三次分配协调配套的基础性制度安排”，处理好效率与公平的关系，合理调节过高收入，消除贫富差距，推动共同富裕的实现。乡村振兴是对农业农村现代化的新探索，本质上是找到一种适宜于中国乡村的高质量发展方式。

二、乡村振兴与共同富裕的关系辨析

关于全面推进乡村振兴实现共同富裕的研究备受关注。总体来说，这一研究目前尚局限于国内，而且更多的是分别探讨乡村振兴与共同富裕，而将二者结合起来研究的还比较少，较为前沿和系统的探讨是黄承伟（2021）提出的“乡村振兴与共同富裕之间的内在逻辑关系”探究，他提出应从理论、历史、实践与国际 4 个方面来理解和把握，这具有一定的借鉴意义。联系实践，尤其是要探究二者相互关系机理，并用以进行制度设计、提出针对性政策举措的研究，但这方面的研究几乎阙如。比较普遍的观点认为，乡村振兴是共同富裕的必经之途，共同富裕是乡村振兴追求的目标。乡村振兴与共同富裕，前者是后者实现的必要条件，后者为前者的方向目标。总体来看，有从乡村振兴角度和共同富裕两个角度的探讨。

（一）从乡村振兴出发对二者关系的阐释

强调乡村振兴的重要性，强调实施乡村振兴战略的意义与作用。陈锡文（2018）认为乡村振兴是推进农业农村现代化之必须，将乡村振兴置于农业农村现代化的大方向之下看待；黄季焜（2020）认为农村发展过程有其共性规律和区域差异，乡村振兴是促进我国农村结构转型的契机，要转变政府职能，加快农村转型和结构转型速度，不同地区的转型不能搞一刀切；黄祖辉（2018）认为乡村振兴战略必须置于城乡融合、城乡一体的架构中推进，并且应以新型城市化战略来引领，由此出发来把握乡村振兴"二十字"方针的科学内涵，辨析乡村振兴战略与新型城镇化战略之间的辩证关系；刘彦随（2018）认为实施乡村振兴能够缩小城乡差别实现共同富裕，突出乡村振兴之于迅速城镇化背后造成的农村"空心化""老龄化"问题的应对作用；左停等（2020）从乡村发展的阶段程度出发，认为乡村振兴的推进可以巩固脱贫攻坚成果，有利于建立稳定脱贫的长效机制；刘合光（2018）认为新时期我国面临的社会矛盾已经发生转变，乡村振兴是解决新时代经济社会发展主要矛盾的重要抓手和必然选择，等等。有的直接针对乡村振兴与共同富裕，认为"乡村振兴是新时代农村发展的新方向新目标，是实现共同富裕的必然选择、内在要求和有效路径"。"乡村振兴是实现共同富裕的必经之路"（张琦、庄甲坤，2021；何自力，2019）。

这个方面的研究具有如下 5 个特点：一是从农业农村现代化出发定位乡村振兴的历史方位。二是在与城镇化的联系中界定乡村振兴的趋势目标。三是重视乡村发展所处的阶段性特点。四是着意于乡村振兴任务要求的内在规定性。五是侧重消除城乡差距以实现共同富裕。这方面的探讨给人一种印象，好像只要乡村振兴起来，实现共同富裕也就是自然而然的事情。当然也是因为共同富裕作为国家发展新目标，提出的相对较晚一点。也由于乡村振兴还在实践探索之中，大家更为关注的是如何开创实践的新局面，还顾不上关心将来的结果是否会实现共同富裕。

（二）从共同富裕出发对二者关系的阐释

这方面强调乡村的短板现状，提出农业要先行，也更为关注城乡的差距现实，提出要弥补乡村短板。与此同时，还从共同富裕出发对乡村振兴提出要求，规范乡村振兴的目标任务，更为重视从国家和社会整体层面对乡村振兴加大扶助力度。有的将乡村振兴战略放入实现共同富裕远景目标的时代背景下进行讨论，探讨共同富裕路上乡村振兴的问题、挑战，认为实施乡村振兴战略要从现实背景出发，意在缩小城乡差距、促进城乡人民共同富裕（李实，2021）。有的强调共同富裕与乡村振兴具有辩证统一的关系，认为前者为后者指明道路方向，后者是实现前者的必要条件，并具体化到乡村振兴的 5 大内容：产业兴旺是实现共同富裕的物质基础，生态宜居是实现共同富裕的重要体现，乡风文明是实现共同富裕的文化支撑，治理有效是实现共同富裕的社会保障，生活富裕是实现共同富裕的核心要义（赵戊辰，2021）。姚树荣和周诗雨（2020）认为促进乡村共同富裕，要以共建共治共享的社会治理理论为引领，依靠多元主体共建共治共享，构建一套可操作的共建共治共享机制。魏后凯（2020）认为，面对最终建成具有中国特色的共同富裕社会这一长远目标，首先必须打牢全面小康社会的基础，重点是补齐短板和薄弱环节，切实提高全面小康水平和质量。薛宝贵（2020）探讨了共同富裕实现的理论，讨论共同富裕的溢出效应，结合乡村振兴，认为共同富裕的实现机制要在基本制度安排、政府干预机制、先富带动后富机制及培育内生动力机制下产生。高强和孔祥智（2020）关注 2020 年后我国贫困性质的变化，认为农村相对贫困问题将较为突出，具有人口基数大、贫困维度广、致贫风险高等特点，共同富裕面临着持续增收、多维贫困、内生动力、体制机制等方面困难。有的关注共同富裕主导下的乡村治理问题，认为面对我国贫困问题发生的改变，贫困治理方案需要随之调整，应以普惠性贫困治理制度、综合性贫困治理结构和差异性贫困治理政策的设计为转型方向，将顶层设计和微观治理相结合，以实现贫困治理战略的整体性推进。

综上可见，从共同富裕视角探讨乡村振兴问题才刚刚开始，总体上呈现出 4 大特点：一是时政宣介和概念界定的多些，理论性系统性探究不足。二是关注到共同富裕下的乡村短板约束，提出乡村要优先发展。三是侧重于共同富裕与乡村振兴的辩证统一关系，却对二者的差异甚至矛盾关系没有涉及。四是提出了共同富裕的实现机制问题，但结合乡村振兴的研究仍然显得过于笼统。

（三）现有关于二者关系研究的不足

综合上面两方面的研究，可以说乡村振兴与共同富裕的目标指向是一致的，二者是辩证统一的关系，乡村振兴是实现共同富裕的前提条件，共同富裕是乡村振兴的目标追求。但是对二者关系的研究还有待深入，尤其结合实践的探索更为必要，联系共同富裕行动纲领的顶层设计，用来指导乡村发展实践的政策研究亟待开展。主要存在如下几方面的不足。

一是未能界定清楚二者的性质作用。目前的研究还停留在乡村振兴和共同富裕的概念及其内涵构成的探讨上，将二者联系起来对接的研究还很少。对乡村振兴的研究主要是置于农业农村现代化的趋向中，联系城镇化，对比共同富裕，认为乡村发展是共同富裕的短板，强调乡村振兴的紧迫性。对共同富裕主要是辨析概念，探究其应有的内涵，强调在国家层面消除城乡差距的必要性。其实，二者的性质与作用是不一样的，共同富裕是一种目标状态，重点是财富分配问题，是发展的程度和价值标准判断，主要通过分配方式的改革调整来达到；乡村振兴是一种实践方式，是针对乡村的财富增长问题，是实现现代化的手段和必要的环节过程。通俗地说，乡村振兴与共同富裕就是“做大蛋糕”与“切分蛋糕”，是手段与目的的关系。

二是没有深入分析二者相互作用的机理。现有研究分别就乡村振兴与共同富裕的内涵都有了较为深入的探讨，但将二者联系起来，联系乡村振兴探究影响共同富裕的关键要素、推进乡村振兴促进共同富裕的影响机制和关键路径等还没有深入展开。作为乡村振兴农村发展，根本上是要深入改革，激发内在动力，这必然要纳入利益机制，分析相关利益主体间的关系，探究影响乡村振兴的关键因素；与此同时，乡村发展需要共同富裕分配制度的支持，因为农业收益比较低下，受保护资助已是国际惯行做法，加之中国二元结构存在的现实，农业农村的短板位势更为突出，因此需要从分配制度上探索支持乡村发展的体制机制。这样一来，乡村振兴与共同富裕结合有总体的一致性，内在动力要与外在扶助有机结合，改革激发内生动力，政策引导外部助力。但也要看到共同富裕与乡村振兴存在不一致之处，有重点的差异性和阶段性侧重点。一方面不顾发展的程度阶段，盲目追求共同富裕会导致平均主义，破坏发展的积极性和发展的动力；另一方面不顾共同富裕的要求，也会扩大贫富差距，扭曲社会主义分配机制。

三是不足以回应实践行动的政策需求。乡村振兴到底怎么干才能有效促进共同富裕的实现，既要有顶层设计的共同富裕行动纲领，也要有切合时代发展阶段和不同地区实际的政策举措，关于二者相互关系的研究还处在理论探讨的层次，回应实践需求相对也就不够。既有研究对于“收入增长是中国农村减贫的主要推动力量”基本达成共识，但在中长期乡村发展过程中，增长因素是否能够始终有力地推动减贫，还尚未得到研究论证。此外，中国农村减贫历程中政府发挥着不可忽视的作用，然而鲜有研究在此框架下深入探讨政府转移净收入对农村贫困的影响。收入增长驱动中国农村贫困大幅减缓，这是既往脱贫攻坚的事实，但增长因素对于减贫的贡献却因为收益效应递减规律而在不断减弱。这里涉及 2 个关键的结合：一是要与发展的程度阶段恰当结合，需要判断清楚乡村发展的阶段程度，然后联系共同富裕分配制度层次，不同阶段以不同的分配侧重来应对。现有研究表明，作为缩小收入差距的工具，初次分配领域的有关政策可能是不可靠的，也是不稳定的。历史事实也表明不平等本质上是一个意识形态和政治问题，而不是经济或技术问题。因此，最重要的是再分配，期待通过初次分配领域的政策在城乡不平等的条件下实现共同富裕是不可能的。二是要结合本地实际不能“一刀切”，各地情况差异很大，如有些地方处在生态保护区，发展受到限制很大，这些地方就要以更大的生态补偿来获得发展成果的共享。

（四）从发展进程出发界定乡村振兴与共同富裕的关系

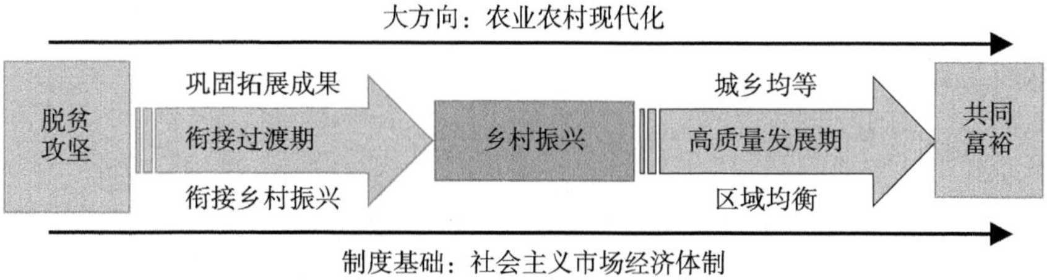

图 5-1　乡村发展总体趋向进程描述

乡村振兴战略是我国新时代战略架构的必要构成内容和承继环节。一方面联系着脱贫攻坚，扶贫攻坚是共产党执政为民的初心使命，乡村振兴是对脱贫攻坚的承继和扩展，是中国发展的必然要求。另一方面联系着共同富裕，要通过乡村振兴探索高质量发展，以便为共同富裕奠定扎实的基础。它们具有内在的思想继承性和战略任务的联动性。脱贫攻坚与乡村振兴在实现共同富裕中具有不同战略定位，脱贫攻坚是实现共同富裕的底线任务，乡村振兴是实现共同富裕的必然选择。乡村振兴的总目标是实现农业农村现代化，农业农村现代化是实现共同富裕的先决基础。

1. 共同富裕是对邓小平“先富带后富”思想的继承与发展

中国的改革开放以“先富论”开局。邓小平同志提出，“在经济政策上，我认为要允许一部分地区、一部分企业、一部分工人农民，由于辛勤努力成绩大而收入先多一些，生活先好起来”。联系地区，他明确指出“我们的发展规划，第一步，让沿海地区先发展；第二步，沿海地区帮助内地发展，达到共同富裕”。自此，中国便拉开反贫困斗争的大幕，从1986年成立专门扶贫工作机构，到1994年颁布八七扶贫攻坚计划；从建立东西扶贫协作机制，到颁布中国农村扶贫开发纲要；从数次扶贫攻坚行动，到“继续向贫困宣战，决不让贫困代代相传”。党的十八大以来，习近平总书记将扶贫攻坚提升到全新高度，党的十九大明确把精准脱贫作为决胜全面建成小康社会必须打赢的三大“攻坚战”之一；2020年底脱贫攻坚取得历史性胜利，区域性整体贫困得到解决，完成了消除绝对贫困的艰巨任务。2020年12月中央农村工作会议上，习近平总书记强调“脱贫攻坚取得胜利后，要全面推进乡村振兴，这是‘三农’工作重心的历史性转移”。2021年初发布《中共中央 国务院关于实现巩固拓展脱贫攻坚成果同乡村振兴有效衔接的意见》，推进脱贫攻坚成果与乡村振兴有效衔接。几乎与此同时，党的十九届五中全会对推进共同富裕做出了重大部署，提出了2035年“全体人民共同富裕取得更为明显的实质性进展”的远景目标，共同富裕成为社会主义现代化的一个重要目标。2021年8月17日，中央财经委员会召开第十次会议，研究扎实促进共同富裕问题，如何全面推进乡村振兴实现共同富裕，这也是“三农”工作重心的历史性转移。所有这些，都是反贫困思想的继承与升华，与邓小平的“先富带后富”、最终“实现共同富裕”思想一脉相承，体现出新时代下的实践探索意义与理论创新价值。

2. 乡村振兴到共同富裕的关键是探索农业农村的高质量发展方式

如果说脱贫攻坚是解决温饱问题，那么乡村振兴就是解决富有问题，“三农”工作的重心转移是解决全国所有农民如何富有的问题，主要是为解决农业农村现代化问题，探索形成一个适宜中国乡村的高质量发展方式。党的十九大报告指出：“我国经济已由高速增长阶段转向高质量发展阶段，正处在转变发展方式、优化经济结构、转换增长动力的攻关期。”2017 年中央经济工作会议提出，“推动高质量发展是当前和今后一个时期确定发展思路、制定经济政策、实施宏观调控的根本要求”。农业作为国民经济的基础，也到了新旧动能转换的全面推进时期，也要适应并遵循这一趋势，向高质量发展阶段迈进。在实施乡村振兴战略的过程中，要坚持高质量发展的战略导向，探索实现乡村振兴的高质量发展方式。

中国乡村振兴的高质量发展是在经济增长的基础上，改善农业经济结构，促进农村社会结构高级化，推动农业生产方式的转型与调整，从而实现绿色可持续发展。在农业发展中，降低自然资源消耗强度，维护优良的生态环境。人民生活更有获得感，人类福祉水平不断提升。支持农民发挥主体作用，提升农村人力资本质量，激发工商资本、科技人才、社会力量参与乡村振兴的积极性，通过完善农村发展要素结构、组织结构、布局结构的升级机制，更好地提升乡村振兴的质量、效率和竞争力。主要体现在如下 4 个层面：一是提升土地生产率，提高单位面积产量；二是增加劳动生产率，提高单位人力投入产出；三是保护资源环境，改善生态条件；四是拓宽农业功能，发掘乡村多元价值。目前，在中国乡村高质量发展仍然面临着小农户经营与规模化生产的矛盾、高成本投入与增加效益的矛盾、基础薄弱与快速发展的矛盾、追逐高产与环境保护的矛盾。

为此，中国乡村振兴高质量发展方式，既包括农产品的质量，还包括用以生产产品的资源要素质量，也包括生产者的生产经营体系质量和产业效益。因此，需要从壮大农业农村优势产业、推进农业生产标准化规范化、增强农业科技支撑作用和建设农产品质量监管体系等方面推进农业高质量发展。通过强化功能定位，走因“地”制宜的农业发展道路；通过行为方式激励，走因“人”制宜的农业发展道路；通过深化农业分工，走因“事”制宜的农业发展道路。重塑新型工农城乡关系，完善乡村高质量发展的体制机制和政策环境。

还要强调，乡村高质量发展方式并不只是简单地加快乡村发展，更重要的是挖掘和发挥好乡村自己独有的功能，实现乡村自己应有的价值，振兴乡村的功能。对此，陈锡文在《乡村振兴与乡村功能发挥》一文中指出，城市的功能更多地体现在要素的集聚和融合的基础上去推进各种各样的创新，而乡村的功能在很大的程度上体现在守护和传承这个国家乃至这个民族生存和发展的根脉，并且在这个基础上不断夯实一个国家一个民族发展的根基。具体包括确保粮食和重要农产品的供给、提供生态屏障和生态产品、传承一个国家、一个民族、一个地域的优秀的传统文化。这就意味着乡村振兴的高质量发展，实际是对乡村自身功能的彰显，也是乡村自有价值的实现与回归。

三、乡村振兴与共同富裕的关系机理

全面推进乡村振兴实现共同富裕，首当其冲要探究乡村振兴与共同富裕的关系机理，而核心是发掘二者的相互作用机制及其结合模式，也即是激发乡村振兴的内在动力与基于共同富裕分配制度改革的外在扶助的有机结合问题。乡村振兴是针对农业农村地区的发展战略，脱贫攻坚时期的精准扶贫，以“两不愁三保障”为内容，以政府为主导的外在扶助为主。以国家财政投入为基础，以加快农村社会事业的发展和加大对农村民生领域的投入作为重点，并以各类工程项目为载体，积极推进农业农村发展。政府行政力量的积极介入，在较短时间内消除了绝对贫困现象，实现了脱贫摘帽的目标，迅速改善了农村的生产生活状况，遏制了城乡差距不断扩大的趋势。但是，这样还不能从根本上彻底消除长期以来掣肘农业农村发展的体制机制因素，下一步，还需要进一步充分发挥广大农民在农业农村发展中的主体作用，充分发挥市场在资源配置中的决定性作用，激发乡村社会的内生发展动力。

推进乡村振兴战略，政府的扶助作用不可或缺，但更要注重调动发挥乡村发展的主体作用，改变既往乡村发展与治理的方式，着意于探寻“转变发展方式、优化经济结构、转换增长动力”，要探寻一种“内源化发展”方式。在共同富裕目标下，更为重要的是创设基础性制度安排，把外部扶助转化为内部动力。因此，要理顺乡村振兴与共同富裕的关系机理，其实是改变乡村发展的思路，转变以前单纯依靠政府扶助的发展方式。先入为主地说，共同富裕并不只是简单地在分配政策上对农业农村的倾斜，更为重要的作用在于制度层面的深刻变革。熊彼特（2007）指出，经济体的发展并不能从外部强加，而只能是内部自行发生的变化。这种变化包括新产品的形成、新生产方式的产生、新市场的开辟、新组织的构建，等等。

我们通过下面的图示来刻画说明乡村振兴与共同富裕之间的关系机理。在下图中，乡村振兴的内生动力与共同富裕的外在助力要形成一种利益耦合关系，这样才能真正促使乡村走上高质量发展的轨道。而利益的耦合是涉农相关利益主体，包括农户、村集体、农业企业、地方政府等的利益兼容问题，在不同利益主体的相互博弈作用下，形成一定的利益耦合机制，产生乡村发展利益共同体。而这个共同体并不是村集体的翻版，而是利益主体权责界定清晰、具有内生的合作机制、并形成稳定的参与路径，实质是乡村组织的创新。多元主体参与下的合作共治关系机制，主要涉及三个突出的问题：一是搞清楚有哪些参与的利益主体及其行为模式，厘清这些利益主体间的关系；二是搞清楚这些多元利益主体是在一个怎样的平台载体上联系互动的，这些共享平台发挥了怎样的基础性作用；三是要从乡村长远发展出发探讨乡村可持续发展的支撑体系，对乡村振兴与共同富裕相互作用形成的四梁八柱架构进行探讨。

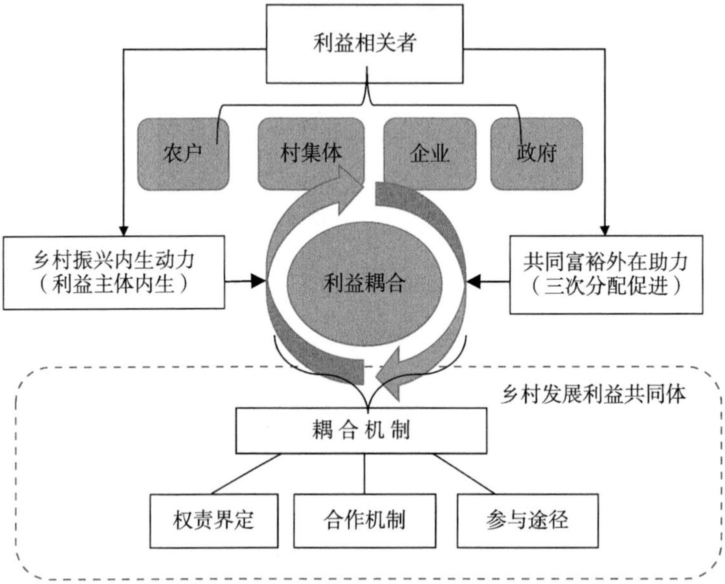

图 5-2 乡村振兴的内生动力与共同富裕的外在助力

（一）二者的相互作用关系通过乡村发展的利益相关者来联通

乡村因为具有多样功能而成为具有正外部性的类公共属性地区。一方面乡村是农业产业经营活动的场所，要按照投入产出成本收益的市场规则行事；另一方面乡村又是自然环境生物多样性和传统文化依存的载体，具有公共事物的外部性，关涉大家的共同利益，使用不当就会造成资源的浪费和环境的破坏。正如亚里士多德在《政治学》中所说，“凡是属于最多数人的公共事务常常是最少受人照顾的事物，人们关怀着自己的所有，而忽视公共的事物；对于公共的一切，他至多只留心到其中对他个人多少有些相关事物”。对此，奥尔森从经济学的个人主义视角出发，论证了追求自身效用最大化最后导致集体行动的困境。这也就是通俗所说的“三个和尚没水喝”“滥竽充数”“林子大了什么鸟都有”“众口难调”等问题。乡村的发展实际也是要解决集体行动的困境，如今乡村振兴和共同富裕也是要探索如何让利益相关者合作起来，使各方主体合作互动，建立合作机制保证利益共享。

乡村振兴和共同富裕都是针对乡村的发展，这里首先要廓清乡村发展的利益相关者包括哪些，并界定它们不同的角色地位作用，然后聚焦利益关系探究相关主体的利益耦合关系，最后经过博弈互动形成合作机制。核心是对多方参与人的主体地位的重视和直面各方现实的利益诉求。相关利益主体主要有地方政府、乡村企业、村集体组织、农户公众等四大主体。乡村在中国法律体系上是相对独立的自治单元，乡村以村规民约以及村民意愿为基础，由村民自己处理事关村民自身利益的社会公共事务。农业企业是以盈利为目标，而农户既有公众的一面，又有生产者、经营者的一面，公众性体现在对乡村公共事务的关注，而作为农业生产者和经营者，也有追求经营效益的类似企业特性。政府则扮演协调平衡的角色，也不排除政府作为经济人的利益趋向，村集体大多数情况是村集体利益的代表，但更大程度上是政府组织与村民公众之间的一个纽带，有时是政府派驻的代表，有时代表乡村农民与农业公司进行谈判。在关系方面，农业企业与农户农民的关系体现为市场关系，市场机制是协调他们关系的最大机制，如通过劳动合同、股份制协议等市场化契约化方式相联系；而村集体与农户则是民主集中的治理关系，形成村民自治组织；政府（包括中央政府和地方政府）与企业则是调控关系，不能掺杂过多的经济利益因素。此外政府之间涉及中央和地方政府以及地方政府与政府间关系，这之间既有管理与被管理的关系，也有博弈关系。

（二）二者的相互作用关系通过共享公共平台来实现对接

乡村振兴与共同富裕虽然都聚焦于乡村发展，但二者相互作用需要借助一定的平台才能实现对接，因此搭建形成乡村发展共享平台是二者作用关系的途径，甚至可以说是二者得以“握手”的突破口。在乡村，从自然资源到无形的文化资源，蕴藏着丰富的资源，关键是乡村利用资源的能力较弱，而主要的是要搭建起资源共享平台，从而推动乡村的发展。在乡村振兴及其有效治理中，利益各方需要通过共享资源平台，整合一定区域范围拥有的资源。例如，能源基础设施、交通基础设施、通信基础设施、公共服务基础设施都是很好的资源共享平台。在当今互联网趋势下，共享平台更为广泛，其作用也显得更为突出重要。

首先，共享资源是自然基础，也就是这些自然资源不可分割，只能共同占有共享，这就提供了天然的公共共享平台，正是在这个意义上村落的整体性和根植性才得以加强。如公共生态环境的维护、山林湖泊的共享使用，这些是提供不同利益主体合作的关键。其次，一个乡村的邻里关系形成的社会资本是合作信任关系建立的天然基础，如共享的习俗文化、社群姻缘、相互连接的公共设施等，使乡村内多元利益主体更容易相互信任，达成合作关系。最后，共享平台还具有资源整合、资源转化以及资源创生的自我加持功能，通过资源创生，实现平台上资源的增加，扩大资源共享的范围。多元利益主体在资源共享中的行为需要在符合各自行为方式特点的条件下，进行有效的协调，需要有明确的分配、补偿及协调机制保证平台的顺利运行，并促进从资源共享到进一步扩展合作范围的良性循环。在资源共享基础上探索乡村中人与人合作共享的获益模式，构建乡村良好的信誉体系，如此也就克服了乡村发展普遍存在着的“公地悲剧”问题，较好实现了乡村振兴与共同富裕的有效对接。

（三）二者的相互作用关系通过乡村自组织来加强

乡村自治的特性体现出很强的自组织能力。换句话说，乡村自主发展的能力建立在其所具有的自组织机能上。根据哈耶克所谓的“合作秩序扩展”理论，乡村自我发展能力借助合作秩序的扩展而增强，并进而探索形成乡村发展新范式下的高质量发展方式。因此，理论上来说，乡村振兴与共同富裕的相互作用机理是否顺畅运转，还要看乡村合作秩序能否扩展开来。

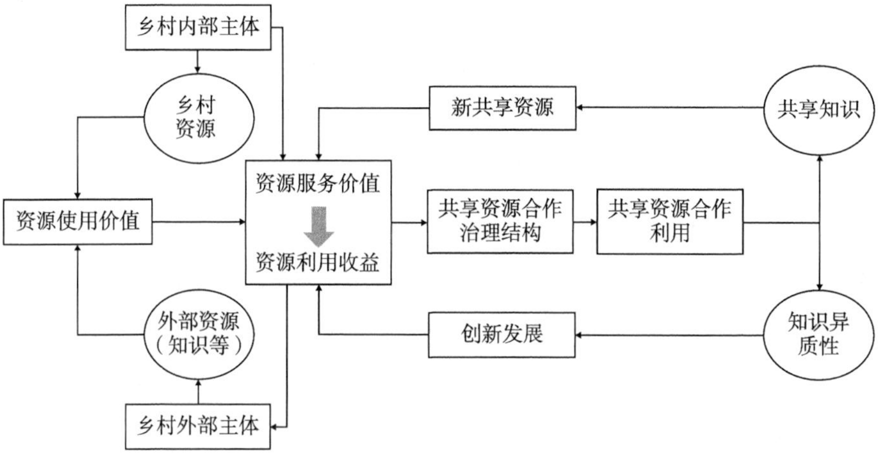

图 5–3　乡村内外不同主体基于资源利用的相互作用关系图

哈耶克认为随着分工的深化，人们必然会走向合作。“无知”是人类面对世界的基本情况。但正是因为无知，为了应对不确定性，“不同人的知识和信念组成的共同的知识结构，使得人与人的沟通成为可能”。秩序代表着有序的行为，哈耶克在《致命的自负》一书中提出，秩序就是一些被记录的被演化出来的行为规则，这种行为规则能够使得没有血缘关系的陌生人类之间实现合作，这一过程被哈耶克称为合作秩序的扩展。对于合作秩序扩展的原因，他论述道：“人类通过发展和学会遵守一些往往禁止他按照本能行事的规则（先是在狭小的部落里，然后又扩展到更大的范围），从而不再依靠对事物的共同感受，由此建立了文明。”而“这些新的规则得以传播，并不是因为人们认识到他们更为有效，或能够估计到它会得到发展，而是因为他们是遵守规则的群体，能更成功地繁衍生息，并且能够把外人也吸收进来。”随着分工的深化，个人只能掌握部分知识，为了达到一定目的，必须将拥有不同知识的个体协调起来，才能构成“社会秩序”。于是，合作在陌生的人类群体中广泛存在是因为合作秩序的存在。人们因为知识的不完备性形成的自发的合作秩序逐步形成了“家庭、农场、工厂、商行、公司、政府等各种组织，这些组织又会被进一步整合进一种更为宽泛的自生自发的秩序之中”，表现为合作秩序的扩展。

在乡村发展中，也体现出了合作秩序的扩展，不同利益主体之间通过合作规则的设计，形成了合作秩序，即共享的规则。这一合作秩序的存在形成了多元主体参与乡村发展的松散型组织，越来越多的主体了解这一规则后，参与其中。资源利用的扩展与合作范围的扩展相互联系，乡村发展的合作秩序得以扩展开来，而乡村振兴与共同富裕在合作秩序扩展与资源利用范围扩展下，相互促进形成良性循环。这意味着乡村发展是一个开放的系统，要与外部资源和外部主体对接，探索乡村高质量发展方式。

为了有效利用乡村内部的资源，在新的资源利用模式的转变中，许多来自外部的知识资源等进入乡村，与原有的乡村发展资源进行整合，充分挖掘资源的服务价值，形成资源合作利用的收益。不同的利益主体进入乡村，与乡村内部的主体通过合作机制的构建形成合作。在合作的过程中，通过构建协同治理结构，多元利益主体之间促进了共同知识的形成，进一步促进了合作，为合作群体带来更多收益，也增加了合作中的知识异质性，促进了创新的产生，带来创新收益。进而不断吸引更多潜在的合作主体参与到乡村发展之中，于是实现了合作秩序扩展。

四、乡村振兴与共同富裕的结合

共同富裕是乡村振兴的目标，乡村振兴是共同富裕的手段途径。二者在总体方向上是一致的，都是在中国式现代化的大方向下，为了实现人的全面发展和促进整体社会的全面进步。但内涵要求上存在着差异性，共同富裕涵盖全体人民，乡村振兴针对乡村发展；方式途径上也有侧重点的不同，共同富裕重在分配制度变革，乡村振兴重在探索乡村高质量发展方式。这样就需要探讨如何将共同富裕的总体目标要求与乡村振兴的具体实际结合起来。主要包括如下几个方面：一是目标对接，共同富裕与乡村振兴都是阶段性目标，都是一个发展的进程，作为主观设定的规划理想，也需要将二者发展的程度阶段进行对接；二是任务连接，共同富裕既包括物质精神又要求全体全面共同共享，既要做大“蛋糕”又要切分好“蛋糕”，主要呈现为三次分配调整，每一层次的作用效应不同。乡村振兴包括乡村的产业、人才、文化、生态、组织等五个方面的振兴，这些振兴任务也有不同的侧重；三是时序衔接，共同富裕的三次分配在时序上有先后顺序差异，乡村振兴的五个方面也有轻重缓急，相互结合起来就会有改革次序的差异。

（一）共同富裕与乡村振兴的目标对接

关于共同富裕，2021 年通过的《“十四五”规划和 2035 年远景目标纲要》中，把“全体人民共同富裕迈出坚实步伐”列入“十四五”时期经济社会发展主要目标。2021 年 7 月 1 日，在庆祝中国共产党成立 100 周年大会上，习近平总书记庄严宣告“全面建成了小康社会”，强调新的征程上，“推动人的全面发展、全体人民共同富裕取得更为明显的实质性进展！”共同富裕领域实质性进展体现在经济发展更加高质量、居民生活更加高品质、区域发展更加平衡、城乡发展更加协调、收入分配格局更加合理、公共服务更加优质均衡。

共同富裕与乡村振兴的阶段部署同步进行。实现共同富裕我国将通过“三步走”来实现。“十四五”时期，全体人民共同富裕迈出坚实步伐；到 2035 年，全体人民共同富裕取得更为明显的实质性进展；到 21 世纪中叶，全体人民共同富裕基本实现。可见，共同富裕已经被提上议事日程，党中央已经做出了重大战略部署，从“十四五”时期到 2035 年，再到 21 世纪中叶，完整勾画了促进全体人民共同富裕的时间表和路线图。实施乡村振兴战略也已明确“三步走”的时间表。按照党的十九大提出的决胜全面建成小康社会、分两个阶段实现第二个百年奋斗目标的战略安排，中央农村工作会议明确了实施乡村振兴战略的目标任务：到 2020 年，乡村振兴取得重要进展，制度框架和政策体系基本形成；到 2035 年，乡村振兴取得决定性进展，农业农村现代化基本实现；到 2050 年，乡村全面振兴，农业强、农村美、农民富全面实现。实现共同富裕我国的“三步走”与实施乡村振兴战略的“三步走”，在时间节点上完全吻合，在时间节点的结合方面可以说步调一致，需要进一步明确的是在共同富裕下的乡村发展的侧重点。

共同富裕与乡村振兴“三步走”的目标设定：

第一步：“十四五”时期，全体人民共同富裕迈出坚实步伐，乡村振兴取得重要进展，乡村振兴的制度框架和政策体系基本形成。《中华人民共和国国民经济和社会发展第十四个五年规划和 2035 年远景目标纲要》提出，在全体人民共同富裕上迈出坚实步伐，人均国内生产总值达到中等发达国家水平，中等收入群体显著扩大，基本公共服务实现均等化，城乡区域发展差距和居民生活水平差距显著缩小；在乡村发展方面，坚持农业农村优先发展，要巩固拓展脱贫攻坚成果，有效衔接乡村振兴，全面推进乡村振兴战略。建立完善农村低收入人口和欠发达地区帮扶机制，保持主要帮扶政策和财政投入力度总体稳定，接续推进脱贫地区发展，提升脱贫地区整体发展水平，实施脱贫地区特色种养业提升行动。为加强乡村振兴战略的落地实施，不仅颁布了《国家乡村振兴战略规划（2018—2022 年）》（2018 年 5 月），出台了包括《中共中央 国务院关于实现巩固拓展脱贫攻坚成果同乡村振兴有效衔接的意见》（2020 年 12 月）、《中共中央 国务院关于全面推进乡村振兴加快农业农村现代化的意见》（2021 年 02 月）等一系列政策，2021 年 4 月，为全面实施乡村振兴战略，还制定颁发《中华人民共和国乡村振兴促进法》，自 2021 年 6 月 1 日起施行，意味着乡村振兴纳入到国家法律建制的层面。与此同时，共同富裕也通过“试点、推广”的方式纳入实践进行探索，出台了《中共中央 国务院关于支持浙江高质量发展建设共同富裕示范区的意见》（2021 年 6 月）和《浙江高质量发展建设共同富裕示范区实施方案（2021—2025 年）》，意味着共同富裕将采取渐进模式来逐步推进。

第二步：到 2035 年，在促进全体人民共同富裕上取得更为明显的实质性进展。《“十四五”规划和 2035 年远景目标纲要》提出到 2035 年，全体人民共同富裕要取得更为明显的实质性进展；乡村振兴取得决定性进展，农业农村现代化基本实现。时下“共同富裕行动纲领”正在酝酿制定之中，2021 年 8 月 17 日召开的中央财经委员会第十次会议专门研究扎实促进共同富裕问题，提出要“在高质量发展中促进共同富裕”，“构建初次分配、再分配、三次分配协调配套的基础性制度安排，加大税收、社保、转移支付等调节力度并提高精准性”，“建立科学的公共政策体系，形成人人享有的合理分配格局”，“坚持居民收入增长和经济增长基本同步、劳动报酬提高和劳动生产率提高基本同步，持续提高低收入群体收入，扩大中等收入群体，更加积极有为地促进共同富裕”，“促进基本公共服务均等化，加大普惠性人力资本投入，完善养老和医疗保障体系、兜底救助体系、住房供应和保障体系”，“合理调节高收入，取缔非法收入，形成中间大、两头小的橄榄型分配结构”。这里“更为明显”和“实质性进展”是关键，其中，浙江省先行先试，为全国其他地方促进共同富裕探索路径、积累经验、提供示范，浙江高质量发展建设共同富裕示范区的经验相对成熟后，在全国能够示范推广开来。在乡村振兴方面，提出要促进农民农村共同富裕，就要“巩固拓展脱贫攻坚成果，全面推进乡村振兴，加强农村基础设施和公共服务体系建设，改善农村人居环境”。更为明晰地对“明显的实质性进展”进行了阐释界定。这个阶段是共同富裕行动纲领进行顶层设计的阶段，乡村振兴战略在既有的战略部署下，就要注重和共同富裕总体框架重点的对接。

第三步：到 2050 年，全体人民共同富裕基本实现。党的十九大报告提出，从 2035 年到本世纪中叶，全体人民共同富裕基本实现，我国人民将享有更加幸福安康的生活。“基本实现”意味着，到 2050 年只是实现共同富裕的阶段性目标，全面实现共同富裕还需要进一步奋斗。我们认为在这一阶段，“基本实现”共同富裕，主要体现在城乡差距、地域差距和收入差距得到有效缓解，农村地区、中西部地区人口对贫富差异的感受不再强烈，城乡间、地域间人口流动内在动力实现均衡。形成共同富裕的多元化方式路径和典型模本，能够为世界人民共同富裕提供一些经验借鉴；而乡村振兴一个更为重要的内容是探索形成一条成熟有效的乡村高质量发展之路，结合不同地方实际，形成一些乡村高质量发展的典型经验和可以推广示范的成熟发展模式。

（二）共同富裕手段与乡村振兴任务的连接

我们把乡村振兴的任务与共同富裕手段对接起来，用如下图示进行标注阐释。

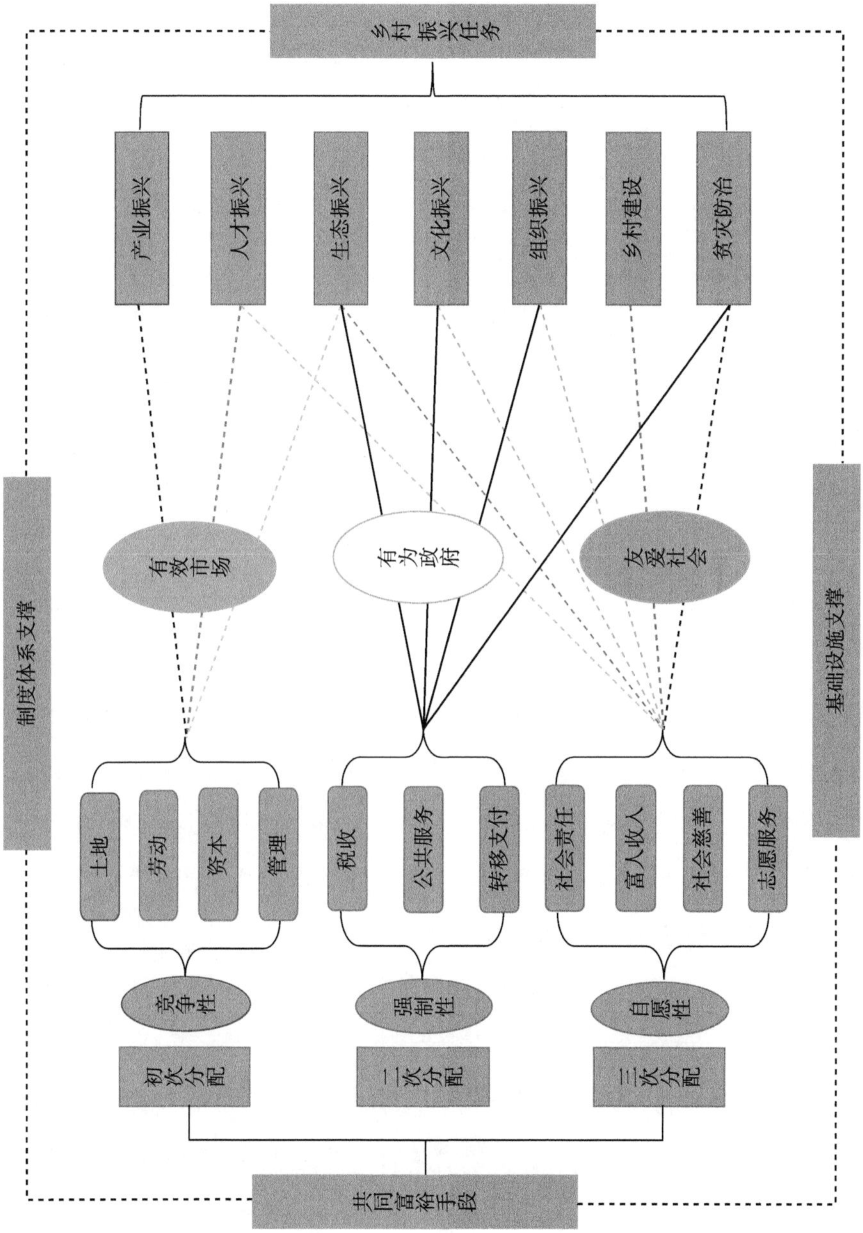

图 5-4　共同富裕手段与乡村振兴任务的连接

在这一图示中，主要有以下几点需要说明：

乡村振兴的任务。除了传统的五大振兴之外，我们还加上乡村建设和贫灾防治两大任务，主要是脱贫攻坚之后还要巩固拓展脱贫攻坚经验，才能有效衔接乡村振兴。此外，新冠疫情也提醒人们要注重灾情防治，要不然“屋漏偏逢连夜雨”，乡村发展受到的冲击更大。

共同富裕的措施。我们是从狭义上界定共同富裕的手段作用，从政策手段上来分解共同富裕，主要是要将共同富裕与乡村发展振兴对接起来，这样我们把共同富裕分为初次、二次、三次分配政策手段，其中的内涵手段是不一样的，进而也就能够较好与乡村振兴任务对接，比较不同手段的作用影响。

二者连接的关系。我们把乡村振兴与共同富裕连接起来看待，试图总结不同手段对应的乡村振兴任务不同，初次分配对应于产业振兴、人才振兴、生态振兴，而其他方面通过初次分配的作用相对较小，而且主要是通过市场机制来间接连接，这样我们用间断的线条来表示；二次分配影响较大的有生态振兴、文化振兴、乡村建设等，因为这个体现的是有为政府的直接作用，我们用实线来表示；三次分配影响较大的是组织建设、乡村建设及贫灾防治，非政府社会组织的作用相对突出，但也是因社会良俗和道德规范作用下的自愿捐助，因此，我们用虚线来表示这些作用。此外，以线的粗细来表示作用的强度大小。

相互作用的支撑。二者的相互作用影响是在一定的框架体系下进行的，这包括软硬两个层面，软的是制度支撑体系，硬的是基础设施建设。可以说，不论是乡村振兴还是共同富裕，都需要在制度变革下进行，都要探索新的高质量发展方式，因此，我们在图示中还设置了软硬两个方面的支撑。

（三）科学运用共同富裕分配手段促进乡村振兴的重点抓手

一是以提高农民收入为抓手，拓展更为宽广的就业渠道。完善农民工群体就业支持体系，建立促进创业带动就业、多渠道灵活就业机制，支持和规范发展新就业形态，健全就业公共服务体系，着力缓解结构性就业矛盾。提高劳动报酬在初次分配中的比重，健全工资合理增长和支付保障机制；完善按要素分配政策制度，多渠道增加城乡居民财产性收入，提高农民土地增值收益分享比例。

二是以优化农业补贴为抓手，确保粮食安全和促进农业产业发展。农业补贴的机制、对象、方式、投入标准等都有待改革和发展，以激发农民的种粮积极性，确保粮食安全。针对种粮经济效益低的问题，一方面要加大对农业的补贴；另一方面应整合补贴资金，对粮食生产区、粮经复合区、果蔬经济区进行分类分标准补贴，提高农民或其他农业经营主体的种粮积极性，确保粮食安全。与此同时还要改善种粮条件，降低种粮成本。加大农机补贴、地变田、兴修水利设施、田间耕作道路的建设等，创造条件鼓励种粮农户或其他种粮经营主体实现种粮现代化、机械化，降低种粮成本，增加种粮收益。还要与市场机制对接，扩大农业保险覆盖面，提高种粮户抗风险能力。从保费补贴入手，扩大保障范围，把可能导致质量损失的自然风险、严重影响种植收益的市场风险纳入其中，把租地成本、人工成本和机械成本等考虑在内，切实发挥保险对粮食生产的风险保障作用。

三是以生态保护补偿为抓手，持续推进乡村生态振兴。生态保护补偿制度是我国生态文明制度的重要组成部分，是落实生态保护权责、推进生态文明建设的重要路径。中办、国办近日印发的《关于深化生态保护补偿制度改革的意见》（2021 年 9 月）指出，要加快健全有效市场和有为政府更好结合、分类补偿与综合补偿统筹兼顾、纵向补偿与横向补偿协调推进、强化激励与硬化约束协同发力的生态保护补偿制度。这为我国乡村生态振兴提供了重要制度保障。虽然近年来我们已经就典型流域、重点生态功能区等开展了跨地区横向生态补偿，但试点范围依然较小，科学有效地确定地区之间的生态关系还缺乏技术支撑，各地对跨地区生态补偿的依据、标准及方式等尚未达成共识，更好实施跨地区横向生态补偿的长效机制亦未建立。以构建跨地区生态补偿为抓手，建设以流域、功能区、城市群为区域载体的生态共建共享机制，对于更好实施区域协调发展战略、推动生态文明建设具有重要意义。

四是以基本公共服务均等化为抓手，推进乡村振兴。党的十九大报告中提出了“到 2035 年基本公共服务均等化基本实现”的总目标。基本公共服务包括教育、社保、医疗、住房、养老、扶幼等方面，我们通俗地将其概括为幼有所育、学有所教、劳有所得、病有所医、老有所养、住有所居、弱有所扶等七个“有所”。要贯彻落实《国家基本公共服务标准（2021 版）》，因地制宜制定本地区基本公共服务具体实施标准，以标准化保障人人享有同等同质的基本公共服务。在农村地区经过脱贫攻坚“两不愁三保障”的建设，在下一阶段乡村振兴时期，公共服务就成为重点，要对农村公共服务问题“对症下药”，引导资金使用。教育优先，就业优先，同时，农村公共服务供给也应该根据实际情况向产业引进、教育培训等方面倾斜。还要适应互联网数字化发展，纳入数据平台建设，大数据为公共服务的精准化供给提供了技术支撑与解决可能。例如，建立乡镇综合信息平台，为每个乡村建立资料信息并及时更新，解决信息不对称问题，实现农村公共服务供给的对象精准、人群精准。再如，利用“互联网 + 公共服务”解决农村公共服务供给的“碎片化”问题，更好地统筹协调乡村内部及各乡村之间的资源，为乡村振兴提供强有力技术支持。此外，还要探索新的公共服务供给模式，如，政府购买公共服务、鼓励社会组织加入公共服务供给、用 PPP 等模式引入社会资本加强政府和社会资本的合作。

五是以促进城乡人才要素互动为抓手，着力推动城乡融合缩小城乡差距。近年来城乡要素的流动性明显增强，人才交流、技术交流、信息交流更为便利，城乡生产要素活跃给城乡带来了合理利益回报。但城乡要素流动不顺畅、公共资源配置不合理等问题依然突出，城乡要素双向合理流动的机制尚未建立，制度的公平性有待进一步提高。尤其人才的“流动”“留住”“集聚”乡村还是薄弱环节。因此，要借助共同富裕的政策手段，统筹推进新型城镇化和乡村振兴战略，逐步破解城乡二元结构，促进城乡资源要素双向传导和平等交换，健全农业转移人口市民化机制，建立城市人才、工商资本、科技成果入乡激励机制，改革完善农村承包地制度。推动城市公共服务向乡村延伸，提升城乡基本公共服务均等化水平，实现城乡基础设施统一规划建设管护。

第六章　乡村振兴总体部署及共同富裕目标下乡村振兴战略要点分析

实施乡村振兴战略，是以习近平同志为核心的党中央从党和国家事业发展全局作出的重大战略决策。乡村振兴战略是一项国家层面的大战略，推进乡村振兴是全国自上而下统一部署的全面行动。因此，在乡村振兴的工作实践中，必须把握好全面推进乡村振兴的总体战略部署，把握好全面推进乡村振兴的战略要点，把握好全面推进乡村振兴的顶层设计，把握好全面推进乡村振兴的总体要求，用顶层设计指导全面推进乡村振兴的伟大实践，确保全面推进乡村振兴的各项工作始终沿着正确航道前行。

一、乡村振兴战略部署和总体要求

党的十九大确立乡村振兴战略以来，党中央做出了一系列重大决定，出台了一系列重要文件，如《中共中央 国务院关于实施乡村振兴战略的意见》《中共中央 国务院关于全面推进乡村振兴加快农业农村现代化的意见》《乡村振兴战略规划》等，对全面实施乡村振兴战略、全面推进乡村振兴作出具体部署。习近平总书记关于乡村振兴的重要论述以及党中央关于乡村振兴的战略部署，形成了全面推进乡村振兴的总体要求，必须在乡村振兴实践中充分理解和把握。

（一）战略部署

1. 党的十九大对乡村振兴的部署

党的十九大在党和国家事业发展的历史上第一次提出乡村振兴战略。党的十九大报告明确提出：实施乡村振兴战略。农业农村农民问题是关系国计民生的根本性问题，必须始终把解决好“三农”问题作为全党工作重中之重。要坚持农业农村优先发展，按照产业兴旺、生态宜居、乡风文明、治理有效、生活富裕的总要求，建立健全城乡融合发展体制机制和政策体系，加快推进农业农村现代化。巩固和完善农村基本经营制度，深化农村土地制度改革，完善承包地“三权”分置制度。保持土地承包关系稳定并长久不变，第二轮土地承包到期后再延长30年。深化农村集体产权制度改革，保障农民财产权益，壮大集体经济。确保国家粮食安全，把中国人的饭碗牢牢端在自己手中。构建现代农业产业体系、生产体系、经营体系，完善农业支持保护制度，发展多种形式适度规模经营，培育新型农业经营主体，健全农业社会化服务体系，实现小农户和现代农业发展有机衔接。促进农村一、二、三产业融合发展，支持和鼓励农民就业创业，拓宽增收渠道。加强农村基层基础工作，健全自治、法治、德治相结合的乡村治理体系。培养造就一支懂农业、爱农村、爱农民的“三农”工作队伍。

2. 党的十九届五中全会对乡村振兴的部署

党的十九届五中全会通过了《中共中央关于制定国民经济和社会发展第十四个五年规划和二〇三五年远景目标的建议》（以下简称《建议》）。《建议》明确提出：优先发展农业农村，全面推进乡村振兴。坚持把解决好“三农”问题作为全党工作重中之重，走中国特色社会主义乡村振兴道路，全面实施乡村振兴战略，强化以工补农、以城带乡，推动形成工农互促、城乡互补、协调发展、共同繁荣的新型工农城乡关系，加快农业农村现代化。健全农业支持保护制度，坚持最严格的耕地保护制度，建设农业现代化示范区，推动农业供给侧结构性改革，发展县域经济，推动农村一、二、三产业融合发展，不断提高农业质量效益和竞争力。强化县域综合服务能力，统筹县域城镇和村庄规划建设，完善乡村水、电、路、气、通信、广播电视、物流等基础设施，因地制宜推进农村改厕、生活垃圾处理和污水治理，把乡村建设摆在社会主义现代化建设的重要位置。健全城乡融合发展机制，加快培育农民合作社、家庭农场等新型农业经营主体，深化农村集体产权制度改革，积极探索实施农村集体经营性建设用地入市制度，持续不断深化农村改革。建立农村低收入人口和欠发达地区帮扶机制，健全防止返贫监测和帮扶机制，健全农村社会保障和救助制度，实现巩固拓展脱贫攻坚成果同乡村振兴有效衔接。

3. 中央发布的国家乡村振兴战略规划对乡村振兴的部署

2018 年 9 月，中共中央、国务院印发《乡村振兴战略规划（2018—2022 年）》（以下简称《规划》）这是党的十九大确立乡村振兴战略后的第一个国家级乡村振兴五年规划，在顶层设计上进一步对实施乡村振兴战略做出了全面具体详细的规划安排。《规划》在内容结构上包括 11 篇 37 章，具体从规划背景、总体要求、构建乡村振兴新格局、加快农业现代化步伐、发展壮大乡村产业、建设生态宜居的美丽乡村、繁荣发展乡村文化、健全现代乡村治理体系、保障和改善农村民生、完善城乡融合发展政策体系、规划实施等方面，对实施乡村振兴战略提出了任务和要求。《规划》围绕农业农村现代化的总目标，坚持农业农村优先发展的总方针，按照分三个阶段实施乡村振兴战略的部署，设定了阶段性目标，明确了五年的重点任务，提出了 22 项具体指标，其中约束性指标 3 项、预期性指标 19 项，首次建立了乡村振兴指标体系。《规划》坚持乡村全面振兴，围绕推动乡村产业、人才、文化、生态和组织振兴，抓重点、补短板、强弱项，对加快农业现代化步伐、发展壮大乡村产业、建设生态宜居的美丽乡村、繁荣发展乡村文化、健全现代乡村治理体系、保障和改善农村民生等做了明确安排，部署了 82 项重大工程、重大计划、重大行动。

4. 中央一号文件对乡村振兴的部署

党的十九大以来，从 2018 年到 2021 年，党中央连续 4 年每年都用一号文件部署乡村振兴及“三农”工作，提出了一系列全面推进乡村振兴的改革举措和政策措施。

2018 年 1 号文件《中共中央 国务院关于实施乡村振兴战略的意见》，对实施乡村振兴战略进行了全面部署。文件指出，实施乡村振兴战略，是解决人民日益增长的美好生活需要和不平衡不充分的发展之间矛盾的必然要求，是实现“两个一百年”奋斗目标的必然要求，是实现全体人民共同富裕的必然要求。文件从提升农业发展质量、推进乡村绿色发展、繁荣兴盛农村文化、构建乡村治理新体系、提高农村民生保障水平、打好精准脱贫攻坚战、强化乡村振兴制度性供给、强化乡村振兴人才支撑、强化乡村振兴投入保障、坚持和完善党对“三农”工作的领导等方面进行安排部署。文件提出，走中国特色社会主义乡村振兴道路，让农业成为有奔头的产业，让农民成为有吸引力的职业，让农村成为安居乐业的美丽家园。文件确定了实施乡村振兴战略的目标任务：到 2020 年，乡村振兴取得重要进展，制度框架和政策体系基本形成；到 2035 年，乡村振兴取得决定性进展，农业农村现代化基本实现；到 2050 年，乡村全面振兴，农业强、农村美、农民富全面实现。文件强调，坚持农业农村优先发展。把实现乡村振兴作为全党的共同意志、共同行动，做到认识统一、步调一致，在干部配备上优先考虑，在要素配置上优先满足，在资金投入上优先保障，在公共服务上优先安排，加快补齐农业农村短板。

2019 年 1 号文件《中共中央 国务院关于坚持农业农村优先发展做好“三农”工作的若干意见》（以下简称《意见》）强调，要坚持农业农村优先发展总方针，以实施乡村振兴战略为总抓手，对标全面建成小康社会“三农”工作必须完成的硬任务，适应国内外复杂形势变化对农村改革发展提出的新要求，抓重点、补短板、强基础，围绕“巩固、增强、提升、畅通”深化农业供给侧结构性改革，坚决打赢脱贫攻坚战，充分发挥农村基层党组织战斗堡垒作用，全面推进乡村振兴。文件强调要做好脱贫攻坚与乡村振兴的衔接，对摘帽后的贫困县要通过实施乡村振兴战略巩固发展成果，接续推动经济社会发展和群众生活改善；把加强规划管理作为乡村振兴的基础性工作，实现规划管理全覆盖；强化五级书记抓乡村振兴的制度保障，实行中央统筹、省负总责、市县乡抓落实的农村工作机制，制定落实五级书记抓乡村振兴责任的实施细则，严格督查考核，加强乡村振兴统计监测工作。

2020 年 1 号文件《中共中央 国务院关于抓好“三农”领域重点工作确保如期实现全面小康的意见》强调，党的十九大以来，党中央围绕打赢脱贫攻坚战、实施乡村振兴战略做出一系列重大部署，出台一系列政策举措。农业农村改革发展的实践证明，党中央制定的方针政策是完全正确的，今后一个时期要继续贯彻执行。文件指出要加强解决相对贫困问题顶层设计，纳入实施乡村振兴战略统筹安排；要抓紧研究制定脱贫攻坚与实施乡村振兴战略有机衔接的意见。

2021 年 1 号文件《中共中央 国务院关于全面推进乡村振兴加快农业农村现代化的意见》指出，民族要复兴，乡村必振兴。要坚持把解决好“三农”问题作为全党工作重中之重，把全面推进乡村振兴作为实现中华民族伟大复兴的一项重大任务，举全党全社会之力加快农业农村现代化，让广大农民过上更加美好的生活。从实现巩固拓展脱贫攻坚成果同乡村振兴有效衔接、加快推进农业现代化、大力实施乡村建设行动三个方面，具体部署了全面推进乡村振兴加快农业农村现代化的各项工作。文件指出，要实现巩固拓展脱贫攻坚成果同乡村振兴有效衔接。对摆脱贫困的县，从脱贫之日起设立 5 年过渡期，做到“扶上马”“送一程”。持续巩固拓展脱贫攻坚成果。健全防止返贫动态监测和帮扶机制，对易返贫致贫人口及时发现、及时帮扶，守住防止规模性返贫底线。接续推进脱贫地区乡村振兴。实施脱贫地区特色种养业提升行动，广泛开展农产品产销对接活动，深化拓展消费帮扶。持续做好有组织劳务输出工作。统筹用好公益岗位，对符合条件的就业困难人员进行就业援助。坚持和完善东西部协作和对口支援、社会力量参与帮扶等机制。加强农村低收入人口常态化帮扶。要开展农村低收入人口动态监测，实行分层分类帮扶。文件强调，要加强党对“三农”工作的全面领导。强化五级书记抓乡村振兴的工作机制，加强党委农村工作领导小组和工作机构建设，加强党的农村基层组织建设和乡村治理，加强新时代农村精神文明建设，健全乡村振兴考核落实机制。

（二）总体要求

1. 坚持“五句话二十个字”总要求

全面推进乡村振兴，总要求是产业兴旺、生态宜居、乡风文明、治理有效、生活富裕，即“五句话二十个字”。

党的十九大报告提出，实施乡村振兴战略，要坚持农业农村优先发展，按照产业兴旺、生态宜居、乡风文明、治理有效、生活富裕的总要求，建立健全城乡融合发展体制机制和政策体系，加快推进农业农村现代化。乡村振兴总要求的这“五句话二十个字”，是一个有机体系和统一整体，共同构成了乡村振兴的内容和要求，产业兴旺是重点，生态宜居是关键，乡风文明是保障，治理有效是基础，生活富裕是根本。“五句话二十个字”系统回答了乡村振兴要振兴什么、达到什么目标等重大问题。振兴什么？振兴的内容或对象是：产业、生态、乡风、社会治理、农民收入及生活，即发展生产和产业、改善生态环境、培育良好的乡风民风、搞好社会治理、增加农民收入和改善农民生活。振兴要达到什么目标？发展生产和产业，目标要达到产业“兴旺”；改善生态环境，目标要达到生态“宜居”；培育良好的乡风民风，目标要达到乡风“文明”；搞好社会治理，目标要达到治理“有效”；增加农民收入和改善农民生活，目标要达到生活“富裕”。

2. 坚持走中国特色社会主义乡村振兴道路

走中国特色社会主义乡村振兴道路，就是要加快推进乡村治理体系和治理能力现代化，加快形成工农互促、城乡互补、协调发展、共同繁荣的新型工农城乡关系，促进农业高质高效、乡村宜居宜业、农民富裕富足，让农业成为有奔头的产业，让农民成为有吸引力的职业，让农村成为安居乐业的美丽家园。一是必须重塑城乡关系，走城乡融合发展之路，加快形成工农互促、城乡互补、全面融合、共同繁荣的新型工农城乡关系。二是必须巩固和完善农村基本经营制度，走共同富裕之路。三是必须深化农业供给侧结构性改革，走质量兴农之路。四是必须坚持人与自然和谐共生，走乡村绿色发展之路。五是必须传承发展提升农耕文明，走乡村文化兴盛之路。六是必须创新乡村治理体系，走乡村善治之路。

3. 坚持产业、人才、文化、生态、组织五方面全面振兴

实施乡村振兴战略是一篇大文章，要统筹谋划，科学推进产业、人才、文化、生态、组织五方面全面振兴。要推动乡村产业振兴，紧紧围绕发展现代农业，围绕农村一、二、三产业融合发展，构建乡村产业体系、生产体系、经营体系，提高农业创新力和竞争力。要推动乡村人才振兴，把人力资本开发放在首要位置，强化乡村振兴人才支撑，在乡村形成人才、土地、资金、产业汇聚的良性循环。要推动乡村文化振兴，加强农村思想道德建设和公共文化建设，以社会主义核心价值观为引领，弘扬主旋律和社会正气，提高乡村社会文明程度，焕发乡村文明新气象。要推动乡村生态振兴，坚持绿色发展，加强农村突出环境问题综合治理，扎实实施农村人居环境整治行动计划，让良好生态成为乡村振兴支撑点。要推动乡村组织振兴，打造千千万万个坚强的农村基层党组织，深化村民自治实践，发展农民合作经济组织，建立现代农村社会治理体制，确保乡村社会充满活力、安定有序。

4. 坚持遵循规律、规划先行、精准施策、分类推进

实施乡村振兴战略是一项长期的历史性任务。在实施乡村振兴战略中，要注意处理好以下关系。一是长期目标和短期目标的关系，要遵循乡村建设规律，坚持科学规划、注重质量、从容建设，切忌贪大求快、刮风

搞运动，防止走弯路、“翻烧饼”。二是顶层设计和基层探索的关系，党中央已经明确了乡村振兴的顶层设计，各地要制定符合自身实际的实施方案，科学把握乡村的差异性，因村制宜，发挥亿万农民的主体作用和首创精神，善于总结基层的实践创造。三是充分发挥市场决定性作用和更好发挥政府作用的关系，要进一步解放思想，推进新一轮农村改革，发挥政府在规划引导、政策支持、市场监管、法治保障等方面的积极作用。四是增强群众获得感，适应发展阶段的关系，要围绕农民群众最关心、最直接、最现实的利益问题，加快补齐农村发展和民生短板，让亿万农民有更多实实在在的获得感、幸福感、安全感，同时要形成可持续发展的长效机制，坚持尽力而为、量力而行，不能提脱离实际的目标，更不能搞形式主义和“形象工程”。

5. 坚持加强党的全面领导

办好农村的事情，实现乡村振兴，关键在党。必须加强党对“三农”工作的领导，切实提高党把方向、谋大局、定政策、促改革的能力和定力，确保党始终总揽全局、协调各方，提高新时代党领导农村工作的能力和水平。要加强党对“三农”工作的全面领导，各级党委要扛起政治责任，落实农业农村优先发展的方针，把农业农村优先发展的要求落到实处，在干部配备上优先考虑，在要素配置上优先满足，在公共财政投入上优先保障，在公共服务上优先安排，以更大力度推动乡村振兴。要健全党委统一领导、政府负责、党委农村工作部门统筹协调的农村工作领导体制。要建立实施乡村振兴战略领导责任制，实行中央统筹、省负总责、市县抓落实的工作机制。党政一把手是第一责任人，五级书记抓乡村振兴。县委书记要把主要精力放在“三农”工作上，当好乡村振兴的“一线总指挥”。要选优配强乡镇领导班子、村“两委”成员特别是村党支部书记，把乡村党组织建设好，把领导班子建设强。

二、产业、人才、文化、生态和组织振兴的战略要点

产业、人才、文化、生态、组织五大振兴战略既相互联系又各有侧重，统一于实现农业农村现代化的实践之中，统一于实现共同富裕目标的进程之中。

（一）产业振兴战略要点

习近平总书记强调，乡村振兴，关键是产业要振兴。产业振兴是乡村振兴的物质基础，在乡村振兴全局中具有重中之重的位置。物质的丰富是实现共同富裕目标的基础。因此，产业振兴也理应摆在共同富裕进程中最基础、最重要的位置。

1. 培育壮大乡村产业

一是做强现代种养业。要创新产业组织方式，推动种养业向规模化、标准化、品牌化和绿色化方向发展，延伸拓展产业链，增加绿色优质产品供给，不断提高质量效益和竞争力。

二是做精乡土特色产业。要因地制宜发展小宗类、多样性特色种养，加强地方品种种质资源保护和开发。充分挖掘农村各类非物质文化遗产资源，促进乡村特色文化产业发展。

三是提升农产品加工流通业。支持粮食主产区和特色农产品优势区发展农产品加工业，统筹农产品产地、集散地、销地批发市场建设，加强农产品物流骨干网络和冷链物流体系建设。

四是优化乡村休闲旅游业。实施休闲农业和乡村旅游精品工程，建设一批设施完备、功能多样的休闲观光园区、乡村民宿、森林人家和康养基地。

五是培育乡村新型服务业。支持供销、邮政、农业服务公司、农民合作社等开展农资供应、土地托管、代耕代种、统防统治、烘干收储等农

业生产性服务业。改造农村传统小商业、小门店、小集市等，发展批发零售、养老托幼、环境卫生等农村生活性服务业。

六是发展乡村信息产业。深入推进“互联网+”现代农业，加快重要农产品全产业链大数据建设，加强国家数字农业农村系统建设。全面推进信息进村入户，实施“互联网+”农产品出村进城工程。推动农村电子商务公共服务中心和快递物流园区发展。

2. 优化乡村产业空间结构

一是要强化县域统筹。在县域内统筹考虑城乡产业发展，合理规划乡村产业布局，形成县城、中心镇（乡）、中心村层级分工明显、功能有机衔接的格局。

二是要推进镇域产业聚集。发挥镇（乡）上连县、下连村的纽带作用，支持有条件的地方建设以镇（乡）所在地为中心的产业集群。

三是要促进镇村联动发展。引导农业企业与农民合作社、农户联合建设原料基地、加工车间等，实现加工在镇、基地在村、增收在户。

3. 增强乡村产业融合发展和产业聚合力

一是要培育多元融合主体。鼓励发展农业产业化龙头企业带动、农民合作社和家庭农场跟进、小农户参与的农业产业化联合体。支持发展县域范围内产业关联度高、辐射带动力强、多种主体参与的融合模式。

二是要发展多类型融合业态。跨界配置农业和现代产业要素，促进产业深度交叉融合，形成“农业+”多业态发展态势。

三是要打造产业融合载体。立足县域资源禀赋，突出主导产业，建设一批现代农业产业园和农业产业强镇，创建一批农村产业融合发展示范园，形成多主体参与、多要素聚集、多业态发展格局。

四是要构建利益联结机制。引导农业企业与小农户建立契约型、分红型、股权型等合作方式，把利益分配重点向产业链上游倾斜，促进农民持续增收。

4. 质量兴农绿色兴农增强乡村产业持续增长力

一是要健全绿色质量标准体系。实施国家质量兴农战略规划，制、修订农业投入品、农产品加工业、农村新业态等方面的国家和行业标准，建立统一的绿色农产品市场准入标准。积极参与国际标准制、修订，推进农产品认证结果互认。

二是要大力推进标准化生产。引导各类农业经营主体建设标准化生产基地，在国家农产品质量安全县整县推进全程标准化生产。

三是要培育提升农业品牌。实施农业品牌提升行动，建立农业品牌目录制度，加强农产品地理标志管理和农业品牌保护。

四是要强化资源保护利用。大力发展节地节能节水等资源节约型产业，建设农业绿色发展先行区。

5. 增强乡村产业创新发展新动能

一是要强化科技创新引领。大力培育乡村产业创新主体。建设国家农业高新技术产业示范区和国家农业科技园区。建立产学研用协同创新机制，联合攻克一批农业领域关键技术。

二是要促进农村创新创业。实施乡村就业创业促进行动，引导农民工、大中专毕业生、退役军人、科技人员等返乡入乡人员和“田秀才”“土专家”“乡创客”创新创业。

6. 优化乡村产业发展政策环境

一是要健全财政投入机制。加强一般公共预算投入保障，提高土地出让收入用于农业农村的比例，支持乡村产业振兴。

二是要创新乡村金融服务。引导县域金融机构将吸收的存款主要用于当地，重点支持乡村产业。支持小微企业融资优惠政策适用于乡村产业和农村创新创业。

三是要有序引导工商资本下乡。坚持互惠互利，优化营商环境，引导工商资本到乡村投资兴办农民参与度高、受益面广的乡村产业，支持发展适合规模化集约化经营的种养业。

四是要完善用地保障政策。耕地占补平衡以县域自行平衡为主，在安排土地利用年度计划时，加大对乡村产业发展用地的倾斜支持力度。

（二）人才振兴战略要点

习近平总书记强调，乡村振兴，人才是关键。人才是经济社会发展的第一资源，是生产力中决定物的生产的能动因素，是乡村振兴中最关键、最积极、最活跃的因素。全面推进乡村振兴，必须打造一支强大的乡村振兴人才队伍，为乡村振兴提供关键支撑。人的全面发展是共同富裕目标实现的重要保障。因此，人才振兴是共同富裕进程中的重要一环。

1. 加快培养农业生产经营人才

一是培养高素质农民队伍。深入实施现代农民培育计划，重点面向从事适度规模经营的农民，分层分类开展全产业链培训，加强训后技术指导和跟踪服务，支持创办领办新型农业经营主体。

二是突出抓好家庭农场经营者、农民合作社带头人培育。深入推进家庭农场经营者培养，完善项目支持、生产指导、质量管理、对接市场等服务。建立农民合作社带头人人才库，加强对农民合作社骨干的培训。

2. 加快培养农村二、三产业发展人才

一是要培育农村创业创新带头人。深入实施农村创业创新带头人培育行动，不断改善农村创业创新生态，加快建设农村创业创新孵化实训基地，组建农村创业创新导师队伍。

二是要加强农村电商人才培育。依托全国电子商务公共服务平台，加快建立农村电商人才培养载体及师资、标准、认证体系，开展线上线下相结合的多层次人才培育体系。

三是要培育乡村工匠。挖掘培养乡村手工业者、传统艺人，通过设立名师工作室、大师传习所等，传承发展传统技艺。

四是要打造农民工劳务输出品牌。实施劳务输出品牌计划，围绕地方特色劳务群体，建立技能培训体系和评价体系，提高劳务输出的组织化、专业化、标准化水平，培育一批叫得响的农民工劳务输出品牌。

3. 加快培养乡村公共服务人才

一是加强乡村教师队伍建设。落实城乡统一的中小学教职工编制标准。继续实施革命老区、民族地区、边疆地区人才支持计划、教师专项计划和银龄讲学计划。加大乡村骨干教师培养力度，精准培养本土化优秀教师。改革完善“国培计划”，深入推进“互联网 + 义务教育”，健全乡村教师发展体系。

二是加强乡村卫生健康人才队伍建设。对于乡村卫生健康人才在编制上、招考条件上给予照顾，逐步提高其各项补贴待遇，多途径培养培训乡村卫生健康工作队伍，改善乡村卫生服务和治理水平。

三是加强乡村文化旅游体育人才队伍建设。推动文化旅游体育人才下乡服务，重点向革命老区、民族地区、边疆地区倾斜。完善文化和旅游、广播电视、网络视听等专业人才扶持政策。

4. 加快培养乡村治理人才

一是加强乡镇党政人才队伍建设。选优配强乡镇领导班子特别是乡镇党委书记，健全从乡镇事业人员、优秀村党组织书记、到村任职过的选调生、驻村第一书记、驻村工作队员中选拔乡镇领导干部常态化机制。

二是推动村党组织带头人队伍整体优化提升。坚持把政治标准放在首位，选拔思想政治素质好、道德品行好、带富能力强、协调能力强，公道正派、廉洁自律，热心为群众服务的党员担任村党组织书记。

三是加强农村社会工作人才队伍建设。加快推动乡镇社会工作服务站建设，加大政府购买服务力度，吸引社会工作人才提供专业服务，大力培育社会工作服务类社会组织。

四是积极引进数字化治理人才。深入实施数字治理人才教育培养计划，采取与定点高校联合培养、提供政策优惠等多种措施引进数字治理人才。

5. 加快培养农业农村科技人才

一是要培养农业农村高科技领军人才。国家重大人才工程、人才专项优先支持农业农村领域，推进农业农村科研杰出人才培养，鼓励各地实施农业农村领域“引才计划”，加快培育一批高科技领军人才和团队。

二是要培养农业农村科技创新人才。依托现代农业产业技术体系、农业科技创新联盟、现代农业产业科技创新中心等平台，发现人才、培育人才、凝聚人才。加强农业企业科技人才培养。

三是要完善科技特派员工作机制。拓宽科技特派员来源渠道，逐步实现各级科技特派员科技服务和创业带动全覆盖。

6. 建立健全乡村人才振兴体制机制

一是健全农村工作干部培养锻炼制度。完善县级以上机关年轻干部在农村基层培养锻炼机制，有计划地选派县级以上机关有发展潜力的年轻干部到乡镇任职、挂职，多渠道选派优秀干部到农村干事创业。

二是建立县域专业人才统筹使用制度。积极开展统筹使用基层各类编制资源试点，探索赋予乡镇更加灵活的用人自主权，鼓励从上往下跨层级调剂行政事业编制，推动资源服务管理向基层倾斜。

三是建立健全乡村人才分级分类评价体系。坚持“把论文写在大地上”，完善农业农村领域高级职称评审申报条件，探索推行技术标准，专题报告、发展规划、技术方案、试验报告等视同发表论文的评审方式。

四是提高乡村人才服务保障能力。完善乡村人才认定标准，做好乡村人才分类统计，加强乡村人才工作信息化建设，建立健全县乡村三级乡村人才管理网络。

（三）文化振兴战略要点

习近平总书记强调，乡风文明是乡村振兴的紧迫任务。乡村振兴不仅要发展壮大产业，提升经济水平，夯实物质基础，而且要改善优化乡村风气，提升乡村思想道德和精神文明水平，推进乡村文化振兴。精神的丰富是共同富裕实现的表现之一。因此，文化振兴是实现共同富裕目标的应有之义。

1. 加强新时代农村社会主义精神文明建设

一是深入开展面向乡村的理论宣传。深入开展“百姓宣讲”活动，通过新时代文明实践中心、农民夜校等渠道，采取群众喜闻乐见的形式，运用群众听得懂、听得进的语言，组织农民群众学习习近平新时代中国特色社会主义思想。

二是深入开展“听党话、感党恩、跟党走”宣讲活动。要结合本地实际，落实工作责任，推动宣讲活动往深里走、往实里走、往心里走，有效提升活动参与度和影响力，展示“三农”领域的巨大成就，激励广大农民朋友满怀信心奋进新征程、建设现代化。

三是推动社会主义核心价值观落细落小落实。坚持教育引导、实践养成、制度保障三管齐下，推动农民朋友践行社会主义核心价值观。推动把核心价值观融入文明公约、村规民约、家规家训。

四是健全道德实施监督和奖惩机制。注重运用舆论和道德力量促进村规民约有效实施，对违背村规民约的，在符合法律法规前提下运用自治组织的方式进行合情合理的规劝、约束。

五是持续推进农村移风易俗加强村规民约建设。依靠群众因地制宜制定村规民约，对红白喜事采取约束性措施，提倡把喜事新办、丧事简办、弘扬孝道、尊老爱幼、扶残助残、和谐敦睦等内容纳入村规民约。

六是强化法律法规约束。要加强《民法典》等相关法律的宣传推广和执法工作。对孝道式微等现象要加强批评教育，对不赡养、虐待父母等行为要加大惩处力度。基层司法执法部门要对利用婚丧嫁娶敛财等违法犯罪行为进行重点整治。

2. 促进乡村公共文化服务高质量发展

一是普遍建成乡村综合性文化服务中心。要充分利用乡村闲置的办公室、校舍等推动乡村综合性公共文化设施和场所全覆盖。

二是要加强文体广场建设。与乡村综合性文化设施相配套，按照人口规模和服务半径，建设选址恰当、与地域条件相协调的文体广场，满足农民群众对文体小广场日益旺盛的需求。

三是改革创新乡村文化设施运行机制。推动基层公共文化设施资源共建共享，统筹公共文化设施网络和重点文化惠民工程，整合宣传文化、党员教育、科普普法、体育健身等资源，建设乡村综合文化服务设施。

四是繁荣农村题材文艺创作。加强农村题材文艺创作的规划和扶持，组织动员作家艺术家开展农村题材文艺创作生产，推出一批具有浓郁乡村特色、充满正能量、深受农民欢迎的农村题材文艺作品。

五是创新服务方式和手段。畅通群众文化需求反馈渠道，根据服务目录科学设置“菜单”，采取“订单”服务方式，实现供需有效对接。为老年人、未成年人、残疾人、农民工和农村留守妇女儿童等群体提供有针对性的文化服务，推出一批特色服务项目。

六是组织引导群众文体活动。支持群众自办文化，依托基层综合性文化服务中心，兴办读书社、书画社、乡村文艺俱乐部，组建演出团体、民间文艺社团、健身团队以及个体放映队等。

七是推进乡村公共文化网络载体建设。依据农村实际情况，统筹建设简便易用、高效快捷、资源充足、服务规范的乡村文化网络载体。推进乡村数字图书馆、乡村远程教育中心、乡村网络服务中心、乡村旅游网上展馆、乡村文化网上展馆等基层公共文化网络基础设施。

3. 传承发展优秀农耕文化

一是强化农耕遗产保护和利用加强重要农业遗产保护。建立农业文化遗产保护专项，对已认定的全球和中国重要农业文化遗产给予重点支持，鼓励遗产地充分依托生态、文化与景观资源，发展品牌农业、休闲农业等多功能农业。

二是促进农耕文化社会普及教育。继续开展农耕文化遗产进校园等活动。支持各地将传统工艺纳入高校人文素质课程和中小学相关教育教学活动，支持大中小学校组织开展体现地域特色、民族特色的传统工艺体验和比赛，提高青少年的动手能力和创造能力，加深对传统文化的认知。

三是加强传统村落保护。划定乡村建设的历史文化保护线。坚持保护传承与开发利用相结合，坚持保护优先的理念，保护好文物古迹、传统村落、民族村寨、传统建筑，防止过度开发和破坏性开发，合理控制商业开发。

四是发展传统工艺、文化创意等产业。加强传统工艺相关学科专业建设和理论、技术研究。鼓励传统工艺从业者在自己的作品或产品上署名或使用手作标识，鼓励传统工艺企业和从业者合理运用知识产权制度，注册产品商标。

五是打造一批特色文化产业乡镇、文化产业特色村和文化产业群。坚持规划引导、典型示范，有计划地建设特色鲜明、优势突出的农业文化展示区、文化产业特色村落，发展乡村特色文化体育产业，推动乡村地区传统工艺振兴，积极推动智慧广电乡村建设，活跃繁荣农村文化市场。

（四）生态振兴战略要点

习近平总书记强调，要以绿色发展引领生态振兴，让良好生态成为乡村振兴的支撑点。乡村振兴不仅要发展壮大乡村产业，而且要保护和改善生态环境，坚持人与自然和谐共生，走乡村绿色发展之路。人们对美好生活的需要也包括对美好生态环境的需要。因此，生态振兴是实现共同富裕目标的重要方面。

1. 加强乡村生态保护和修复

一是推进重要生态系统保护和修复重大工程。统筹山水林田湖草沙系统治理，优化生态安全屏障体系；大力实施大规模国土绿化行动；稳定扩大退牧还草实施范围；保护和恢复乡村河湖、湿地生态系统。

二是加快构建乡村生态环境保护制度体系。完善天然林和公益林保护制度；完善草原生态监管和定期调查制度；完善荒漠生态保护制度；全面推行河长制、湖长制；推进河湖饮用水水源保护区划定和立界工作；严格落实自然保护区、风景名胜区、地质遗迹等各类保护地保护制度。

三是健全生态保护补偿机制。加大重点生态功能区转移支付力度；完善重点领域生态保护补偿机制；推动市场化、多元化生态补偿。

2. 强化农业环境污染整治

一是建立耕地轮作休耕制度。推动用地与养地相结合，集成推广绿色生产、综合治理的技术模式，在确保国家粮食安全和农民收入稳定增长的前提下，对土壤污染严重、区域生态功能退化、可利用水资源匮乏等不宜连续耕作的农田实行轮作休耕。

二是建立工业和城镇污染向农业转移防控机制。制定农田污染控制标准，建立监测体系，严格工业和城镇污染物处理和达标排放，依法禁止未经处理达标的工业和城镇污染物进入农田、养殖水域等农业区域。

三是健全农业投入品减量使用制度。继续实施化肥农药使用量零增长行动，推广有机肥替代化肥、测土配方施肥，强化病虫害统防统治和全程绿色防控。

四是完善秸秆和畜禽粪污等资源化利用制度。严格依法落实秸秆禁烧制度，整县推进秸秆全量化综合利用，优先开展就地还田。

五是完善废旧地膜和包装废弃物等回收处理制度。加快出台新的地膜标准，依法强制生产、销售和使用符合标准的加厚地膜，以县为单位开展地膜使用全回收、消除土壤残留等试验试点。

3. 高质量推进农村“厕所革命”

一是要合理选择改厕标准和模式。加快完善农村卫生厕所技术标准和相关规范。结合当地农村实际，鼓励厕所粪污就地资源化利用，统筹考虑改厕和污水处理设施建设，制定技术标准和改厕模式，编写技术规范，指导科学合理建设。

二是要整村推进，开展示范建设。要总结推广一批适宜不同地区、不同类型、不同水平的农村改厕典型范例。鼓励和支持整村推进农村“厕所革命”示范建设，坚持“整村推进、分类示范、自愿申报、先建后验、以奖代补”的原则，有序推进，树立一批农村卫生厕所建设示范县、示范村，分阶段、分批次滚动推进，以点带面、积累经验、形成规范。

三是要强化技术支撑，严格质量把关。鼓励企业、科研院校研发适合农村实际、经济实惠、老百姓乐见乐用的卫生厕所新技术、新产品。在厕所建设材料、无害化处理、除臭杀菌、智能管理、粪污回收利用等技术方面，加大科技攻关力度。

四是要完善建设管护运行机制。坚持建管并重，充分发挥村级组织和农民主体作用，鼓励采取政府购买服务等方式，建立政府引导与市场运作相结合的后续管护机制。

4. 持续改善农村人居环境

一是要持续推进农村生活垃圾治理。统筹考虑生活垃圾和农业生产废弃物利用、处理，建立健全符合农村实际、方式多样的生活垃圾收运处置体系。

二是要持续开展厕所粪污治理。东部地区、中西部城市近郊区以及其他环境容量较小地区的村庄，加快推进户用卫生厕所建设和改造，同步实施厕所粪污治理。其他地区要按照群众接受、经济适用、维护方便、不污染公共水体的要求，普及不同水平的卫生厕所。

三是要持续推进农村生活污水治理。根据农村不同区位条件、村庄人口聚集程度、污水产生规模，因地制宜采用污染治理与资源利用相结合、工程措施与生态措施相结合、集中与分散相结合的建设模式和处理工艺。

四是要持续提升村容村貌。加快推进通村组道路、入户道路建设，基本解决村内道路泥泞、村民出行不便等问题。充分利用本地资源，因地制宜选择路面材料。整治公共空间和庭院环境，消除私搭乱建、乱堆乱放。

（五）组织振兴战略要点

习近平总书记强调，农村工作千头万绪，抓好农村基层党组织建设是关键。全面推进乡村振兴，必须健全以村党组织为领导、村民自治组织和村务监督组织为基础、集体经济组织和农民合作组织为纽带、其他经济社会组织为补充的乡村组织体系。组织振兴是产业发展、生态保护、文化繁荣、人才兴盛和实现共同富裕目标的重要保障。

1. 抓实建强村级党组织

一是继续扩大党组织在乡村的组织覆盖和工作覆盖。扩大党组织在乡村的组织覆盖和工作覆盖，既要延续围绕以行政村为基本单元的治理架构来设置党组织，也要适应农村改革发展新变化及时跟进建立党组织，实现对农村各领域的组织覆盖和工作覆盖。

二是完善村党组织领导村级组织的机制。科学完善好制度、执行好制度，把党组织有效镶嵌入村级各类组织，把党的组织体系和工作触角延伸到农村经济社会发展各个领域、各个环节、各个角落，牢牢把握乡村振兴的政治方向。

三是健全村级重要事项、重大问题由村党组织研究讨论机制。全面落实“四议两公开”，即村党组织提议、村“两委”会议商议、党员大会审议、村民会议或者村民代表会议决议，决议公开、实施结果公开。

2. 强化村民自治组织功能

一是健全村民会议和村民代表会议制度。村级所有重大事项均通过村民会议或者村民代表会议集体决定，定期召开村民会议和村民代表会议。

二是全面实施村级事务阳光工程。完善党务、村务、财务“三公开”制度，实现公开经常化、制度化和规范化。

三是创新村民自治的有效形式。以地区自然地理和经济社会条件为基础，继续探索建构多层次多类型的村民自治实现形式体系。

四是构建多层次的基层协商格局。健全村级议事协商制度，形成民事民议、民事民办、民事民管的多层次基层协商格局，让农民自己“说事、议事、主事”。

3. 建立健全新型农村集体经济组织

一是推进经营性资产股份合作制改革。要在有经营性资产的村镇，特别是城中村、城郊村和经济发达村开展经营性资产股份合作制改革，建立起符合市场经济要求的集体经济运行新机制。

二是加强农村集体资产财务管理。推动农村集体资产财务管理制度化、规范化、信息化。

三是维护农村集体经济组织合法权利。严格保护集体资产所有权，防止被虚置。在农村土地征收、集体经营性建设用地入市和宅基地制度改革试点中，探索正确处理国家、集体、农民三者利益分配关系的有效办法。

4. 推进农民合作社质量提升

一是增强农民合作社服务带动能力。支持农民合作社加强农资供应、技术服务、仓储保鲜和冷链物流、产地初加工、产品销售等关键环节能力建设，延伸农业产业链条，拓展服务领域，提高服务成员能力。

二是提升农民合作社规范管理水平。农民合作社要完善章程制度，健全组织机构，加强财务管理，合理分配收益。

三是发挥政策对农民合作社发展引导作用。要进一步加大对农民合作社财政支持力度、金融扶持力度、保险保障力度和人才支撑力度。

5. 大力培育乡村社会组织

一是支持社会组织提供公共服务。结合政府职能转变和行政审批改革，将政府部门不宜行使、适合市场和社会提供的事务性管理工作及公共服务，通过竞争性方式交由社会组织承担。

二是加强对社会组织活动的管理。各级政府及有关部门要按照职能分工加强对社会组织内部治理、业务活动、对外交往的管理。

三是支持社会组织结合农村实际开展活动。引导社区社会组织在城乡基层党组织领导、基层群众性自治组织指导下，以“邻里守望”等为主题，开展有特色、有实效的主题志愿服务活动。

6. 建设服务型乡镇政权组织

一是强化乡镇政府服务功能加快转变乡镇政府职能。着力强化公共服务职能，推动管理和服务力量下沉，引导基层党组织强化政治功能，聚焦主责主业，推动街道（乡镇）党（工）委把工作重心转移到基层党组织建设和公共服务、公共管理上。

二是科学设置机构。构建简约高效的基层管理体制，科学设置乡镇机构，面向服务人民群众合理设置基层政权机构、调配人力资源，不简单照搬上级机关设置模式。

三是健全农村基层服务体系构建县乡村一体化公共服务体系。适应农村人口结构和经济社会形态的变化，强化农村公共服务供给县乡村统筹。要加快推动形成县域统筹规划布局、县乡村功能衔接互补的公共服务体系，提升城乡公共服务均等化水平。

7. 强化农村基层数字治理

一是加大资金投入，强化农村基层数字化基础设施建设。有效利用财政补贴、多渠道引进资金，支持农村基层数字治理需要使用光纤宽带、移动网络、数字电视等基础设施建设。

二是构建农村基层数字治理的现代化理念，提升数字化治理水平。针对农村基层数字治理中存在的“防护栏”等问题，治理主体要优化数据采集、规范数据标准、构建统一平台。

三是加强农村基层干部培训，提高其数字治理能力。对基层干部进行有计划的专业数字知识培训，特别是信息技术的理论知识和应用技能培训，从而推动其数字治理能力和水平的不断增强。

第七章　共同富裕目标下城乡融合机制与战略举措

要实现共同富裕，就要消除城乡差距，这就要推进城乡融合。城乡关系一直是中国经济建设和改革转型的核心问题，新中国成立初期，建立城乡二元发展体制；改革开放后，城乡二元体制开启破冰之旅；党的十六大提出统筹城乡发展，十七大提出城乡发展一体化，十九大提出城乡融合发展。在经济发展由高速发展迈入高质量发展阶段以后，环境、文化、社会等维度的发展权重不断提高，发展观转变为：以人为本，追求人类发展，防止贫富分化，这就需要实现城乡平衡发展。2017 年 10 月，党的十九大报告做出了建立健全城乡融合发展体制机制和政策体系的重要部署，提出："要坚持农业农村优先发展，按照产业兴旺、生态宜居、乡风文明、治理有效、生活富裕的总要求，建立健全城乡融合发展体制机制和政策体系，加快推进农业农村现代化。"2019 年 5 月 5 日，中共中央、国务院发布了《关于建立健全城乡融合发展体制机制和政策体系的意见》，提出城乡融合的三步走战略和五项重点任务等具体部署。城乡融合是新型城镇化和乡村振兴的"双轮驱动"，城乡融合最关键的基础和背景就是打赢了脱贫攻坚战，农村生产生活条件的提升为促进城乡平衡发展奠定了基础。

一、共同富裕目标下城乡差距评价

城乡融合的核心目标是通过工农互促实现共同富裕，其关键是达到资源要素在城乡间最优化配置。但是应当看到，收入差距的存在是不可避免的规律，经济发展中资源要素的流动是因为存在区域之间的不平衡和供需非均衡使得资本、技术和人才在流动中达到优化配置效率的提升。城乡发展差距问题是实现共同富裕的重大挑战。坚持走全体人民共同富裕之路，就必须有效解决城乡差距问题，补齐城乡资源与服务的诸多“短板”。

（一）城乡收入差距较大

改革开放至今，城乡收入差距并未显著缩小。城乡居民收入比在 1978 年为 1∶2.56，到 1984 年一度缩小到 1∶1.74，但 2020 年仍为 1∶2.56，与 42 年前相比并未缩小，且收入差距绝对值进一步拉大，令人担忧。虽然，过去十多年中城乡居民收入差距有所缩小，但基尼系数仍大于 0.4，有研究表明至少一半的贡献来自城乡收入差距。从 2020 年全国城乡居民年人均可支配收入看，城镇居民为 43834 元，农村居民为 17131 元，与 2019 年的城乡收入比值 1∶2.64 相比，确实有所改善，但这主要是由于新冠疫情对城镇居民影响更大的原因。

（二）基本公共服务不均等

我国城乡居民享受的公共服务不均等问题比收入差距的问题更加突出，尤其是在医疗、养老等方面。首先，我国已经建立涵盖农村人口的城乡居民医疗和养老体系，但是在农村医疗和养老上仍然存在不足。在医疗方面，城乡医保制度整合后，城乡居民医保报销门槛、报销比例、报销限额基本统一，但 2020 年，城镇居民人均可支配收入是农村居民的 2.56 倍，农村居民的治病压力依然远远大于城镇居民；虽然我国跨省异地就医体系相当健全，但也存在备案手续烦琐、农民工异地就医意识不强等问题。在养老方面，城乡间依然存在发展不平衡问题。据第七次全国人口普查数据显示，我国乡村 60 岁及以上老年人的比重为 23.81%，比城镇高出 7.99 个百分点，老龄化城乡倒置。农村在财政投入、设施配置、人才储备、服务水平等诸方面滞后于城市地区，在老龄化程度不断加深、老龄化城乡倒置的背景下，城乡养老融合是乡村振兴实施过程中亟须重点关注的问题，也是实现共同富裕必须要攻克的难关。其次，进城务工农民工与城镇居民在基本公共服务方面的差距也比较大。城市常住人口城镇化率和户籍人口城镇化率的差距有 18.5 个百分点，也就是 2.6 亿人，而这 2.6 亿人大部分都是农民工，由于未获得城镇户口，农民工无法享受到与户籍人口均等的基本公共服务，包括子女教育、社保、低保等方面仍未得到充分覆盖。

（三）城乡基础设施差距依然很大

乡村基础设施和公共资源的薄弱不仅阻碍城乡融合的进一步发展，而且无法为乡村振兴战略的推进提供良好的基础。虽然在脱贫攻坚时期，“三保障”（住房、教育、医疗）问题已经得到全面解决，但是从质量的角度来看，这些方面与城市仍然有很大的差距，随着乡村振兴战略的进行，这对乡村提出了更高的要求。同时，一些农户可能存在返贫风险，这对于乡村的发展是极为不利的。除此之外，公共资源方面如污水处理系统、电力供应、网络信号、农村非主干道的建设等，目前大部分农村建设的质量还不高，难以为城乡融合提供互通的良好基础，这在一定程度上阻碍城乡融合的发展。

（四）县城和村庄公共设施建设投入差距较大

2019 年全国县城和村庄公共设施人均投入差距为 1780.95 元，有 17 个省份高于平均值。其中，最小的为广东和辽宁，分别为 –84.12 元和 –63.2 元；有 12 个省份高于全国平均值，最高的三个地区为江西、福建和重庆。从分布趋势来看，县城公共设施存在对村庄建设的挤占效应，县城公共设施建设人均投入多的省份，县城与村庄间的投入差距更大。在农村的投入并未缩小县城与村庄的投入差距。

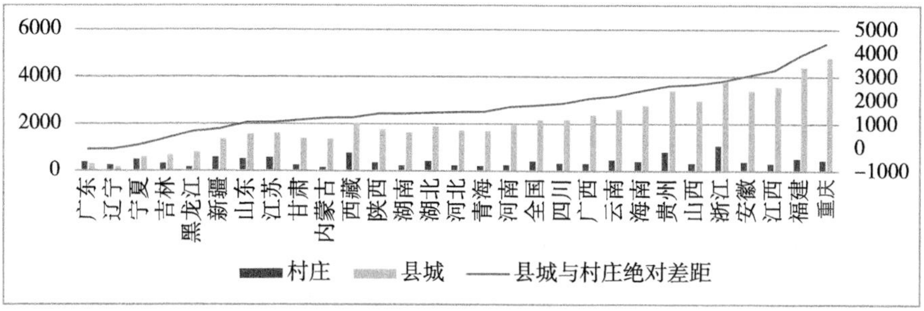

图 7-1 2019 年各省县城与村庄户籍人口公共设施人均投入

数据来源：《中国城乡建设统计年鉴》，经过作者整理加工。

二、共同富裕目标下城乡融合趋势

改革开放以来，中国现代化发展创造了辉煌的历史，中国经历了前所未有的经济社会变革和贫困削减。1978—2020 年中国实现了经济社会快速发展，人均 GDP 从 385 元增长到 72000 元，实现了由低收入国家向中等偏上收入国家的历史性跨越；城镇居民人均纯收入从 343 元增长到 43834 元，农村居民人均纯收入从 134 元增长到 17131 元，人民生活水平实现了飞跃式的提升。尤其是党的十八大以来，党中央决策部署精准扶贫精准脱贫工作，实现了近一亿农村贫困人口脱贫，有效弥补了长期以来“城市偏向”政策造成的农村发展短板问题。

（一）城乡居民消费结构正在逐步优化

恩格尔系数通常是指居民家庭中食物支出占消费总支出的比重，能够较好地度量居民消费结构，国际上常常用恩格尔系数来衡量一个国家和地区人民生活水平的状况：即一个国家或家庭生活越贫困，恩格尔系数就越大；生活越富裕，恩格尔系数就越小。2000 年以前，我国农村恩格尔系数为 49.1，城镇恩格尔系数为 39.4，可以看出当时城乡居民大部分支出用于食品消费，而且农村地区的食品消费占比更高。在这种消费结构下，能够促进城乡融合的农民在交通、通信、教育等方面的消费支出非常有限，一定程度上限制了农民向城市的流动，工业化文明流入乡村的渠道也非常有限。随着城乡居民收入的提升，城乡恩格尔系数呈逐年下降趋势，至2020年，农村恩格尔系数为32.7，城镇恩格尔系数为29.2。可以看出，虽然农村居民收入低于城镇，但城乡居民消费结构基本趋同，消费升级趋势明显，交通、通信等非食品支出提高，为城乡融合奠定了基础。

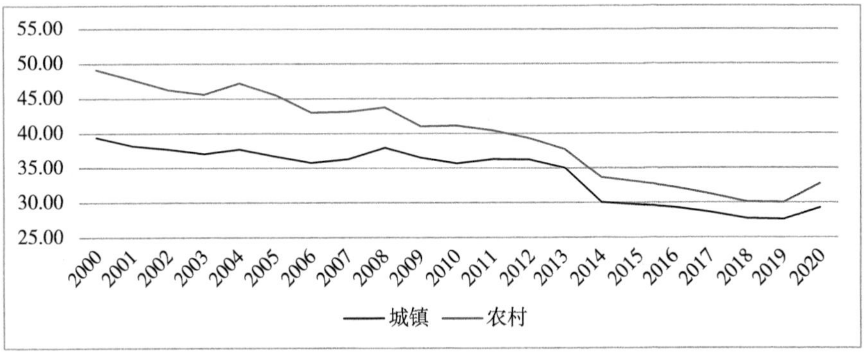

图7-2　2000—2020年城乡恩格尔系数

（二）脱贫地区生产生活条件得到有效改善

一是贫困地区农村人均可支配收入快速增长。脱贫攻坚以来，贫困地区农村人均可支配收入在快速追赶城镇居民，2015年全国城镇居民人均收入是贫困地区农村人均收入的4.08倍，到2020年缩减为3.48倍（见表7-1）。尤其是2020年，脱贫地区农村居民人均支配收入增长8.8%，是全国城镇居民收入增速的2.5倍。

二是脱贫地区联通城乡基础设施显著改善。出行难、通信难，是长期以来制约贫困地区城乡融合的瓶颈，疏通道路、网络成为城乡融合发展的关键。贫困地区以四好农村路为牵引，积极推进外通内联、通村畅乡、客车到村、安全便捷的交通运输网络。截至2020年底，全国贫困地区新改建公路 110 万公里、新增铁路里程 3.5 万公里，通硬化路、通信号覆盖、通宽带互联网的行政村比例为 99.6%、99.9%、99.6%。同时，贫困地区农村居民人均交通通信支出由 2019 年的 1200 元提高至 2020 年的 1261 元。基础设施的极大改善，畅通了脱贫地区与外界的人流、物流、知识流、信息流，为脱贫地区城乡融合提供了有力的硬件支撑。

表 7–1　脱贫地区农村居民与全国城镇居民人均可支配收入

	贫困地区农村居民人均可支配收入（元）	名义增速（%）	全国城镇居民人均可支配收入（元）	名义增速（%）
2015	7653	11.7	31195.0	8.2
2016	8452	10.4	33616.0	7.8
2017	9377	10.5	36396.0	8.3
2018	10371	10.6	39251.0	7.8
2019	11567	11.5	42359.0	7.9
2020	12588	8.8	43834.0	3.5

三是脱贫地区公共服务均等化有所提升。脱贫攻坚以来，贫困地区农村教育、医疗、文化、社会保障等基本公共服务水平得到有效提升，实现贫困人口学有所教、病有所医、老有所养、弱有所扶。2013 年以来，累计改造贫困地区义务教育薄弱学校 10.8 万所，实现贫困地区适龄儿童都能在所在村上幼儿园和小学。截至 2020 年底，中西部 22 个省份基层文化中心建设完成比例达 99.48%，基本实现村级文化设施全覆盖。贫困地区医疗条件显著改善，98% 的贫困县至少有一所二级以上医院。综合保障体系逐步健全，贫困县农村低保标准全部超过国家扶贫标准，1936 万贫困人口纳入农村低保或特困救助供养政策；6098 万贫困人口参加了城乡居民基本养老保险，基本实现应保尽保。

四是脱贫地区城乡要素流动更加自由。2020 年 1 月 9 日人力资源社会保障部等发布《关于进一步推动返乡入乡创业工作的意见》，推动返乡入乡创业工作，以创新带动创业，以创业带动就业，促进农村一、二、三产业融合发展。2020年，全国各类返乡入乡创业创新人员达到1010万人，比2019年增加160万人，同比增长19%，返乡入乡创业项目中，55%运用信息技术，85%以上属于一、二、三产业融合类型。2020年，中央农办、农业农村部会同多部门印发《关于扩大农业农村有效投资加快补上“三农”领域突出短板的意见》和《社会资本投资农业农村指引》，指导发挥财政政策、产业政策的引导带动功能，不断调动强化社会资本投资农业农村的积极性、主动性。

（三）南北差距削弱了城乡融合基础

一方面，我国城镇化率呈现“东高中次西低”的结构性特征。全国有13个省市城镇化率超过全国平均水平，其中，东部省份上海、北京、天津、广东、江苏、浙江城镇化率超70%。上海城镇化率最高，达88.10%；北京第二，城镇化率为86.60%；天津以83.48%的城镇化率排名第三。西部省份贵州、云南、甘肃、西藏城镇化率不足50%。城镇化率最高的10个省份中有8个在东部，西部只有重庆和内蒙古两个省份进入前十。城镇化率最低的10个省份中，有8个在西部，另外2个为中部的安徽和河南。中间的11个省份中，有6个在中部，3个在东部，2个在西部。整体上看，我国城镇化呈现出“东高中次西低”的区域结构性特征，这一特征与我国三个地理梯度和经济发展程度基本一致。

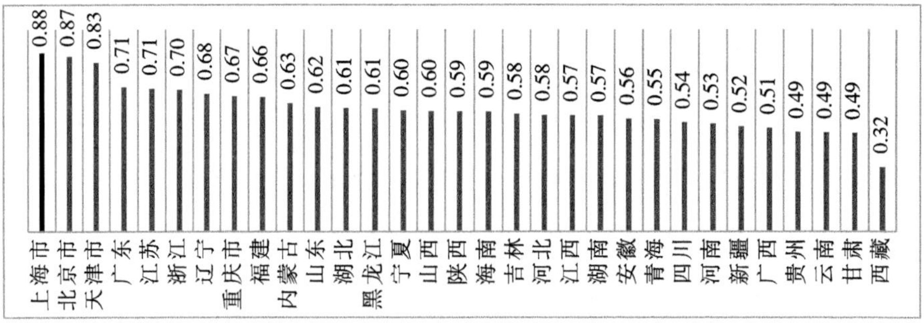

图7-3　2019年各省人口常住人口城镇化率

数据来源：作者收集整理。

另一方面，近几年来，南北差距成为制约城乡融合发展的重要因素。2013 年以前，我国南北差距不大，而且较为稳定。南方与北方 GDP 之比为 57:42 左右。自 2013 年以来，南方 GDP 占比快速增长，至 2020 年南北 GDP 之比扩大至 64:36 左右，南北差距正在不断加速分化。

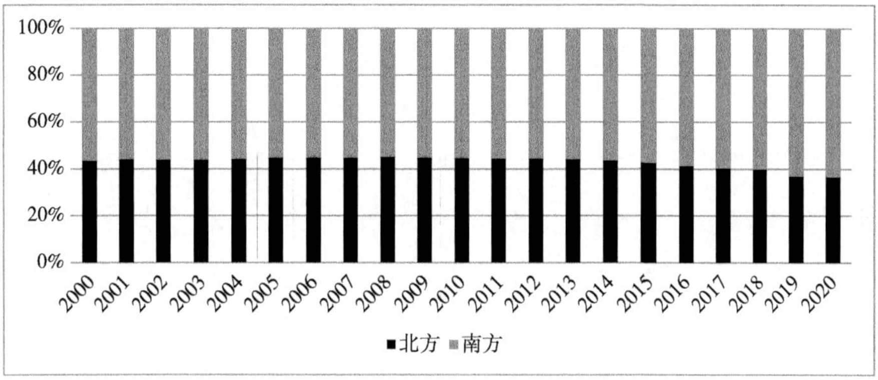

图 7–4　2000—2020 年南北 GDP 份额

注：南方、北方划分以秦岭—淮河线为界，北方包括东北（辽宁、吉林、黑龙江）、华北（北京、天津、河北、山西、内蒙古）、西北（陕西、宁夏、青海、新疆）以及华北地区的山东、中南地区的河南等 15 个省（市、自治区），南方包括华东、中南和西南地区的 16 个省（市、自治区）

数据说明：中国国家统计局，作者整理。

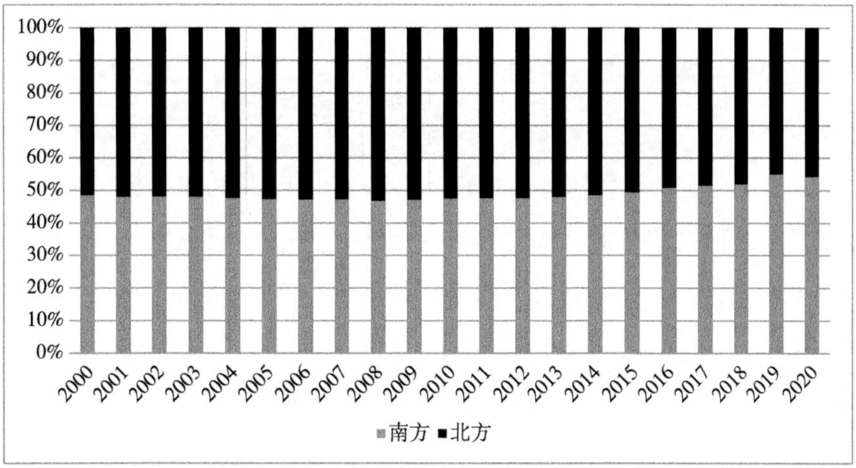

图 7–5　2000—2020 年南北人均 GDP 占比

同时，从人均 GDP 来看，2013 年也是一个南北分化的分水岭。此前南北人均 GDP 差距稳定在 48:52 左右。自 2013 年始，南北人均 GDP 之比快速增加，2015 年南方人均 GDP 超过北方人均 GDP。至 2020 年南北人均 GDP 之比反转至 54:46 左右。

三、共同富裕目标下城乡融合机制

21 世纪，城乡工农关系发生了重大转折。在中国，城乡关系经历了城乡统筹、城乡一体化到城乡融合的三次转折和递进。2002 年党的十六大报告首次提出要统筹城乡经济社会发展。2008 年中央“一号文件”提出“形成城乡经济社会发展一体化新格局”，“探索建立促进城乡一体化发展的体制机制”。2008 年 10 月《中共中央关于推进农村改革发展若干重大问题的决定》进一步提出，“把加快形成城乡经济社会发展一体化新格局作为根本要求”，“建立促进城乡经济社会发展一体化制度”。党的十九大报告首次提出要“建立健全城乡融合发展体制机制和政策体系”。

国际上对于城乡关系也给予了重点关注，2008 年世界银行发展报告主题为“以农业促发展”，从本报告全文来看，此时世界银行还将农业作为工业发展的基础。本报告将国家分为三类：传统农业国、转型中国家和已经城市化国家，在传统农业国，农业是增长的主要源泉，对国内生产总值增长的贡献率平均达到 32%；在转型中国家，农业不再是经济增长的主要源泉，对国内生产总值增长的平均贡献率仅为 7%，但是绝大多数贫困人口滞留在农村；在已经城市化国家，农业对于经济增长的直接贡献更低，平均为 5%，贫困人口主要是在城市。当时世界银行将中国划分为转型中国家。转型中国家包括大多数南亚国家、东亚国家和中东、北非国家，这些国家社会和政治局势紧张的主要原因是城乡收入差距急剧扩大和极端贫困持续存在。世界银行报告指出这些问题的持续改善，既不能依靠农业保护，也不能依靠补贴，而必须采取综合措施，寻求脱贫的多种路径——包括转向高附加值农业、发展农村非农产业以及帮助促进人口农转非。

近年来，这些综合措施在缩小中国城乡差距方面起到了一定作用，但是兼业路径是否促进了农村发展是一个有争议的问题。有部分学者认为外出务工会削弱农业，也有学者认为外出务工能够强化农业发展。城乡资源流动产生的虹吸效应和互补效应确实是一个复杂的问题，但是从经济学角度来看，促进资源优化配置能够提高要素利用效率是毋庸置疑的。当前，城乡融合发展重点在于实现五大机制。

（一）城乡要素合理流动配置机制

城乡要素合理配置有利于提高经济效率、提升全员劳动生产率、降低交易成本，是实现城乡融合发展的动力所在。城乡要素合理配置关键在于形成人才、土地、资金的良性循环。第一，在人才流动方面，健全农业转移人口市民化机制和城市人才入乡激励机制，有力有序有效深化户籍制度改革，通过财政、金融、社会保障等激励政策，吸引各类人才返乡入乡创业。第二，在土地合理配置方面，深化“三块地”制度性改革。健全农村承包地集体所有权、农户承包权、土地经营权“三权分置”制度，平等保护并进一步放活土地经营权；稳步推进宅基地所有权、资格权、使用权“三权分置”制度，适度放活宅基地和农民房屋使用权；推进集体经营性建设用地入市改革，允许农村集体经营性建设用地入市、允许将有偿收回的闲置宅基地集体公益性建设用地转变为集体经营性建设用地入市。第三，在资金合理配置方面，鼓励通过平台发挥财政资金的撬动作用，逐步提高土地出让收入支农比例，鼓励工商资本下乡服务乡村建设，完善银行、保险、担保、基金等金融支农机制。

（二）城乡基本公共服务普惠共享机制

城乡之间不平衡最突出的表现就在于基本公共服务发展水平的不平衡，公共服务仍然是乡村发展的短板，要实现普惠共享发展，必须加快补齐这个短板，增加公共服务在乡村的供给，增强公共服务在城乡间的同步性，包括教育、医疗、社会保障、社会治理等方面。第一，教育上要建立城乡均衡配置机制，提高乡村学校教师质量，提高乡村教师待遇水平，推行县域内校长教师交流轮岗和城乡教育联合体模式。第二，医疗服务上要健全乡村医疗卫生服务体系，提高农村地区医务人才、硬件条件、服务能力，鼓励建立县域医共体。第三，文化上健全城乡文化服务体系，统筹推进城乡公共文化设施布局、服务供给和队伍建设，资源重点向乡村倾斜。第四，在社会保障上实现城乡统筹，加快实现医疗保险、养老保险、社会救助等各类社会保险标准统一、制度并轨。第五，公共治理上要建立健全党组织领导的自治、法治、德治相结合的乡村治理体系，健全村组织经费保障机制，提高村组织的服务水平。

（三）城乡基础设施一体化建设机制

推动城乡基础设施互联互通是城乡融合发展的最直接措施，目前乡村基础设施滞后严重制约了农业生产和农村发展。缓解滞后问题就要加快推动乡村基础设施提档升级，实现城乡基础设施的统一规划、统一建设、统一管护。统一规划以县域为整体，统筹城乡道路、供水、供电、信息基础设施、广播电视、防洪、垃圾污水处理等基础设施。统一建设是按照中央支持、省级统筹、市县负责的机制，根据基础社会公益性和经济不同特征，构建政府、农民、企业等共同参与的差异化建设机制，纯公益设施政府管、经营设施市场建。统一管护，要求明确乡村基础设施的产权归属，由产权所有者建立管护制度。

（四）城乡产业融合发展机制

乡村经济的发展以现代农业为基础，以农村一、二、三产业融合发展、乡村生态产品、乡村文化产品等新产业为重要补充。第一是以市场需求为导向，深化农业供给侧结构性改革，通过农业补贴、农业机械化、绿色农业等政策不断提高农业综合效益和竞争力。第二是依托“互联网+”和“双创”，引导农业生产经营模式转变，培育农村新兴服务业业态。第三是形成城乡生态产品价值实现机制，通过政府公共生态产品采购、生产者有偿使用、消费者附加值付费、生态权益交易等方式，进行生态保护和环境治理。第四是建立乡村文化保护利用机制，深入开发优秀农耕文化遗产、地方和民族特色文化资源、传统工艺、特色工艺、传统村落等保护利用。第五是搭建城乡产业协同发展平台，优化提升各类农业园区，完善小城镇联结城乡的功能。

（五）农民收入持续增长机制

“三农”核心问题是农民问题，农民问题核心是收入问题。要创造致富条件、提高内生动力，统筹提高农民的工资性、经营性、财产性、转移性四方面收入。一是完善提升城乡劳动力市场环境，健全农民工劳动权益保护机制，落实农民工与城镇职工平等就业制度，统筹推进转移就业和就地就业。二是建立农产品优质优价的正向激励机制，完善企业与农民利益联结机制，促进小农户和现代农业发展有机衔接，实现农民经营性收入增长。三是深化农村集体产权制度改革，推动资源变资产、资金变股金、农民变股东，推进集体产权赋能增效，提高农村资产性收益。四是强化农民转移性收入保障机制，健全生产者补贴制度，建立普惠性农民补贴长效机制。

四、共同富裕目标下城乡融合战略举措

2020年政府工作报告提出扩大有效投资，重点支持“两新一重”建设（新型基础设施建设、新型城镇化建设、重大工程建设），并提出要大力提升县城公共设施和服务能力。未来较长时期内，农民进城仍是大趋势，城乡之间的土地、资金、技术、人才等要素流动也会越来越频繁。目前来看大量农村低收入人口依然生活在农村，补足村庄短板弱项及产业依然是必要的。那么，近些年来，对于县城和村庄的建设如何呢？

一是以“三块地”改革为核心，城乡要素流动基本实现自由化。目前，农村“三块地”改革试点正在梳理总结经验阶段，县域内农业转移人口户籍落户城市限制基本消除。接下来，城乡融合发展将以“三块地”改革为核心，构建更加合理的土地布局，充分发掘农村土地红利。从而通过土地使用权转让有效撬动城市资本下乡，解决农民工市民化的后顾之忧，最终实现劳动力、资本和土地在县域内城乡间的自由流动。

二是以提质增效和城乡共同体理念为抓手，实现城乡公共服务基本实现均等化。当前，城乡公共服务的差距主要体现在质量上，提质增效是未来几年城乡公共服务均等化的关键。其一，将基础设施建设和基本社会保障的供给重点放在农村，提高农民获得基本医疗、养老、教育等普惠性公共产品的能力。未来几年，要在教育联合体、医共体等新管理模式下，统筹推进公共服务布局。其二，完善农村人才引进政策，提供乡村治理水平。可以通过高校途径，建设大学生下乡的政策机制，继续推行国家选调生、大学生村官、支教活动等方式，同时提高这些大学生的补贴力度，为其提供更好的生活保障。同时对于大学生回乡创业应积极鼓励，给予其适当优惠政策如免税、免息贷款等方式。此外，除了被动的引进人才建设，乡村也可以主动吸引人才，对于有一定产业发展的乡村，打造相对良好的就业平台，促进人才主动返乡。其三，应彻底取消户籍制度身份歧视，促

进人口自由流动，实现进城务工人员享受与城市人口相同的身份待遇和公共服务。解决农民工的住房问题，保障农民工及其家人享有同等的城市公共服务权利。

三是以城乡产业双向链接互促为机制，实现产业融合程度更高更多元。一方面，要培育农村产业规模化，企业化运行。创新是促进“三农”高质量发展的第一动力。要选择适合企业化经营的领域，产品要新特优，还要发挥企业的组织营销优势，与农民结成利益共同体，签订合作协议，充分调动农民参与生产经营的主动性和创造性，实现双赢发展。另一方面，要建立产业双向链接机制，城市产业链向乡村地区延伸，乡村产业实现与城市需求的对接。以需求为导向，乡村旅游、观光农业、健康产业、特色餐饮业等农村产业新业态得到有效发展，从而基本实现农业现代化改造，推动传统农业向绿色、高效、智慧的现代农业转型。

四是以工资性收入为重点、优化收入结构为策略，推动城乡收入差距进一步缩小。目前，我国城乡居民收入比为 2.56∶1，而大多数发达国家或者是现代化国家，城乡收入比基本在 1.6∶1 的水平。“十四五”期间，农村居民收入结构将不断优化。首先，随着城乡融合不断推进，农村居民转移性就业渠道和就地就业基本面将不断拓展，从而有效提升农村居民工资性收入，县域内工资性收入差距不断缩小。其次，随着城乡产业融合和农村一、二、三产业融合，乡村产业链不断拓展，从而可以带动现代农业的发展，实现经营性收入的增长。最后，农村集体产权制度改革和“三块地”改革将有效推进，实现资产性收入的不断增长。

五是推进人口适当向中心镇域和地理条件比较好的村庄聚集。未来 20 年，我国农村常住人口将大幅度减少，但是对养老服务设施，对公路、供水、污水处理和垃圾处理的需求总量是基本稳定的。我国的国情和乡村建设需求决定了我国必须走节约、协调、共享的城乡融合发展道路，不断促进城乡功能互补，资源共享，人口互动。统筹城乡经济社会发展，把工业与农业、城市与农村作为一个有机协调发展的整体，着眼于城乡全体居民，让农民平等参与现代化进程，共享改革发展成果，走共同富裕的道路。具体来看，要从公共服务设施一体化建设、市政基础设施一体化建设和软件配套体系一体化建设等方面实现更大的转型和突破。合理布局托幼、学前教育，义务教育和卫生院，集中有限资源不断提高农村教育和医疗质量，缩小城乡社会服务差距。

第八章　浙江省共同富裕示范下的乡村振兴实践及其经验启示

前文基于理论分析视角，从乡村振兴战略入手，以实现共同富裕为目的，着眼于战略定位，深入分析乡村振兴战略的指标体系构建与格局测度，探析乡村振兴战略与共同富裕之间的关系机理，进一步提出化解城乡高质量融合发展的战略举措，为突破城乡二元结构提供了新思路。本章以浙江共同富裕示范区建设方案为借鉴参照，对比国内外乡村振兴促进共同富裕的案例，就浙江共同富裕的方案进行分析，以提炼在全国实践推进乡村振兴的启示效应。主要从实践角度分析浙江省实现共同富裕目标的经验做法，具体包括分析浙江省共同富裕的顶层设计，提升人民生活质量、发展数字经济改革、促进产业兴旺、推进城乡融合、电商发展等多个方面的做法，分析其在全国的典型示范效应。

一、勾勒乡村振兴宏伟蓝图，谋划共富之路

乡村振兴要坚持规划先行，谋定而后动。规划是高质量发展的前提，是高标准建设的基础，也是高效实现共同富裕的有力保障。浙江省在党中央顶层设计下，因地制宜地把地区发展优势与政策优势高度衔接，坚持在共同富裕的目标下绘制乡村振兴的宏伟蓝图，实现两者之间的融会贯通，谋划示范区坚持的原则、战略定位以及发展目标等。

（一）顶层设计，打造先行示范区

当前，我国发展不平衡不充分问题仍然突出，城乡区域发展和收入分配差距较大，各地区推动共同富裕的基础和条件不尽相同。促进全体人

民共同富裕是一项长期艰巨的任务，需要选取部分地区先行先试、作出示范。浙江省在探索解决发展不平衡不充分问题方面取得了明显成效，具备开展共同富裕示范区建设的基础和优势，也存在一些短板弱项，具有广阔的优化空间和发展潜力。支持浙江高质量发展建设共同富裕示范区，有利于通过实践进一步丰富共同富裕的思想内涵，有利于探索破解新时代社会主要矛盾的有效途径，有利于为全国推动共同富裕提供省域范例，有利于打造新时代全面展示中国特色社会主义制度优越性的重要窗口。

浙江省高质量发展建设共同富裕示范区，是习近平总书记亲自谋划、亲自定题、亲自部署、亲自推动的重大战略决策。2021 年 5 月 20 日中共中央、国务院出台《关于支持浙江高质量发展建设共同富裕示范区的意见》(以下简称《意见》)，该《意见》中指出推进共同富裕的五大原则、四大战略定位、两大发展目标，提出包含发展质量、收入分配、城乡差异、精神文化、生态宜居、社会环境以及保障措施六大方面、二十条重大举措。同时对浙江省提出更高的期望：浙江省要切实承担主体责任，增强敢闯敢试、改革破难的担当精神，始终保持奋进姿态，立足省情和发展实际，制定具体实施方案，充分动员各方力量，不断开辟干在实处、走在前列、勇立潮头新境界。

(二)谋篇布局，统筹统战乡村振兴

浙江省以振兴乡村为契机和手段，勾勒乡村振兴的宏伟蓝图，按照中共中央《意见》指示，分两阶段实现共同富裕，第一阶段是截至 2025 年，共同富裕取得明显实质性进展；第二阶段是到 2035 年，基本实现共同富裕。并提出共同富裕的具体目标要求：2025 年，人均地区生产总值达到 13 万元，居民人均可支配收入达到 7.5 万元，达到中等发达经济体水平，比全国早十年实现共同富裕。

浙江省领导班子对标《意见》中“五个工作原则、四大战略定位、两

大发展目标”制定了《统一战线助力高质量发展建设共同富裕示范区实施方案（2021—2025年）》。该方案对标《意见》的具体要求举措，坚持把中心所需、大局所在与统战所能结合起来，明确统一战线助力共同富裕示范区建设的思路举措，充分发挥统一战线各大优势，为建设共同富裕示范区提供最广泛的支持，统筹谋划未来五年“六大专项行动”力图推进乡村振兴战略，为实现全国共同富裕提供“浙江模式”和“浙江智慧”。

一是实施凝心聚力专项行动。组织开展凝聚共识系列活动，凝聚思想意识，提高全省打造建设共同富裕示范区的凝聚力和向心力；将“我为共同富裕献良策”的专题活动常态化，健全完善社会各界人士议政建言“直通车”制度，利用地方各界媒体平台，建立健全大成集智机制，把共同富裕的内容精细化和规划周密化，为推动共同富裕示范区建设提供智力支持和决策参考；组织开展专项民主监督系列活动，确定专项化监督主题，着重聚焦地区差距、城乡差距、收入差距问题，精准制定实施方案，确保专项民主监督取得实效。

二是促进民营经济高质量发展专项行动。构建新发展格局，立足新发展理念，积极引导、服务和推动广大浙商融入新发展格局，投身共同富裕示范区建设；打造民营经济生态、破除其发展壁垒，鼓励其放心大胆往前走，深入探索“亲清直通车”基层站点建设，探索开展“万家民企评营商环境”“万家民企评政策”等系列活动，助力浙江省打造市场化、法治化、国际化的一流营商环境，推动形成民营经济清明、清朗、清新的良好生态；培育高素质创新型浙商队伍，制订民营经济人士教育培训计划，引导新生代企业家接好政治传承和事业传承班，成为共同富裕示范区建设的新生力量。

三是助力山区26县跨越式高质量发展专项行动。开展把脉问需调研—产业对接招商—精准帮扶助力活动，充分摸透彻山区26县“民情”，定期举办“浙商智慧·助力26县发展”论坛活动，引导民营企业参与“千企兴千村”行动，引导民营企业面向山区 26 县零就业家庭、低收入群体等困难人员就近开设爱心岗位，积极参与光彩事业助力山区 26 县跨越式高质量发展活动。

四是实施民族乡村振兴专项行动。通过结对帮扶、区域协作、抱团发展的方式，帮助和支持民族地区突破地域限制，打造富有地域特色和区域知名度的农产品品牌和区域公共品牌；推进中华民族共有精神家园建设工程，铸牢中华民族共同体意识，支持民族民俗文化品牌建设项目；推进各民族共享美好家园建设工程，建成民族乡村振兴示范带、示范点，建设“中国民族和美乡村”。

五是实施新乡贤助力乡村振兴专项行动。实施新乡贤带富工程，弘扬新时代乡贤文化，引导新乡贤依法参与乡村治理、助推生态宜居美丽乡村建设，鼓励新乡贤参与公益慈善、志愿服务活动。

六是实施同根海联共建共享专项行动。加强侨界关爱帮扶，切实维护侨胞合法权益，推动解决投资创业、子女教育等现实问题，引导侨团侨企积极参与浙江省社会公益慈善事业；建好用好“全球通”平台，实现浙籍侨胞在海外办事“进一个门”“上一张网”“最多跑一次”；发挥港澳台侨资源优势，促进港澳台侨智力回归、资金回流、资源回乡。

二、夯实民生大计，筑牢振兴基础

农业从古至今都是弱势产业，但农业是国民经济的基础性地位没有改变，反而更加强化。推进乡村振兴支持农业现代化不仅是保障粮食安全的要求，更是实现共同富裕的根本所在。浙江省在推进乡村振兴过程中，从科技振兴、人才振兴、整合耕地资源、培训新型农业经营主体等多方面支持农业发展，夯实民生之根本，筑牢振兴基础。

（一）整合资源，荒地变宝地

乡村发展中最大的资源浪费是耕地撂荒，这也是城市化进程中不可避免的难题之一，乡村振兴必须要因地制宜地整合荒地资源，坚守耕地红线不动摇的原则，创造性地探索出“荒地经济”发展的新模式、新路子，实现增产增收助力共同富裕。浙江省安吉县章村镇高山村是较高的山区村，这里的高山蔬菜口感较好，但是由于村集体经济力量薄弱，农户大多外出打工或经商，大片的耕地处于抛荒状态，高山村的村两委意识到资源的严重浪费，坚持流转村里的荒地，把荒地变成基地，把劣势转为优势，闲置荒地再次变身“增收地”。2021 年，该村两委奏响“干中换、换中干”主旋律，进一步增强基层党组织的凝聚力、战斗力，打造“天空菜园”成了新班子上任的第一件事。

一是充分调研，科学规划高山经济。新上任的村两委首先走访外出务工农户，了解外出务工农户情况，调查农户耕地流转的意愿，对愿意进行耕地流转的农户给予补贴分红，对不愿意流转耕地的农户进行帮扶生产，助力其搭上集体经济建设的“顺风车”，统一管理，帮助生产，助力共富。

二是做优高山经济，实现增产增收。在村集体经济的帮扶下，村民生产积极性高涨，2020 年高山村共规划 500 亩耕地打造“天空菜园”，种植两季蔬菜。现在蔬菜产量逐日增加，每天销售毛收入四五千元，2021 年村集体经济增收 30 余万元。高山村党支部书记胡旭说，“天空菜园”不仅给村集体带来增收，解决了部分剩余劳动力，还带动了乡村旅游的发展。此外，在建党 100 周年之际，高山蔬菜种植基地、中草药种植基地与村里的红军亭、红军桥、红军田、红军洞等红色资源整合规划，使之成为县内外知名的红色旅游打卡点。

三是高瞻远瞩，统筹拓展“高山经济”新内涵。“高山经济”不仅仅是在高原种蔬菜这么简单，而是“筑巢引凤”一方面吸引外出劳动力回流，为乡村建设注入新活力、新动力；另一方面是将依托特色农业和红色文化，规划打造融合亲子体验、研学基地、农产品展示销售于一体的农业旅游特色项目。通过做优、做强“高山经济”，助力偏远山村探索出乡村振兴、共同富裕新路子。

图 8–1　天空菜园

（二）广聚英才，共建乡村振兴

推进乡村振兴战略、实现共同富裕，人才是关键。浙江省牢固树立“人才是第一资源”的理念，坚持激活“存量”、扩大“增量”，充分激发乡村现有人才活力，畅通各类人才、智力、技术下乡通道，全力培育打造一支初具规模、结构合理、素质优良的乡村人才队伍，为实现乡村全面振兴，推进共同富裕提供有力的人才支撑和智力保障。

一是强化组织保障，带动村民致富。以“双创双全”组织力提升工程为总载体，通过支部设置标准化、组织生活正常化、管理服务精细化、工作制度体系化、阵地建设规范化的“五化”建设，为推动乡村振兴、实现共同富裕提供坚强组织保障。织里镇上林村村党总支成立红色农业服务队，组织队员帮助村民收割稻谷，邀请专业人士开展养殖技术指导，让村民从“站在边上看”变为“跟着党员干”，带动全村 30 余户养殖户共同走上“科技养鱼”的共富道路。

二是借“力”发展，突破“瓶颈”。全面建立区领导联村、区直部门结对、乡镇干部包村、第一书记驻村的“四位一体”责任制，充分发挥各类“人力”资源在强村工作中的突出作用。通过搭建乡情、友情、亲情桥梁，借助产业项目政策，提供就业创业平台，吸引78名政治觉悟高、带富能力强的在外就业创业的党员回乡发展，把51名优秀党员选拔到村级党组织书记岗位上，着力打造一支“想干事、能干事、干成事”的干部队伍，从源头上破解乡村发展人才“瓶颈”，为乡村振兴引入人才“活水”。

三是引才回流，“反哺”乡村。长兴县撬动服务体系建设，助力人才“展翅”。大学生“燕归巢”暑期社会实践计划，举办新春网络招聘会、高校巡回推介会、“燕归巢”暑期实习就业招聘会等活动，发布实习就业岗位1.5万个。2021年启动企业、政务暑期实习实践活动，累计征集161家机关部门、乡镇（街道）、村社、企业等单位实践岗位788个，1012名海内外大学生报名，选拔录用594人。构建“长青汇”青年人才交流中心，打造常态化的活动阵地“热风”咖啡馆，正式投入市场化运营，发布周三固定活动日、脱单便利店等活动项目，每周持续开展红酒品鉴沙龙、“闹市里的烟火气”、“有‘画’对妈妈说”等“长青汇”青年人才交友联谊活动42期，服务青年人才1823人次。

四是优化政策支持，培育新农人。依托《长兴县“村村都有好青年”选培计划》，选树县、乡镇（街道、园区）、村三级“好青年”1636人。改造提升青创农场建设，扩充政策、资金、培训等扶持渠道，联合县人社局、长兴农商行推出“长青贷”青年创业贷款产品，构建线上“一步”申请、贴息“前置”审核、银行“专人”对接的团委、人社、银行闭环合作体系，达成农村青年创业扶持贷款125户，金额8632万元。成立“两山”青年学院长兴分院，打造“雉汇”电商产业青创空间，常态化举办电商创业培训、沙龙等活动，开展抖音电商培训、农创客培训等活动12期，培育培训新农人、农村青年电商300余人次。

五是汇聚乡贤，助力乡村发展。德清县钟管镇注重发挥新乡贤优势，鼓励引导新乡贤等积极投身乡村振兴，助力推动共同富裕示范区建设，成立并启用杭州、上海乡贤（人才）工作站，开拓乡贤联络阵地，以乡情亲情为纽带，深挖招商引资项目信息，为高质量融入长三角一体化发展注入新动力。浙江中特智能装备股份有限公司董事长李波就是乡贤的代表之一，2015 年将企业从杭州搬迁至钟管后，李波就常态化“驻扎”在镇上，办好企业之余，积极参加当地组织的各类活动，为乡村振兴贡献自己的余热。2021 年 4 月，李波向蠡山村捐献了 10 万元慈善基金，帮助村里因病致贫的家庭。担任蠡山村名誉村主任后，李波也一直参与制定和落实蠡山的发展规划，实地考察蠡山村具有乡村旅游的潜力，他便常组织一些商界从事旅游开发的朋友来蠡山游玩，助推小村庄与大市场的有机衔接，为村集体经济发展提供新思路、新渠道。先后多次牵线搭桥，吸引商界精英到钟管实地考察、与政府对接，共商“选商、落户”大计，共推荐客商 32 批 273 人次。接下来，钟管镇将积极按照湖州市“百贤百企兴百村”助力共同富裕示范先行活动，继续大力引导新乡贤反哺家乡，实现资金回流、项目回归、人才回乡，为融入长三角一体化发展战略、助力乡村振兴战略实施、创新基层社会治理等方面添砖加瓦。

（三）合作社助农，实现高效生产

德清先锋农机专业合作社位于洛舍镇东衡村，于 2017 年 10 月成立，现有成员 18 人，均为当地规模种粮大户，承包农田面积达 1.86 万亩。合作社采用规模种粮大户共建的模式，通过整合农机资源，实行规范化管理，提高农机使用率，为农户提供粮食生产全产业链服务。2020 年社会化服务收入 683 万元，总利润 102 万元。

德清先锋农机专业合作社充分整合农机资源，提升服务能力。合作社吸纳规模种粮大户入社，通过种粮大户原有的农机装备入股，并统一由合作社调配使用，提高农机使用率。加强内部管理，春耕备耕、“三秋”期间组织技术培训，提升机手驾驶操作技能。采取订单作业的方式，为合作社成员及种粮农户提供全程机械化作业服务。建设全程机械化+综合农事服务中心，采取订单作业、生产托管、承包服务、股份合作、跨区作业、村社对接等方式，推广全程托管、“互联网+农机作业”和“全程机械化+综合农事服务”等新模式新业态，带动种粮农户转变生产经营方式。

图 8–2　机械化生产

一系列措施推动农机社会化服务能力不断提升，2020 年农机作业面积达 18.63 万亩次。通过强化内部管理，合作社农机上牌率、检验率、驾驶人员持证率达 100%。合作社在自身获得良好经济效益的同时，也为其他粮食专业合作社及种粮农户节省了劳动力，降低了生产成本，水稻生产每亩可节约 50 元左右，累计为服务对象节约 100 万元。拓宽了收入渠道，增加了合作社收入，2020 年，联合收割机跨区作业 1.1 万亩，无人机飞防跨区作业达 8100 亩次。

（四）科技强农，领跑农业发展

稳粮增收是民生大计，粮食生产过程中，存在种粮意愿低、生产成本高、效益低等问题。湖州市高度聚焦技术革新、模式转变、试点打造，积极破解企业技术难题，促进产业模式升级，达成多方共享共赢。

湖州市科技局深入推进科技强农、机械强农“双强行动”，通过科技创新和全程机械化手段，推动粮食生产高质高效发展。其中，湖州星光农机股份有限公司开创的“1 中心 + 万亩田 +N 高素质农民”星光农业模式，该模式利用数字化平台建设和物联网感知技术带动农户、种植大户、村集体增收，通过现代化农业机械模式探索政府管理 + 市场化运作新路径，树立起农业增效、农民增收、企业增益的共同富裕示范样本。具体如下。

一是创新生产模式，探索稳产保供新路径。“整合成片”打造农企利益共享体。通过整合个体农田，大力推进退塘还田和撂荒耕地复耕复种，推动建设用地复垦和高标准农田建设，将碎片化的土地集中连片，粮食规模化、现代化、机械化生产条件更加成熟，大幅度降低种粮的生产成本、人力成本和时间成本，“抱团发展”打造多元产业综合体。在农、林、牧、副、渔多模块间形成良性循环，生产链条得到拓展延伸。通过统一订单生产、统一生产标准、统一技术服务、统一政策保障构建了生产、收购、加工、销售等于一体的粮食全产业链综合体。“绿色种养”打造城乡生态共同体。搭建“资源—产品—废弃物—资源”农业废体提升体系。采用绿色标准化种植模式，全程把控稻米质量安全。集成生物防治、生态控制等绿色防控技术，病虫害率控制在 3% 以下，农药用量减少 40% 以上，以建设“花园式”园区为标准，促进粮食生产基地与农事体验、风景观光、精品展示等旅游业融合发展。

二是聚焦科技强农，开创互利共赢新局面。高智慧设备链接农业生态环境持续监测。逐步建立智能农机远程监控运维服务物联网平台，形成一整套完整的农机远程监控及运维方案。2021 年已有 7000 余台农机装备在大田系统中管理，全国 20 多个星光渔业装备项目全部实现设备远程监控。构建“数字农田”智能管理平台，通过物联网、5G 通信、北斗导航等多样化科技的应用，构建成精准施肥、科学施药、节水灌溉等空天地一体化智能化管理及生产、烘干、加工、仓储一条龙数字服务系统，亩均节约人力50% 以上；高能级平台支撑企业科研要素持续集聚。积极建设省级产业技术联盟，集中企业科研力量主攻粮食作物全程机械化、智能农机作业与运维平台、农业废弃物综合利用等重点领域，企业年研发投入超 3700 万元，拥有专利 159 件，从业研究人员 100 余人。成功创建星光智能化农机装备省级重点农业企业研究院；高层次人才支撑企业科研能力持续提升。注重顶尖领军人才对企业科研的引导作用。

图 8–3　整合个体农田

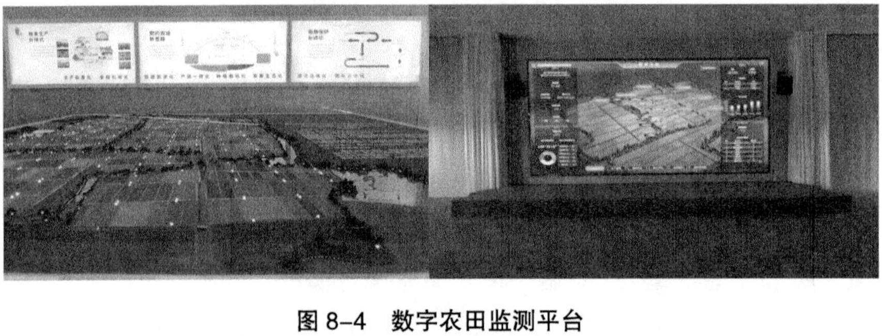

图 8–4　数字农田监测平台

三是紧扣机械强农，促进共同富裕新升级。深化政产学研合作助力机械产业化，通过与浙江大学等国内顶尖高校院所展开合作，破解企业生产经营中的“卡脖子”难题。深化核心技术攻关助力装备尖端化，积极开展农业机械关键核心技术攻关，研发能在潮湿泥泞或环境恶劣的地带表现出较好越野性，行走平稳、牵引力大、爬坡能力强、水田通过性高的轻型履带拖拉机等装备。承担国家六行机采棉机的研制任务，针对新疆棉采摘环境研制的 4MZ-3 棉花收获机，特别适合中小型农场及棉花专业采摘户的棉花收获，被评为“十三五”农业重大科技成果的现代化农业机械设备。

三、振兴乡村产业，奠定富裕基石

产业兴旺不仅是乡村振兴的基础，更是实现共同富裕的基石。浙江省湖州市南浔区盘活各方资源，走抱团式发展道路，壮大村集体经济实现村强民富；坐落于山区的县市，贯彻落实“两山”理念的同时，又变生态优势为经济优势，形成了生态兼顾经济两不误的发展方式；湖州市通过本地生活服务、数字市民服务、数字金融服务的全方位升级，打造数字生活新范式，实现湖州人全场景无缝数字生活的同时推动乡村产业兴旺，以追赶发展方式力求缓解地区发展差异，实现共同富裕。

（一）村强且民富：壮大村集体经济

从 2019 年底开始，浙江省南浔区就从区级层面谋划，鼓励各行政村以市场化运营模式探索组建“强村公司”，通过盘活各方资源，实现抱团发展。

一是持续壮大村集体经济。南浔区变“资源”为“资本”全面推行强村公司，采取村民自办、村企联办、跨村联办等多种途径组建强村公司，让村村能入股、村村能受益。变“村民”为“股东”，坚持“村村成股东、村村有分红”理念，引导广大村民依托村股份经济合作社参与公司经营。

变“输血”为“造血”，坚持“政策+市场”双轮驱动，实施强村公司三年培育计划，在资金、土地、项目等方面给予支持。

二是盘活乡村资源，实现抱团发展。村与村、村与企联建（联购）项目公司是“强村公司”的组建方式之一。受地理位置差异、资源分布不均等客观因素制约，村集体经济出现“强者更强，弱者更弱”的局面，仅靠一个村庄就让资金“生蛋”并不容易。而通过以强带弱、弱村抱团，可以有效带动村产规模化、产业化发展，实现“村村成股东、村村有分红”。两年来，“强村公司”的发展经营，激活了村集体增收的“一池春水”。也有不少“强村公司”根据当地资源优势及产业优势，发展农业服务、农旅融合等特色产业类项目。“强村公司”的运行，不仅使村集体实现了自主“造血”，还解决了农村剩余劳动力就业问题。

三是鼓励强村企业转型升级。在新一年的发展计划中，南浔还出台了《南浔区强村公司分类管理实施办法（试行）》《关于建立强村公司发展容错纠错机制激励担当作为的实施办法》，将重点培育A类企业，其余按照经营情况分为B、C类。其中，A类企业可根据经营需求申请对外招聘经营管理人员，由区人才集团统一招聘，还将给予300万元以内贷款额度全额3年贴息补助；对B类企业给予一定程度的扶持，确保集体资产保值增值；同时有序推动C类企业整合或撤销。此外，为推动村集体经济从“保底型”向“发展型”转变，南浔还鼓励资金充足的“强村公司”适度投资，包括投资产业基金、国企开发的优质项目、大好高项目等。

奔着共同富裕的目标，壮大村集体经济，最终是为了让农民有实实在在的获得感、幸福感，这也是南浔实施“强村公司”计划的出发点和落脚点。接下来，南浔区将以高水平建设社会主义现代化共同富裕示范样本为奋斗目标，进一步用好“强村公司”这把“金钥匙”，积极探索多元化增收模式。

（二）宜居且富裕：变生态优势为经济优势

习近平总书记指出："绿水青山就是金山银山。"浙江省在"两山"理念的指引下，坚持以人民为中心的发展思想，靠制度创新推进乡村振兴，在充分发挥地方资源优势的同时，保护青山绿水，践行可持续发展理念，把生态优势转化为经济增收，实现生态宜居和共同富裕两不误的发展模式。

一是利用优质的生态引进优质的项目，实现生态与产业良性互动。好生态能引来好项目，山区县优越的生态环境成了招商引资的招牌。浙江是最早实践"绿水青山就是金山银山"的省份，正全面探索推行生态产品价值的实现机制。缙云县是浙江省山区 26 县中一个发展能力较弱的县，但是缙云县的发展优势在于良好的生态环境。不久前，缙云县肖特玻管厂生产的中性硼硅玻管正式下线，这是新冠疫苗玻璃瓶的原材料，这家中国工厂的投产，缓解了我国新冠疫苗生产的燃眉之急。肖特集团决定在中国投资建厂时，对缙云县的气候环境、空气质量等一系列生态要素进行了仔细考察，还做了一次系统的土壤检测，对地下 20 米的土壤进行全方位检测，最终缙云县在与长三角经济发达地区的竞争中更胜一筹，肖特项目落户缙云，打破了好项目难以越过长三角的传统投资思维，而且为了让当地居民更健康地生活下去，肖特公司承诺，无论在这里发展多久，土壤质量都将保持原样。缙云县追赶式的发展不仅补齐乡村产业缺失的短板，带动村民实现共同富裕，而且将生态优势与地方发展相统筹，实现了优质的生态与产业发展之间良性互动。

二是创造优质宜居的环境，生态经济两手抓、两不误。安吉县黄杜村的发展源于"一片叶子"。改革开放之初，黄杜村是一个人均耕地还不足 7 分的穷山村，粮食产量低，农民收入少，开垦的山地既不利于农作物的生长，又破坏了生态环境。面对这样的发展困境，在 1995 年安吉县有关部门实地考察后发现，黄杜村的土质、气候、积温、海拔适宜白茶生长，建议政府推广种植，这才终于找到了一条脱贫致富的康庄大道。1996 年，溪龙乡党委、政府提出建设“千亩白茶基地”目标，并决定种植白茶面积 3 亩以上者，每亩补贴 150 元。同时，乡政府从中国茶科所、浙江大学请来技术人员对农民进行培训。一时间，农民的种茶热情被点燃，一村一户抢着种。白茶产业迅速发展，溪龙乡逐渐成为安吉白茶的主产区、名茶区和原产地，并获得“安吉白茶第一乡”的称号。据统计，全村共种植白茶 1.2 万亩，亩均产茶 25 斤，人均收入从不到 400 元一跃提高到 2019 年的 4.91 万元，黄杜村凭借“一片叶子富了一方百姓”，一举脱贫致富，成为富裕村。黄杜村的致富之道不仅保护了当地的生态环境，贯彻了“绿水青山就是金山银山”的理念，而且带动一方人民致富，既保留了生态优势，实现环境宜居的战略要求，又实现了经济发展目标，真正实现了生态经济两不误的发展格局。

图 8–5　黄社村种植白茶技术指导

三是推动多产融合，延伸乡村旅游产业链。浙江省各地因地制宜、因势利导，引进一批业态新颖、带动力强的项目，布局一批小精尖乡村文旅项目，延伸乡村旅游产业链条。长兴水口乡村旅游产业集聚区就是此项目之一，通过从“农家乐”到“乡村旅游”到“乡村度假”再到“乡村生活”的转型，完成“吃、住、行、游、购、娱”服务体系建设，为当地居民提供了丰富的就业机会，还吸引了一大批在外读书的大学生、经商者、打工百姓回乡创业，为浙江省建设“大花园”、打造“大景区”提供了“长兴水口样本”。另外，在吴兴区妙西镇，野界度假酒店始终坚持在建设期利用设计规划平衡建设破坏，在运营期用技术优势创造更可持续的度假运营体系两个核心原则。通过覆土建筑、节能系统、排污技术等方面努力，达到节能降耗、减碳排放，让建筑与自然和谐相处的同时提升环保能力。这种可持续的度假运营体系，主动地改善生态环境，做到了一、二、三产业融合发展。特色乡村资源串点连线、串珠成链，极大地丰富了乡村旅游的内涵，促进了乡村旅游提质增效。

图 8–6　安吉县余村和吴兴野界度假酒店

四、高质量发展：数字化改革缓解发展不平衡不充分问题

湖州市坚持实施“数字经济”一号工程，以新服务带动新消费，在全省最先谋划、最快启动、最早落地数字生活新服务工作，搭建平台、引领趋势、营造氛围，形成全市“六个一”工作布局。以城乡融合发展推进共同富裕，使数字经济普之城乡，惠之于民，数字经济正在助推湖州经济社会迈向高质量发展轨道。

（一）以数字化改革推动乡村振兴，为共同富裕提供动力支撑

浙江省湖州市努力争当数字化改革开路先锋和领跑者，以能力、工

具、手段现代化推动现代化先行和示范区建设。其一数字经济赋能双循环新格局。湖州以数字赋能商贸，加快商贸综合体、商超等其他生活服务业场所进行“人、货、场”云改造，逐步构建立体化数字商贸新模式，培育打造了 16 家省级新零售示范企业、3 条省级高品质步行街、2 个省级智慧商圈，入选了国家特色信息消费示范城市（全国仅 7 个），有效提升百姓消费品质。其二“旅游大脑 + 智慧旅游”应用落地。南浔区頔塘社区将全力推进智慧旅游、智慧健康、智慧养老等一批应用场景落地未来社区，努力打造成共同富裕现代化基本单元的示范样本。其三大数据推进治理现代化。湖州建成了全国首个地市级物联网数据中台，发布全国首个网络实物商品销售管理规范地方标准、互联网药品销售服务地方标准；在国内首创“能源碳效码”，上线“碳中和支撑服务平台”，助推重点领域绿色低碳转型。湖州的“社会治理风险闭环管控”作为一批彰显浙江辨识度、具有全国影响力的应用成果、理论成果和制度成果之一，收获了来自社会各界的点赞。

（二）数字经济打开高质量发展新空间

数字生活新服务行动实施以来，各县区结合各自地方特色，按照《数字生活新服务建设导则》要求，积极争创全省数字生活新服务示范。秉承“湖州首创”精神在商贸、文旅、学习、健康、出行、政务等数字化服务方面探索创新，积极为全省、全国贡献“湖州经验”和“湖州案例”。其一打造数字生活，促进数字消费，是湖州准确识变、科学应变、主动求变的重要一招。为了搭建平台，2020 年湖州全力推进数字化转型，打造数字支付之城，上线了全省首个数字生活新服务综合性平台——“云享湖州”，开辟了数字商贸、数字文旅、数字学习、数字健康、数字出行和数字政务等板块，并开设了“云游湖州”等子平台，开通了“云享湖州 · 夜生活频道”，不断加快本地生活服务全方位升级。其二更新发展模式，拓宽发展新空间。湖州百姓不仅“带货”，更能为湖州发展带来信心、带来机遇。湖州趁着数字经济东风涌现出的新模式、新业态，极大拓展了发展新空间，不断创新推广直播电商、跨境电商等新业态新模式，以新服务带动新消费。2021 年以来，围绕“浙里来消费”“数字生活嘉年华”等，深度挖掘本地消费特色，全力打造线上线下消费热点，相继举办了“网上年货节”、美好生活浙播季、国际滨湖独家大会暨湖州度假博览会等各类促销活动 570 余场，有效激发了消费活力。其三大力发展供应链应用与创新，上线数字展览馆，落地“全球数字贸易云展会平台”项目应用场景，牵引数字贸易创新发展。以获批国家跨境电子商务零售进口试点城市为契机，上线“浙北全球购”等跨境电商进口平台，打造高品质消费。

（三）依靠数字经济提质升级，满足居民对美好生活向往

在新冠疫情防控期间，湖州大力开展“网上菜场、餐厅、超市、家政、市场、就业培训”等“六个网上”工作，全力保障民生需求。数字经济促使公共设施的提供更加充分和平衡。“要想富先修路”，在数字经济时代，“路”不仅指公路、铁路等交通基础设施，也包括信息高速公路，后者的重要性正在日益凸显。其一数字出行更便捷。在全省率先实现公交“纯电动、一票制、移动支付”全市域覆盖，全面实现公交“一码通”，数字支付比例达 60%，群众公交出行成本平均下降 50% 以上；搭建智慧停车系统，已涵盖中心城区停车泊位约 2 万个；开发共享单车与公共自行车融合管理平台；率先推行公共交通“实名乘车”可追溯管控模式，开发上线智慧“防疫专项检查”模块，全面实施网约车“屏蔽接单”举措。其二数字健康惠民生。安吉全省首家智慧药房，运用互联网和人工智能技术，接入本地互联网医院，联通医保系统，实现了“一屏问诊”“一卡支付”“一键取药”“一码追溯”“一链可查”，完成“问医 + 购药”全链一体化服务，打破时间和地域的限制，为患者提供就医、购药和结算同步一体化服务。

“智慧药房的推出，用数字化改革手段解决企业、群众以及基层急难愁盼的问题，提升了百姓用药的安全感、便捷度。”湖州市市场监管局相关负责人说。其三数字乡村在路上。湖州全面构建“1+3+X”数字乡村建设体系，以数字化改革撬动“三农”领域各项改革，推进共同富裕，在全省率先实现国家电子商务进农村综合示范县全覆盖，连续两年成为全国唯一一个“县域数字农业农村发展水平先进县”全覆盖的城市。特别是德清县以时空地理信息云平台为空间数据基底，在大数据、云计算以及人工智能等智能技术的驱动下，在全省率先构建全域覆盖的“数字乡村一张图”智治模式。

浙江省丽水市缙云县通过数字化改革来解决发展不平衡不充分问题。缙云县黄龙景区内的黄龙农庄，有一个数字化草莓种植工厂。工厂“车间”里不仅可以实现草莓从育苗到采摘的全流程自动管控，还能智能调控草莓生长所需光、温、水、气、肥五方面要素。此外，“草莓工厂”还打造了农庄产品溯源系统，确保每一颗草莓的生态品质。缙云县正以“数字沃土”浇灌新时代农业之花，云计算、大数据、物联网等为代表的数字技术正在推动当地的传统农业向智能化转型。2021 年，缙云共打造 8 个数字化特色种养基地，建成 7 个农机化与智慧农业示范基地。在生态工业领域，缙云与数字化解决方案提供商“蒲惠智造”签订战略合作协议，强化数字化改造推进力量；在电商领域，缙云织密“电商园 + 淘宝村 + 村民网店”的网络体系，织牢“电商 + 产业 + 农户”的联结纽带，让更多群众搭上电商“数字快车”。缙云全县共有 2 个电商园和 9 个“淘宝村”，活跃网店 2260 家，从业人员 1.6 万人。在保障民生领域，缙云县以数字赋能精准救助，通过“小康码”等数字工具，实现了全县低收入农户的需求、路径与“一个系统、一张清单、一键预警、一码通办、一帮到底”的帮扶举措相对接，做到了数字化改革在全国领先。医保方面，缙云县医保防贫“缙情帮[①]”系统通过高额医疗费用自动排查，了解到患者的医疗费用并反馈给乡镇，乡镇医保工作人员向患者介绍了相关政策，经本人同意后，当天便纳入水滴筹个人大病绿色筹款通道进行救助。以数字化改革撬动各领域改革，赋能高质量发展，缙云各方面数字化改革还在不断向前推进，正以丽水市排头兵的姿态、“起跑就是冲刺、开局就是决战”的劲头，比指标、比增速，在未来的发展道路上，着力打造山区县跨越式高质量发展样板，让经济总量和增速走在丽水市和山区 26 县前列，不断为浙江省在全国率先建成共同富裕示范区贡献智慧与力量。

五、重塑城乡关系，推进城乡融合发展

浙江省高质量发展建设共同富裕示范区领导小组在 2021 年 7 月印发了《关于发布高质量发展建设共同富裕示范区首批试点名单的通知》，其中在缩小城乡差距，推动城乡融合发展领域的地区有湖州市、杭州淳安县、宁波慈溪市、嘉兴平湖市等 11 个地区。率先打响“无差别城乡建设”战役的湖州，作为构建共同富裕的绿色样本，为全省全国推进共同富裕作出更大的贡献。

“无差别城乡”是指在“绿水青山就是金山银山”理念指引下，突出数字化改革牵引，把城市和乡村作为一个整体统筹谋划，以人的“三感”（获得感、幸福感、安全感）无差别为核心，以共同富裕绿色样本为愿景，以居民收入均衡化、宜居环境高品质化、公共服务均等化、要素配置高效化、数智进程同步化为主攻方向，聚焦绿色共富，加速城乡融合，率先基本呈现共建共享、充满活力、“差别”消亡、普遍富裕的城乡关系新形态。其基本特征可概括为“三是三不是”，即是制度供给的均等化，不是功能

① “缙情帮”是缙云县医保局联合水滴公司推出的医保防贫项目，目前已接入浙江省掌上办公平台“浙政钉”和掌上办事平台“浙里办”。

形态的同质化；是发展机会的平等化，不是发展结果的一样化；是品质生活的共享化，不是生活方式的平移化。

湖州市吴兴区城乡融合发展深入推进，农村改革不断深化，针对欠发达村集体资产资源不多、村集体经济收入结构不均衡现象，创新实施以城带乡全力推动城乡一体化发展的做法，唱响村强民富振兴曲。2018 年底，吴兴还有 23 个欠发达村年经营性收入在 30 万元以下。通过以城带乡，综合运用抱团增收、政银帮收、四票优收和数智创收等特色举措，使欠发达村年增收能力和水平显著提升。2020 年底，全区共有村集体股份经济合作社 160 个，在全市率先实现村集体年经营性收入 50 万元全覆盖，村均年经营性收入达到 137.1 万元，村集体经济持续壮大，有效缩小城乡收入差距，率先实现城乡融合发展，其具体做法如下。

一是组建村级经济“联合体”，实现抱团“增收”。以组建公司、联合购买等抱团方式购置标准厂房、商铺店面等物业项目为手段，拓展增收渠道，有效增强村集体经济可持续性。2018 年，织里镇 16 个行政村通过共同组建的 4 个公司投资购买童装园区标准厂房，实施统一出租，带动各村年均经营性收入提高 15 万元。另外发展砂洗城强村增收物业项目，全区 62 个欠发达村集中购买砂洗城 5.35 万平方米物业，推动村均每年增收 46 万元，收益率高达 8.7%。

二是注入绿色金融“新活水”，实现政银“帮收”。政府建立村集体经济欠发达村扶持基金，市、区财政出资 2200 万元，村出资 2285 万元，共同由区城投进行运作管理，每年可为 33 个村增收 269 万元。在埭溪镇利用村集体及企业屋顶建造光伏电站，平台联合 20 个村股份经济合作社共同成立公司负责光伏项目管理和融资事项，湖州银行为此专门开发“光伏贷”产品，让村集体建造的光伏电站不仅发电还“发钱”，目前已对 20 个村整体授信“光伏贷”近 1 亿元，为村集体经济发展注入了源头活水。吴兴市在实施政银帮收中，善用金融活水“浇灌”田畴沃野，一举多得的发展方式既解决了村民用电的问题，又壮大了村集体经济，还拓宽了村民增收渠道。

三是创新体制改革“新范例”，实施“四票”“优收”。在土地流转规模经营中创新“米票”机制，土地承租经营主体以每年 380 斤 / 亩大米提货券为租金，支付给流出土地的农民，农民可凭票领米，也可作价领取现金；在农房拆迁安置中创新“房票”机制，将被搬迁农民的富余住宅享有权折价入股，股权年收益率不低于 10%；在集体资产经营分配中创新“股票”机制，将集体资产确权量化到集体组织成员，使成员充分享受集体资产保值增值所带来的收益；在村级留用地盘活中创新“地票”机制，对规划区被征地行政村的配套建设留用地进行折价发证，村集体可选择享受 130% 的银行利息，也可以随时等价换购物业。

四是打造帮扶协作“升级版”，实现山海“助收”。吴兴市将以城带乡的“帮扶链”延伸到丽水市云和县，跨区域推动吴兴区和丽水市云和县两地山海协作，将经济薄弱村消除增收项目——高新区砂洗城三期物业项目中划出 2670 平方米厂房，专项用于云和县崇头镇村集体经济“消薄”，以低于市场价格 500 元 / 平方米进行销售，周期为 10 年，每年可为崇头镇村集体经济增收 100 万元。

五是拓展数字改革“新蓝海”，实施数智“创收”。联合阿里共同打造“吴兴区公共资产网络交易平台”，全过程建立起由第三方阿里驻点式管理，政府部门监督，全社会参与的“三方协作”模式，通过透明化竞拍大大提高资产交易金额，累计成功交易 216 宗，平均溢价率 37%，帮助村集体实现增收 844.42 万元。

六、电商赋能农特产品，跑出共同富裕“加速度”

推进电子商务进农村，是助力乡村振兴的重要抓手。浙江省建德市仙居县以国家电子商务进农村综合示范县项目为统领，坚持用数字赋能乡村振兴、用数字打开“两山”通道，把推进电子商务发展定位为产业富民的重要抓手，着力推进共同富裕的“仙居电商模式”。

（一）大力推进“传统电商 + 直播电商”销售新模式

2021 年以来，仙居举办了 8 场大型直播带货活动。同时，全面推广“村播”等农产品销售新模式，培训一批“农民网红”代言销售特色农产品。“六月杨梅红”系列活动采用线下活动 + 线上直播的形式，带动杨梅销售，2021 年全县杨梅产业直接带动梅农户均增收 3.2 万元，同比增长 23%。

（二）培育“农业龙头企业 / 合作社 + 农户 + 产品加工包装 + 电商”经营新模式

目前，仙居县有 400 多家农业合作社，7 家大型农业龙头企业，为打造农产品销售全产业链，仙居着力培育“农业龙头企业 / 合作社 + 农户 + 产品加工包装 + 电商”产业化经营模式。如浙江聚仙庄饮品有限公司，通过打通线上线下实现全覆盖，依托于西炉杨梅市场汇聚周边多个杨梅村和上百家杨梅合作社，保障货源充足、供应稳定；创新储运技术，破解鲜果运输难题。同时公司与各大电商平台合作，开启仙居杨梅“云销售”时代，为杨梅销往全国，出口世界打下坚实基础。

（三）积极打造“一村一品、一乡一品 + 电商”发展新模式

仙居县充分挖掘发挥各村、各乡（镇）自身的资源优势、传统优势和区位优势，大力发展有特色、价值高、影响力大的拳头产品，积极推进农特产品规模化、标准化、品牌化建设。借助电商平台和各种社交新媒体平台，仙居的特色产品知名度不断提高。近年来，仙居有 12 个村被评为浙

江省电商专业村，3 个镇被评为浙江省电商镇。

（四）大力发展“海外仓 + 跨境电商”外贸新模式

仙居县成立仙居网易联合创新中心，积极引进电商服务商，大力培养跨境电商人才。已经创建德国金仓物流、美国太阳风、美国新安贸易 3 家海外仓，利用海外仓打通海淘国外物流新通道，降低企业物流成本。跨境电商智慧贸易应用场景入选商务厅数字经济系统数字贸易子系统应用场景先行示范点。

七、共建乡村振兴，共享富裕之果

推进乡村振兴，实现共同富裕的最终目的是人民富足，是满足人民对美好生活的向往，是提高人民的幸福生活水准。所以乡村振兴和共同富裕的硕果应普惠人民，实现老有所养、病有所医、幼有所教的和谐文明社会。

（一）搭平台勤致富，弱势群体共富裕

在实现共同富裕中，残联要聚焦残疾人这一关键领域的特殊弱势群体，将其作为助力共同富裕示范区建设亟须突破的重要方向，以助残服务更加精准推动“共同富裕”。浙江省湖州市德清县出实招，努力实现“共富”路上一个都不能掉队！

一是搭建平台、促进就业。“授人以鱼不如授人以渔”，帮扶残疾人就业创业是实现共同富裕的现实路径。康乾街道社管办副主任章国香说：“稳定就业才能增加家庭收入，但部分残疾人增收难，除了身体条件受限外，收入不稳定、外出务工难等原因限制了他们增收致富路。”要破解这些难题，就要帮助残疾人搭建稳定增收的平台。家住康乾街道联合村的费

阿根（化名）肢体二级残疾，生活无法自理，需要家人时刻陪伴照顾，导致生活拮据。经过专业人员上门走访并现场评定，他将享受每月 250 元的护理补贴。在实地走访残疾人家庭后，康乾街道“量体裁衣”，走出了一条来料加工的路子。康乾街道残疾人之家工作人员说道：“自己做多少就能拿多少钱，这样他们干活就更有劲头了。”这样简易的工作让有轻度智力缺陷的残疾人也能够轻松胜任。“平均每人一天大约能赚三四十元，一个月可以有几百元到上千元的收入。”残疾人之家不仅释放了残疾人家庭的劳动力，也让他们更好地融入社会。

二是多措并举、提升生活品质。有了收入后，康乾街道多措并举，进一步增强了残疾人群体的获得感与幸福感。坚持“一户一策”原则，拓宽门宽、铺设台阶坡道、安装辅具，按需上门进行无障碍改造，解决出行不便难题；保障日常生活方面，康乾街道提供居家健康“大礼包”，每月上门提供房屋清扫、理发等服务，提升居住品质；医疗服务方面，利用辖区卫生服务中心，成立残疾人精准康复专家团队，建立家庭病床……值得一提的是，沈佳儒的人才工作室也在康乾街道残疾人之家落了户。沈佳儒是一名残疾人，对美术情有独钟，曾多次在书画大赛中获奖。“我希望可以用艺术的力量激发更多的可能性。”沈佳儒说。此外，2020 年，德清县建立“无障碍在线地图”，标记出各类无障碍设施的点位 300 多个和无障碍城乡公交线路 2 条，方便查找使用，切实打造便利出行环境，进一步方便残疾人的出行。基本保障持续完善、庇护照料着力推进、公共服务全面提升、文化生活内容丰富形式多样……“德清县已建有 16 个残疾人之家，共计 240 余名残疾人及其家庭受益。”德清县残联党支部书记马继荣表示，下一步县残联将让更多社会资源参与帮扶残疾人群体，确保在奔赴共同富裕的道路上，残疾人一个也不掉队。

图 8-7　残疾人之家

（二）共享红利，病有所医

如何缩小城乡差距，让更多群众享受到共富的红利？浙江省湖州市从解决群众的“急难愁盼”需求入手，参照公交运行模式，创新推出了“共富班车”机制，为群众持续供给均衡普惠的富民项目、惠民政策和便民服务，竭力推进“慢病服务”班车。

一是医疗服务更加精准化。监测数据显示，近年来，慢性病已成为湖州市民最大的疾病负担，全市共有 37.45 万慢病备案人员。“形象地说，班车长是市级职能部门，乘客是慢病备案人员，沿途设了若干站点，如慢病门诊统筹基金支付限额提高、慢病‘健康画像’数字化管理、慢病患者纳入家庭医生签约服务范围等，都是为了让群众能享受到更精准的服务。”湖州市医保局局长沈昕耀说，“慢病服务”班车能为慢病备案患者减轻医疗费用。例如，安吉县郎村村 57 岁慢病患者蓝青芳在家接受了湖州市中心医院疼痛科何焕钟医生的上门诊疗。“之前复诊得辗转两趟公交到县医院，一来一回花上大半天工夫，搭上“慢病服务”班车后，足不出户就能看好病。”郎村村地处安吉最西南端，全村有慢病村民超 300 人，关注到这一偏远地区群众的看病难题，班车随即增设“健康富裕”党建联盟分站点，推动医院支部与村党支部“结盟”，这样的分站点已建成20个。

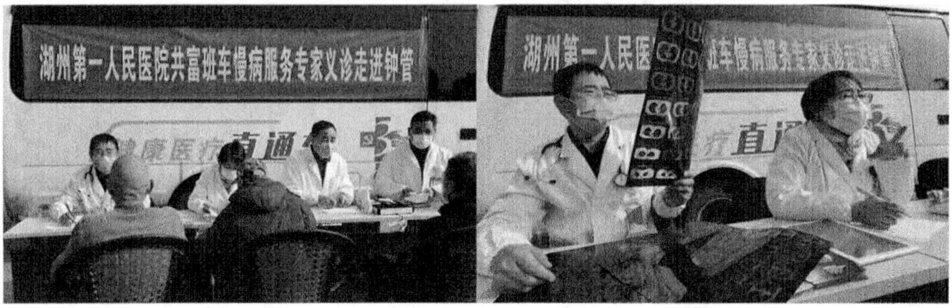

图8-8　专家在义诊

二是打通数字医疗服务，实现动态监测。服务慢病，关口前移，南浔区推出的5G+社区智慧健康管理新模式，让每一名慢病病人都有了“健康画像”和“健康管家”。南浔区练市镇的丁阿新用上了社区免费发放的健康监测智能穿戴设备，检测结果可以立刻发送到手机上。另一边，她的家庭医生也可以同步收到信息。通过数字化管理，推动慢病从定性向定量管理、从线下单一向双轨联合管理转变，让湖州城乡居民乐享均等的慢病健康管理和分级诊疗服务。湖州市卫健委主任饶如锋说：“慢病病程持久缓慢，需要我们细水长流提供服务，只有为老百姓细算好健康‘账本’，他们才能更有获得感、幸福感和安全感。”

（三）资源下沉，优教共享

2021年以来，吴兴区依托省级“互联网+义务教育”实验区建设，探索“一体两域三全”教共体吴兴样板，全面推进教育优质均衡发展，助力吴兴“优教共享”幼有所教全面提速。“一体”是指建立“一体化”保障体系。推行标准化管理，明确细化结对帮扶任务，并从线上教学、线上线下教研、教师交流、教共体建设绩效等4个维度明确教共体考核办法。“两域”是指探索“两域”帮扶特色。扎实开展线上线下两大领域的结对帮扶。全省率先推出教育志愿服务共同体模式，引进优秀教学师资，开展科创课程。“三全”是指优化“三全”工作机制。建立全域化捆绑考核、全过程督导推动、全方位平台展示等工作机制，充分调动支援校和受援校积极性。城乡义务教育共同体建设工作开展至今，全区共完成同步课堂400多次，参与师生3万多人次，组织网络研修、名师专递课堂、名师网络课堂、线下教学研讨等活动500多次，参与教师两万多人次。11名骨干教师开展跨校交流，乡村学校生源稳定，教育质量稳步提升。

2022年，吴兴区将大力推进教共体建设，将城镇优质教育资源下沉到乡村义务教育学校，扎实开展“八大行动”，推进吴兴“优教共享”共富班车再提速。

具体内容：一是党建格局“互融同创”行动。发挥学校党组织的领导作用，积极构建党建统领教共体建设的工作格局。实现融合型教共体党建一体化，共建型教共体联合党建常态化，协作型教共体党建活动协同化。二是资源布局“互比同建”行动。推进教育布局优化调整。改善农村学校的办学环境，努力缩小城乡、校际差距，提升农村学校综合办学水平。三是师资调配“互通同岗”行动。加强教共体内教师的双向交流。推动各教共体建立名师工作室，指导乡村学校中青年教师成长。通过乡村教师到结对学校轮训、常态化开展教师网络研修等方式，提高乡村教师的专业能力。四是教学研究“互助同步”行动。以省“互联网＋义务教育”实验区建设为载体，组织各类线上线下教研活动。开展教共体特色案例和数字故事评选活动，促进结对经验交流，提升管理水平和教师专业发展水平。五是平台资源“互访同享”行动。稳步推进吴兴教育魔方建设。通过链接“之江汇”教育广场等原有教育资源平台，做好优质教学资源的共享管理。六是学生成长“互学同频”行动。广泛开展教共体内城乡学校学生研学实践、劳动实践、联谊互助等活动和学生体艺特长交流、综合素质竞赛、劳动成果展示等活动。探索融合型、共建型教共体学生综合素质评价一体化，促进学生多元发展。七是幼教优品“互联同组”行动。持续加大学前教育投入，优化普惠性学前教育资源布局，重点打造“东部普惠资源全覆盖试点区”。优化重组“吴兴区学前教育发展联盟”，激发学前传统优势项目的新活力，发挥优质资源引领作用，全面促进幼儿园品质提升。八是社区教育“互动同促”行动。积极打造“一街一品”“一镇一特”社区教育特色品牌，整合社会资源，构建镇街社区、企业高校、机关单位等一体化协作办学，充分展现学习型城市风貌。

图 8-9　线上互动与劳动实践

目标任务：到 2022 年，各学段学位有效增加，学前教育提升扩容、职业中专产教融合等专项债项目开工建设；优质教育资源有效扩面，新增义务教育共同体学校 10 所，实现全县公办学校全覆盖，创成全国义务教育优质均衡发展县；普惠性幼儿园占比达 97.5% 以上，优质学前教育资源（省一、二级幼儿园）占比达 80% 以上；随迁子女入学待遇同城化全面保障；青少年身心健康护航升级，更新国标校车 80 辆，教师心理健康 C 证持证率达 90% 以上；以公办教育为主的教育机制更加健全，以精准教学切实减轻学生校内负担，全面加强培训机构的监管，全力营造教育良好生态。到 2025 年，全县各类学校办学条件得到大幅度改善，教学质量和办学水平得到显著提高，教育发展格局更加合理。优质普惠的学前教育公共服务体系全面建成，义务教育优质均衡水平全面提升，特殊教育融合发展体系更加健全，学生心理健康教育体系更加完善。

小结

浙江省“勇当排头兵”打造共同富裕示范区，在摸索中砥砺前行，在未知中探索出路，在实践中总结经验，力争提前十年实现共同富裕的目标，为全国树立了典范，提供了可借鉴、可参照、可推广的宝贵经验。本章以案例的形式呈现浙江省在推进乡村振兴、实现共同富裕进程中的措施并总结相关经验。第一节从顶层设计入手，主要回答了浙江省为什么能够成为示范区以及共同富裕在政策指向上的问题；第二节从农业生产的角度，描述了浙江省面对乡村耕地撂荒、人才缺乏、生产现代化等问题时的主要做法；第三节以乡村产业为主，介绍了村集体经济发展、生态经济建设以及特色产业方面的举措；第四节分析了数字经济对推动乡村振兴、实现共同富裕的突出贡献；第五节从城乡关系的角度出发，分析了“无差别城乡”建设的内涵和经验；第六节分析了乡村电子商务的发展对特色农产品带动的作用和经验；第七节主要从教育、医疗以及帮扶弱势群体就业三方面展示了浙江省共同富裕示范区的发展成果如何普惠民生。以上七节内容希望能够启迪读者，对读者有所帮助。

第九章　共同富裕目标下的区域与时序发展战略

全面建成小康社会意味着绝对贫困的消除，巩固拓展脱贫攻坚成果、建立低收入人口常态化帮扶机制成为未来解决发展不平衡问题的重点。现阶段，我国已经如期完成脱贫攻坚任务，扶贫工作重点由解决绝对贫困转向防止返贫监测与帮扶，不断巩固拓展脱贫攻坚成果与扎实推进乡村振兴战略工作相衔接。纵观既有文献，以区域瞄准作为开展防止返贫监测与帮扶和乡村振兴重要抓手的相关问题尚未得到深入研究。结合《中共中央 国务院关于实现巩固拓展脱贫攻坚成果同乡村振兴有效衔接的意见》所提出的乡村振兴重点帮扶县支持计划，以此为着力点研究新时期下欠发达地区确定的指标体系具有积极意义。一方面，立足国家区域发展战略、巩固脱贫成果、乡村振兴战略和国家主体功能区建设需求，国家的开发式扶贫政策应该逐步由侧重个人向侧重重点区域转变，解决整体性、区域性不平衡问题，达到缩小区域差距的目标。另一方面，区域瞄准能够通过区域发展外溢效应，克服以个体或家户为核心的减贫瞄准机制受制度本身及行为主体的自身条件的影响而存在的不同程度的偏离问题，避免新的个体间不平等问题滋生（李小云等，2015；周扬等，2018）。

一、我国贫困区域确定的历史沿革

（一）艰苦卓绝减贫事业下的几类农村贫困区域设定

中国政府一直致力于采取有效的政策促进减贫事业的发展，所采取的减贫政策在不同历史阶段具有不同特征。1986 年，中国确立了以区域性瞄准为主的减贫政策，此阶段扶贫开发工作主要是针对贫困地区做专项扶贫工作，如“三西扶贫”。2001 年开始，针对特定区域贫困程度不断加深的问题，国家颁布实施《中国农村扶贫开发纲要（2001—2010 年）》，对国家重点扶持的贫困县进行第二次调整。具体来看，贫困县改称国家扶贫开发工作重点县，将东部 33 个重点县指标全部调到中西部，东部不再确定国家级重点县，西藏自治区作为特殊扶持区域，整体享受重点县待遇，不占用重点县指标。此时全国共有 592 个重点县。同时，国家确定贫困村为减贫的瞄准对象，以村为单位进行综合开发和“整村推进”。2011 年颁布实施《中国农村扶贫开发纲要（2011—2020 年）》，对国家重点扶持的县进行了第三次调整。在这次调整中，国家将确定重点扶持县的权力下放到省，允许各省根据实际情况结合“高出低进，出一进一，严格程序，总量不变”的原则进行省内贫困县的调整。在此轮调整中，原重点县共调出 38 个，原非重点县调进 38 个，全国重点县总数仍为 592 个。14 个连片特困地区内的重点县数量，由调整前的 431 个增至 440 个，共增加 9 个；连片特困地区以外的重点县数量，由调整前的 161 个减至 152 个，共减少 9 个。

可以说，重点扶持县的确立是我国扶贫开发区域瞄准的重要手段之一。从规律上看：一是以区域内居民人均收入作为基本标准。例如，1986 年国家按县域农民人均纯收入水平确定贫困县，其中农区县低于 150 元，牧区县低于 200 元，革命老区县低于 300 元即列入国家扶持范围。1994 年，《国家八七扶贫攻坚计划（1994—2000 年）》对贫困县进行调整，提出以 1992 年农民人均纯收入水平为标准，超过 700 元的县一律退出贫困县队列，低于 400 元的县全部纳入，以此方法在全国范围内确定了 592 个国家重点扶持贫困县。二是与经济增长、贫困和包容性发展相关。例如，2011 年按照集中连片、突出重点、全国统筹、区划完整的原则，我国以 2007—2009 年 3 年的人均县域国内生产总值、人均县域财政一般预算性收入、县域农民人均纯收入等与贫困程度高度相关的指标为标准，识别连片特困地区县。

（二）全面建成小康社会时期的国家乡村振兴重点帮扶县

欠发达地区是低收入群体的主要承载地，也是国家政策支持的主要对象。立足新时期发展需求，为构建没有贫困的人类命运共同体，如何在新时代中重点识别欠发达地区，做到贫困县摘帽不摘政策，为 2020 年后的防返贫治理和实现乡村振兴提供参考，这一研究议题值得深入探讨。

2021 年 8 月 27 日，国家在西部欠发达地区确定了 160 个乡村振兴重点帮扶县。结合我国仍然存在区域差距的现实情况，推进乡村振兴、补齐区域间发展差距的短板对我国全面建设社会主义现代化国家起到决定性作用。在此关键时期，党中央提出支持西部乡村振兴重点帮扶县计划，不仅为西部地区在巩固脱贫成果方面增色，更为其继续在提升地区和人民内生发展动力方面添彩。然而，160 个乡村振兴重点帮扶县之外的西部地区其他县也肩负着很重的巩固拓展脱贫攻坚成果的责任，中部地区部分县也存在着经济滞后、发展缓慢的困境，因此，巩固拓展脱贫攻坚成果，不断推进实施乡村振兴战略不仅应当重点关注支持 160 个国家乡村振兴重点帮扶县，还应持续关注支持其他欠发达地区，防止“悬崖效应”的出现。

二、脱贫地区、欠发达地区、乡村振兴重点帮扶县三者之间的关系

（一）农村欠发达地区的几种界定

2020 年底，全国 832 个国家级贫困县全部脱贫摘帽，脱贫攻坚任务圆满完成，这也就意味着我国扶贫工作重心将由消除绝对贫困转向低收入人口常态化帮扶。在巩固拓展脱贫攻坚成果同乡村振兴有效衔接的关键时期，一个重要的问题是：欠发达县与我国前期所确定的国贫县和连片特困地区县之间有什么关系？与 160 个乡村振兴重点帮扶县又有什么关系？

结合国际经验以及我国实际需求，本研究构建出三类欠发达地区的识别方案，分别是收入方案、发展方案和综合方案。其中收入方案以县域为单位，根据其县内人均可支配收入作为排序依据识别欠发达县；发展方案借鉴了我国片区县的确定方式，基于多维视角，从县域内经济维度、科教文卫发展维度出发，以综合视角识别欠发达地区；综合方案兼顾了前两类区域识别方法。在操作上，首先按照人均收入排序，界定不同收入排序的县，共分为：人均收入排序最低 10% 的县、人均收入排序最低 20% 的县。进一步，在不同收入排序下的县内部考察县域多维发展情况，细分为有两个及以下指标遭受剥夺的县和有两个以上指标遭受剥夺的县。具体来看，按照收入方案识别的欠发达县与我国划分出的贫困县和连片特困地区县重合程度最高，均达到了 59%，即重合比例在六成左右，对应错位程度在四成左右。发展方案下的重合程度有所下降，重合度下降到了五成到六成之间，对应错位程度在四成到五成之间。综合方案下的重合度进一步降低到三成到四成之间，对应错位程度提高到六成到七成之间。

（二）几类欠发达区域与国家乡村振兴重点帮扶县的关系

在与国家乡村振兴重点帮扶县的关系上，按照发展方案识别的欠发达县与其重合程度最高，达到了 63%，其次是收入方案下二者的重合度，也达到了近六成。同时我们观测到带有经济导向色彩的综合方案下二者的重合度有所下降，为 36%，对应错位程度提高到六成多。这表明在国家新一轮选取的乡村振兴重点帮扶县，虽然仍然以西部欠发达地区为主，但选取标准已经不再局限在 GDP 指标，而是同时参照了其他重要的民生发展指标，故而观测到了经济指标下低于发展指标的重合率。可以说，本文的测算结果符合精准扶贫以来我国所采取的综合发展理念，其政策含义在于，一方面，这与乡村振兴所倡导的“坚持农业农村优先发展，按照产业兴旺、生态宜居、乡风文明、治理有效、生活富裕的总要求”契合；另一方面，本文的发现显示出我国乡村振兴重点帮扶县的发力和支持重点在于公共服务和基础设施建设方面的持续加强。此外，测算结果显示带有经济主导成分的综合发展指标重合率相对较低，这是因为精准扶贫期间所取得的区域减贫成就切实助力了西部经济发展。但该项结果也从另外一个方面提示，在缩小区域差距方面，国家和地方不仅要关注既有的乡村振兴重点帮扶县，同时要尽量用地方发展的涓滴效应去惠及其他非重点帮扶地区，避免区域性“断崖效应”的发生。

表 9-1　欠发达地区与原贫困县、乡村振兴重点帮扶县的关系

贫困地区类型	收入指标法（共计 800 县）	发展指标法（共计 874 县）	综合指标法（共计 371 县）
国家级贫困县	59%	50%	33%
连片特困地区	59%	54%	37%
乡村振兴重点帮扶县	58%	63%	36%

数据来源：笔者计算整理。

由此可见，如果按照收入方案确定欠发达地区，则仍然集中于前期国家所确定的重点扶持县（包括贫困县、片区县和连片特困地区）以及 2021 年 8 月份确定的国家乡村振兴重点帮扶县。从这个意义上，仍然关注我国前期识别的重点贫困县具有积极意义。但同时我们要注意的是，仍然有四成左右的县在前期确定的贫困县名单之外，这说明县域经济发展速度不同，再加上对于原重点贫困县的极大帮扶和政策倾斜，对处于贫困边缘的非贫困县造成了“悬崖效应”，导致一些前期不是绝对贫困县的地区陷入到了欠发达范围中，要对这些新概念下被纳入的县做重点关注。

若采用发展方案，所识别的欠发达地区与国家乡村振兴重点帮扶县、原国家级贫困县、连片特困地区的重合比例也均超过了 50%，且其与国家乡村振兴重点帮扶县的重合度超过了后两类县 10% 左右。此外，发展方案下识别的欠发达县与国家乡村振兴重点帮扶县的重合度高于收入方案下二者的重合度。这说明了，虽然国家乡村振兴重点帮扶县均在西部地区选定，但选定标准已经不再局限于过去确定国贫县时以地方经济水平、人均收入水平为主，更多地考虑了其他的发展性指标。另一方面，精准扶贫期间所取得的区域减贫成就切实助力了西部经济发展，国家乡村振兴重点帮扶县在经济指标上有了更为突出的进步，因此可以观测到以经济为主，或者带有经济成分的综合发展指标重合率低，但发展指标重合率高，说明国家乡村振兴重点帮扶县仍需要在公共服务和基础设施建设方面进一步提升。

三、共同富裕目标下的区域发展战略

经过脱贫攻坚期间的持续帮扶，大多数脱贫地区的发展面貌得到了很大的改善，很多原脱贫县已经形成了一定规模的产业发展基础，当地的居民收入、公共基础设施、公共服务水平等综合发展水平已经相对较好。但是，这些地区仍然是易返贫致贫人口最主要集中的地区，防止规模性返贫仍然是脱贫地区在过渡期主要的工作任务之一。对于不同的区域，自身的发展条件、发展困境和发展路径都有所差别。脱贫地区虽然在脱贫攻坚期间形成了一定的产业基础，但是扶贫产业大多是一些传统的低附加值的种养殖产业，且没有形成一定的品牌效应，难以扩大地区产业，产业链短且面临着一定的“断链”风险。欠发达地区面临着资源的比较优势尚未被充分开发以及多分布在限制开发和禁止开发的主体功能区、财政自给能力低、“三保、三支”压力大、未来发展走“土地财政”路径以及高效率企业资本流出和人才流出等一系列问题。乡村振兴重点帮扶县则是“难中之难”“困中之困”，一是防止返贫的任务特别重；二是持续发展的基础比较弱；三是区域相对集中，困难交织叠加。针对不同区域的自身发展条件以及面临的发展困境，本研究针对性地提出了相应的发展策略。

（一）共同富裕目标下脱贫区域的发展战略设计

对于脱贫地区，在脱贫攻坚结束后，应当着力做好巩固拓展脱贫攻坚成果同乡村振兴有效衔接的工作，主要从以下三个方面着手。

第一，健全防返贫监测帮扶机制。脱贫重在精准，防贫亦重在精准。防控返贫风险，阻断贫困再生，既要精准识别风险人口及其风险因素，又要精准实施帮扶举措，二者缺一不可。一是健全完善返贫风险监测机制。把脱贫不稳定户、边缘易致贫户的生产经营、就业、股金分红等收入信息纳入返贫风险监测体系，借助大数据等现代信息技术处理手段，综合利用金融、医疗、教育、电子支付等收入支出信息，筛查出收入骤减、支出暴增的风险群体，对照上年收支情况，研判返贫风险。进一步优化完善"自下而上"的村、镇、县、市多层级信息传递机制，畅通自主申报渠道和快速研判机制。结合"自上而下"筛查机制和"自下而上"申报机制，及时全面识别风险群体。二是优化完善防返贫帮扶机制。针对风险户及其返贫致贫风险，精准施策，通过实施健康帮扶、教育帮扶、金融帮扶、就业帮扶、产业帮扶、社会救助、综合兜底保障等措施，对症下药消除返贫致贫风险。强化返贫风险分担机制，鼓励地方设立防贫基金，探索将产业经营风险、就业风险纳入防贫保险保障范围，着力降低因经营亏损、失业、重疾、突发灾害、重大事故等生活困难家庭返贫风险。

第二，提升扶贫产业现代化水平。产业现代化是新发展阶段地区获取产业竞争优势的关键抓手，也是脱贫地区发挥特色资源和制度优势，推进产业结构优化升级、提高经济核心竞争力的必然选择。一是提档升级基础设施，夯实产业发展根基。接续发挥财政支持和社会帮扶效用，强化脱贫地区农业农村基础设施"补短板""强弱项"工作。加快推进数字农业、互联网农业、物流网络等新兴技术和新型基础设施在脱贫地区农村的布局和融合应用，构筑产业高水平发展的坚实支撑。二是延链补链强链，提升扶贫产业效益。围绕特色优势扶贫产业产销融合发展链条，以龙头企业为核心布局产业链上下游配套产业，针对产业链短板和空白，靶向引进培强一批带动能力强、经济效益好、科技含量高的项目和经营主体。实施更大力度的消费扶贫和电商赋能行动，加大绿色、有机产品和地理标志认证力度，推进特色优势农业产品产销更好衔接。完善扶贫产业发展载体和平台，强化政策扶持和税费减免，推进人力、资本、科技等要素汇聚协同，从而更好地服务产业发展。创新完善产业链益贫机制，营造产业链、供应链、要素链、创新链、价值链、益贫链高效协同的产业链生态，推进扶贫产业向更高效益攀升。三是强化科技创新支撑，提升扶贫产业核心竞争力。推动龙头企业与科研单位组建创新联合体，围绕特色优势扶贫产业发展的核心技术需求和关键制约，加快实施一批重大科研攻关项目。推动脱贫地区围绕特色优势扶贫产业培育建立行业技术研发平台、公共技术服务平台等，打造科技、教育、产业、金融等紧密融合的创新体系，推进产学研用深度融合。抓紧制定出台特色优势农业生产技术、产品质量等标准体系，依托龙头企业、农业合作社、家庭农场等新型农业经营主体，推进特色优势农业标准化生产。

第三，大力推进乡村建设。把扩大内需战略同脱贫地区乡村建设行动有机结合起来，大力推进脱贫地区乡村建设，快速提升乡村宜居水平和居民获得感、幸福感、安全感。一是全面优化公共服务。实施脱贫地区公共服务提升工程，推动教育、医疗、养老、文化等公共资源向脱贫地区倾斜和流动。以乡镇所在地、中心村、易地搬迁集中安置区等为主阵地，全面推进各类基本公共服务及设施建设，快速实现基本公共服务城乡均等化供给。通过提高待遇、职级晋升倾斜、轮岗交流等手段引导优质服务资源向脱贫地区汇聚，优化提升其乡村公共服务质量。二是实施更大力度的乡村建设行动。对标对表美丽乡村建设标准，全面推进脱贫村水电路气信建设。以脱贫村为重点，实施新一轮农村人居环境整治行动，继续抓好农村

“三清三改三建三化”工作，打造更高质量的绿色宜居新农村。探索村民、群团组织、社会组织在社会治理中话语权和参与度双提升的制度化推进路径，健全完善共建共治共享的乡村基层社会治理制度，构建文明民主和谐的现代化乡村。

（二）共同富裕目标下欠发达地区发展战略设计

根据欠发达地区普遍存在的四方面问题，本研究提出以下政策建议：

第一，将产业振兴与生态振兴相统筹，系统性发展欠发达地区生态经济。部分欠发达地区自然环境资源丰富，但未能得到充分合理的发掘利用，建议未来通过创新机制，逐步实现生态产品的市场化、品牌化，将欠发达地区巨大的生态资源转化为可供地区持续发展的绿色资本。一方面，自然资源丰富、环境优美的欠发达地区可以因地制宜发展生态旅游、森林康养、中草药种植、生物制药、生态养殖等产业，形成支柱产业、特色产业，提高自身造血能力。另一方面，国家应该加大对于这些地区的生态补偿力度，提高碳交易指标价格，在保护生态的同时兼顾民生。

第二，实现欠发达地区基本公共服务均等化，共享发展成果。欠发达地区不仅面临着经济层面的落后，在教育、医疗等多个维度都受到了不同程度的剥夺，国家应更加重视这些欠发达地区的基本公共服务建设。一是在硬件和软件上不断提升欠发达地区的教育服务水平。做好原深度贫困地区的控辍保学，逐步提高在校率，对于贫困学生增加相关的补助，避免因学致贫，从而斩断贫困的代际传递。同时加大对欠发达地区低收入人口的培训力度，实现培训种类的多样性、培训人口的针对性、培训效果的持续性，帮助低收入人口更好地实现就业。二是着力提升欠发达地区公共卫生服务水平。逐步加强欠发达地区乡村医疗建设投入力度，改善乡村卫生站的医疗条件，定期组织乡村医生的培训，提高低收入人口的医疗报销比例，避免因病致贫现象的发生。三是增加对欠发达地区的社会保障力度。

建议增加欠发达地区社会保障的指标，扩大社会保障覆盖面，同时，逐步上调农村地区社会保障的金额，创新帮扶方式，使得各类困难群体能够享受到更多社会服务。

第三，增强对欠发达地区的政策效应追踪，多手段评估政策效果。对于欠发达地区的后期帮扶是一个重要的政策干预，对乡村振兴衔接资金使用效率和效果进行综合评估具有重要的政策研判价值，同时也是对外宣传社会主义特色扶贫政策科学价值的重要窗口。建议通过乡村振兴信息化建设、县域发展指标的监测等手段，形成区域间和区域内的跨期可比翔实数据共享平台。通过随机实验方法，选择“试点欠发达地区”进行为期 3 ~ 5 年的跟踪分析。通过现代计量经济学和社会学领域的先进研究方法，对欠发达地区的发展进行政策评估研究。

（三）共同富裕目标下巩固区域发展成果与乡村振兴有效衔接

脱贫攻坚结束后，仍然有一小部分地区脱贫成果不太牢固、发展基础薄弱、农民人均收入水平较低。为了更好地帮助乡村振兴重点帮扶县，实现这些“难中之难”地区巩固拓展脱贫攻坚成果与乡村振兴有效衔接，建议着重在以下方面下功夫。

一是制度上要借鉴前期脱贫经验，做好巩固拓展脱贫成果同乡村振兴有效衔接。一方面，要以重点帮扶县在产业、生态、组织、人才等领域取得的决定性成果和有益经验为基础，加大要素配置、产业发展、基础设施、公共服务等向农业农村倾斜的力度，推动乡村振兴稳步实施；另一方面，要充分考虑不同区域发展阶段和乡村差异性，梯次有序推进重点帮扶县的“两大战略”有效衔接，全面统筹解决好局部与整体、特惠与普惠、福利与效率的相互关系，形成各具特色的治理路径和发展模式（左停等，2019）。

二是重点做好防返贫工作，做到“早发现、早干预、早帮扶”。在原发型积累性绝对贫困全面“清零”后，仍然有部分人群存在着返贫致贫的风险，脱贫成果不太稳固，能力型贫困或冲击型风险导致的次生型返贫致贫，将成为“后扶贫时代”重点帮扶县治理转型的主要问题所在，脱贫不稳定人口、边缘易致贫人口以及受冲击性风险重创滑入低收入边缘的突发严重困难户，都极可能成为面临返贫或致贫风险的重点监测对象，这就需要重点帮扶县建立健全科学全面的综合治理及预警机制，给予衔续解决（黄承伟，2021）。

三是多维度满足低收入人口发展需求。脱贫攻坚期内，尽管脱贫摘帽标准已从单纯的收入性贫困，拓展到了以“两不愁三保障”为重点的多维标准，但仍未能充分满足脱贫人口的多样化需求，尤其是对受能力贫困制约的发展需求关注不够。为此，重点帮扶县治理转型不仅要侧重于收入短缺、资源不足等经济层面的问题，更应进一步延伸到获取收入的能力受损或机会剥夺等领域，拓展到社会、人文和心理等综合维度，不仅要关注贫困对象的收入状况和生活质量，也要更加注重其地位尊严、公平权利、均等机会、能力素质、精神面貌和心理状态（豆书龙、叶敬忠，2019）。

四是帮扶措施上从外在扶持为主转向强化志智双扶为主。当前，一些脱贫户仍缺乏自力更生精神，甚至呈现出“富口袋”与“富脑袋”相背离的矛盾。这就要求在积极引导社会力量进行“外援式”帮扶的同时，要进一步激发重点帮扶县的内生动力，发挥其主体意识，提升其能力和素质（黄承伟，2020）。

四、共同富裕目标下的时序发展战略

就发展过程而言，共同富裕是“逐步走向共同富裕”，不可能在短时间内完成这一目标。实现共同富裕没有终点，是过程性与阶段性的辩证统一。首先，共同富裕是一个长期的探索过程，代表了人类对未来发达的经济社会发展情况的美好期待。换言之，共同富裕需要漫长的探索过程，因为社会生产力和生产关系都要发展到很高水平。其次，共同富裕是一个持续动态过程，共同富裕观念的确立、社会经济制度的完善、基础条件的改善、致富能力的提升、实际分配财富状况等都在不断发生变化，再加上国际国内各种突发事件的爆发会在一定程度上干扰共同富裕的进度。因此，实现共同富裕需要遵循事物发展的客观规律、脚踏实地、逐步解决。最后，追求共同富裕没有终点，这是由人类追求富裕生活的无止境性决定的。正如多维贫困理论所指出的，随着经济的发展和科技水平的快速提高，人类的基本需求也呈现新的变化趋势，出现了非基本需求、高层次需求逐渐基本化、一般化的过程，即使实现了共同富裕，也绝不意味着社会发展达到了最高阶段，经济社会发展依然还有巨大的向上空间。

社会主义现代化建设过程，就是逐步实现共同富裕的过程。就我国而言，实现共同富裕可分为两个阶段。第一阶段（2021—2035 年），我国将基本建成共同富裕社会，实现由小康社会向富裕社会的过渡，国家整体经济水平迈入中等发达国家水平。这一阶段共同富裕的目标是：人民生活更为宽裕，中等收入群体比例明显提高，纺锤型收入分配格局基本形成，城乡区域发展差距和居民生活水平差距显著缩小，基本公共服务均等化基本实现，全体人民共同富裕取得更为明显的实质性进展。这一阶段需要不断巩固拓展脱贫攻坚的伟大成就，建立低收入人口常态化帮扶机制。全面实施乡村振兴，逐步实现农业强、农村美、农民富的“三农”目标，只有不断提高改善了农村人口的生产生活环境、收入状况，才能进一步缩小城乡收入差距和区域经济差距。第二阶段（2036—2050 年），我国将全面建成共同富裕社会。在第二个百年奋斗目标全面完成之际，全国人民将享有更加幸福安康的生活，区域差距、城乡差距、收入差距进一步缩小，生活环境、生活品质、公共服务水平进一步趋同，我国成为富强、民主、文明、和谐、美丽的社会主义现代化国家。这一阶段的发展过程中，我国需要进一步提升全国工业化发展水平，在高端装备产业上实现更大突破，通过城市的工业化实现国家经济发展的进一步发展，持续做大“蛋糕”，进而反哺农业。同时，城市的工业化也可创造更多的就业岗位，实现就业充足，进一步稳定居民收入水平。通过城市的工业现代化带动农业的现代化发展，进而实现工农均衡发展，区域协调发展，城乡融合发展。

第十章　共同富裕目标下乡村振兴的对策建议

实现共同富裕必须要缩小三大差距。在地区差距缩小方面，要促进区域协调发展，国家主要通过深化区域合作机制和互助机制构建先富带后富的机制，具体通过实施东西部扶贫协作、对口支援、对口协作（合作）、精准化帮扶等做法，激发欠发达地区的内生发展动力，确保推进共同富裕动态进程稳步前进；在城乡差距缩小方面，要促进城乡融合发展，国家主要通过逐步统筹推进新型城镇化战略和全面推进乡村振兴战略，促进城乡融合发展，健全农业转移人口市民化机制，稳步推进城镇基本公共服务常住人口全覆盖，逐步破解城乡二元结构。重点放在农村地区，通过不断深化农村土地制度改革，对农村宅基地和农村承包地开展三权分置改革，探索农业资源变资产、资金变股金、农民变股东的“三变”有效做法，促进农民增收和农业增效。国家借助扶贫攻坚和乡村振兴的契机，以农村厕所革命、生活污水垃圾治理、村容村貌提升为重点，全面提升农村人居环境质量，加快农业农村现代化。此外，在城乡融合方面，推动城市公共服务向乡村延伸，提升城乡基本公共服务均等化水平；在居民收入差距缩小方面，主要是提高低收入群体收入水平，扩大中等收入群体规模，更加积极有为地促进共同富裕。具体通过实施扩大中等收入群体行动计划，提高技能型人才待遇水平和社会地位，完善小微创业者扶持政策；加大普惠性人力资本投入，提高低收入群众子女受教育水平，拓宽增收渠道。

应该看到农业农村是实现共同富裕的短板。在全面推进乡村振兴中，我们应当如何更好地把握共同富裕的要求？在共同富裕目标下，怎样促进实现乡村全面振兴？这是一个问题的两个方面，乡村振兴的条件背景界定了共同富裕的起点和背景，而共同富裕目标给乡村振兴提出了具体的任务要求。共同富裕不能忘记乡村发展的短板，共同富裕要有现实的起点、适应不同的阶段，乡村振兴要以共同富裕为目标，以此校正自己的发展方向与目标步骤，借助共同富裕的政策实现更快更全面的乡村振兴。

如何全面准确理解共同富裕？怎样才能更好实现共同富裕下的乡村振兴？综合上述探讨，概而言之，共同富裕既是分配问题，也是发展问题，更是改革问题，这为乡村发展确定了新的目标，也提出了新的变革要求。相比较而言，把共同富裕理解为三次分配政策的协调推进，是不对的也是片面的。可以说三次分配只是促进共同富裕的政策手段，但并不是基本的途径，更不是共同富裕的目标所在。而破除农民与市民、编制内与编制外、工人与干部等阻碍流动的社会身份体制是共同富裕的根本目标，破除长期以来城乡分治带来的二元结构体制是促进共同富裕的基本途径。这涉及发展动力积极性的调动，也涉及人的发展和能力提升，说到底其实是探索乡村振兴下的高质量发展模式与路径。这样，我们站在乡村振兴的角度，以顺应共同富裕的要求为导向，围绕体制改革、高质量发展、分配政策调整三个层面提出对策建议。

一、推进共同富裕就要深化改革：打破身份束缚消解二元结构

实现共同富裕目标，首当其冲是要消除两极分化、防止社会阶层固化。当前最为突出的是城乡差距的扩大化，尤其是城乡之间收入差距不断拉大。2020 年城乡居民收入差距高达 1∶2.56，也就是 1 个城镇居民的收入相当于 2.56 个农民的收入。而这种收入差异格局长期固化形成了城乡二元结构，城市和乡村分属两个经济系统，现代部门和传统经济分立并存。在二元结构的背后是因人而异的身份设定制度，不同的户籍制度限定了人的身份和背后的福利待遇，而社会身份差别带来的是机会不公平、起点不公

平等问题，以及由此而生的群体性能力差异鸿沟。因此，推进共同富裕就要深化改革，要打破身份束缚、消解二元社会结构。

（一）推进身份体制改革

共同富裕的前提是人与人之间基本社会权利的平等。但在现实中，城乡二元结构下的城乡身份差异至今仍然普遍存在，并且固化为“城里人”与“农村人”的社会标签。这种社会身份体制除了户籍以外，还有体制内外、编制内外、工人干部等不同身份。往往因为身份差异造成事实上的社会不平等和收入分配的悬殊差距，而今在面对共同富裕时，身份体制的问题显得尤其突出。

公民身份是公民权利的基础。公民身份是由国家法律规定的国民资格，它包括公民应当承担的义务和可以享有的权利。《中华人民共和国宪法》规定了公民的身份与应享有的权利，在法律上拥有同等的公民身份和公民权利，法律面前人人平等。但事实上，法定的公民身份以及相应的公民权利，在农村居民和城镇居民之间存在着很大的差别。从历史发展来看，我国户籍制度确立于 1958 年，目的在于防止农村劳动力的大规模流动，以保障城市基本生活品和最低福利的供给。这是由计划经济体制下优先发展重工业的战略需要。在长期城乡分治的背景下，农村人口受户籍制度束缚，连跨区域的自由流动都很困难。改革开放后，自 1984 年起户籍管理制度开始松动，外出务工逐渐成为农村人寻求机会、改变命运的重要途径。然而，农民仍难以平等享受到同城市民的待遇，他们被标注上“农民工”的标签。进入 21 世纪后，各地政府因地制宜自主制定本地户籍政策，大多实行准入制或积分制的落户方式。当前我国户籍制度实行的是“积分落户制”和居住证制度并行的路径，但农民工仍被排除在外，难以在大城市落户。进入“十三五”之后，中国户籍制度改革加快推进，全面实行居住证制度，“十四五”期间，政府开始探索以经常居住地登记户口制度。

身份不平等的背后是社会福利的不平等。传统的城市社会救济制度和福利制度基本上不能惠及广大的农民，如失业救济、养老金、最低生活保障、医疗补助，等等。这种身份差异还延伸到子女，如受教育权不平等，教育机会不平等，受教育的过程不平等。如有小学生乘同一辆车发生事故，理赔时法院却因城乡身份归属而区别对待。农民与市民的身份导致就业机会的不平等，带来能力发展上的差距，形成起点上的不公平，这是导致贫富差距的重要因素。这种传导机制，最终导致低收入群体的形成，无形之中扩大了社会的贫富差距。

因此，消除乡村居民和城镇居民之间在公民身份和公民权利方面的差别，仍然是我国的一项长期任务，可以说实现公民基本权利的平等，是共同富裕的实质要求。要改变社会基本权利、义务的不平等及其不匹配，促进国民基本能力普遍提升，逐步实现起点公平、机会公平。在这个过程中，需要做到从关注物的分配到关注人的发展，从关注个体差距到关注群体差距，从强调分配结果到重视消费过程。要从促进社会平等出发，进一步加快社会改革，为经济平等创造条件。只有机会与规则更加平等了，中等收入群体扩大才有条件和可能，促进共同富裕的路径也才能打通。

打破社会身份体制首当其冲是改革户籍制度。改革开放通过取消人口流动限制，城市与农村之间“有形之墙”被拆除，但至今城乡关系的“无形之墙”仍然没有被拆除，户籍制度使得农民虽然进城但依然是“农民工”，不能够享受与之相适应的公共服务。城市福利主要是与户籍挂钩而不是与能力和贡献挂钩。近年来，我国通过各种政策和财政投入大大改善了农民户籍所在地的生产生活条件，消除了绝对贫困，解决了温饱问题，城乡融合发展取得了一定进展，但农民依然受制于户籍制度，这是促进农民达成共同致富目标的最大挑战。农民人力资本积累不足、劳动技能普遍偏低、子女教育缺乏平等机会，这些严重影响到农民的发展能力，导致农民致富和家庭条件改善比市民更难。针对城乡二元结构下的群体性差距，关键要改变以户籍制度为标志的城乡二元体制以及社会身份的分层体制，促进人口和家庭的自由流动以及基本公共服务的均等化。

2014年以来，结合国家推进新型城镇化建设的一系列举措，各大城市纷纷推出不同程度的户籍制度改革方案，降低落户门槛，推动重点群体落户，以居住证为基础推进公共服务均等化。如以2015年国务院《居住证暂行条例》的通过为标志的公共服务供给均等化，逐步让地方符合条件的人口享受基本公共服务。并尝试推动各类社会保险和公积金跨地区流动和使用的便利。在长三角、珠三角等部分地区推行落户积分的跨城互认。国务院提出，到2022年逐步消除城市落户限制，到2035年基本建立城乡有序流动的人口迁徙制度。2021年12月21日《中共中央 国务院关于构建更加完善的要素市场化配置体制机制的意见》发布，深化户籍改革要试行以经常居住地登记户口制度，支持建立以身份证为标识的人口管理服务制度，推动加快畅通劳动力和人才社会性流动渠道，激发人才创新创业活力。

（二）促进要素社会流动

共同富裕内含着消除两极分化和实现社会平等的目标，但核心是防止社会阶层固化，让社会流动起来，从而为社会发展注入活力。一定程度上来说，收入存在差距是正常的，存在阶层甚至层级悬殊也是可以理解的，但可怕的是阶层固化体制僵化，社会成为一潭死水，失去了发展的活力。因此，走向共同富裕首要的任务是在发展中促进社会流动。对此，加拿大经济学家迈尔斯·克拉克发现：高度不平等的国家具有较低的代际流动性，即社会越不平等，个人的经济地位就越由其父母的地位决定，子女处于父辈的经济阶层的可能性就越高。他就此提出“了不起的盖茨比曲线”

（The Great Gatsby Curve）[①]，以此描述社会性流动的高低。联系共同富裕，社会性流动的高低决定了每个人改变自己收入状况的可能性的大小，由此促进或阻碍共同富裕的实现。可以想象，一个“内卷而躺平”的社会，其社会流动性趋近于停滞，社会的活力已经枯竭，所谓的共同富裕也就只是表面的削富济贫。

2017 年党的十九大报告首次提出“社会性流动”概念，要求“破除妨碍劳动力、人才社会性流动的体制机制弊端，使人人都有通过辛勤劳动实现自身发展的机会。”2021 年 8 月 17 日召开的中央财经委员会第十次会议，部署在高质量发展中促进共同富裕，构建初次分配、再分配、三次分配协调配套的基础性制度安排时，再次提及“社会性流动”问题。会议强调，“为人民提高受教育程度、增强发展能力创造更加普惠公平的条件，畅通向上流动通道，给更多人创造致富机会，形成人人参与的发展环境。”这其实涉及的是在什么样的经济基础上和制度安排下达成共同富裕？毫无疑问，这个基础和体制就是社会主义市场经济体制。因此，促进社会流动就要深化市场要素改革，在社会流动中实现全社会成员之间的起点公平、机会公平和规则公平。改革开放的事实已经说明，没有充分调动亿万市场主体主动性、积极性和创造性的市场化改革和制度型开放，就没有中国经济的活力四射、八面来风，也就没有综合实力的强劲腾飞和国家发展的强势崛起。但是我国市场经济发展还不够充分，市场的决定性作用还没有得到充分发挥，还需要进行更为深入彻底的改革，其中，促进要素的市场化流动就是改革的重要方面。

---

① “了不起的盖茨比曲线”以二维来标记，是一条向右上方倾斜的曲线，用以说明高度不平等的国家具有较低的代际流动性。横轴是以各国基尼系数表示的社会不公平程度，其中基尼系数越大，表示社会越不公平；纵轴为“代际收入弹性”，即父辈的收入水平对下一代收入水平的影响，该数值越大，表示收入的代际流动性越低，子女处于父辈的经济阶层的可能性就越高。“社会不公平程度”与“代际收入弹性”基本成正相关关系（一条直线），即一个国家的社会不公平程度越高，其“代际收入弹性”越高，代际流动性越低。

（三）进行全面综合改革

人的发展既受制于经济，即财产和收入问题，也受社会结构影响。从改革进程来看，我国已进入全面深化改革阶段，但改革还不够全面，还有很多硬骨头。城乡分治体制，涉及所有制的二元、社会的二元、经济的二元，它们是相互嵌套、相互影响、相互制约的，从发展的底层逻辑上制约着我国共同富裕的推进。在促进共同富裕的过程中，体制机制的改革实际上是一个难点。体制机制的改革，不是发一个文件就能做到的，它涉及各个方面的利益关系。要实施打破二元结构的综合性改革，改革也不能仅仅局限于经济改革，必须是全面深化改革，社会改革、治理改革等改革需要一步步来，不可能一夜之间做到，也不能一口吃成个胖子，共同富裕具有长期性、艰巨性、复杂性，不是一蹴而就的。

彻底改革二元社会结构，让全体国民能力得到普遍提升，社会创新活力才能够真正释放出来，促进共同富裕才会得到持续的动力。农村改革经过以家庭承包经营为核心的改革，建立起了农村基本经济制度和市场机制，保障了农民生产经营自主权。然后以农村税费改革为核心，统筹城乡发展，调整国民收入分配关系。再以农村上层建筑变革为核心，实行农村综合改革，逐步建立精干高效的农村行政管理体制和运行机制、覆盖城乡的公共财政制度，以及农民增收减负的长效机制，促进农村经济社会全面协调发展。2015 年中共中央办公厅、国务院办公厅印发《深化农村改革综合性实施方案》，中央考虑到整个农村的改革是一个大的系统，必须加强其协调性、统筹性，这是一个关于农村改革系统性的总体设计。后来在新农村建设战略和 2017 年确立的乡村振兴战略下推进乡村综合改革，一方面加大对农村的投资，另一方面针对原来二元结构体制下形成的制度、法律、政策深入推进改革。这些改革采取试点试验的做法，然后再逐步推开。

2018年财政部印发了《开展农村综合性改革试点试验实施方案》，决定从2018年起在有关省份开展农村综合性改革试点试验，选择山东、安徽、湖南、广东、云南、陕西6个省份，每个省份选择2个县（市、区），每个县选择一定数量乡村开展试点。具体改革探索的内容：一是健全村级集体经济发展机制，提高农民生产经营的规模化和农村经济发展组织化；二是完善乡村治理机制，探索法治、德治、自治下的治理；三是探索构建农民持续增收机制，提升农民生产经营、增收致富和自我发展能力；四是建立农村生态文明发展机制，推进建立农村环境综合治理与保护的长效机制，建设美丽乡村，依托乡村资源环境条件，遵循乡村发展规律，体现乡村特色风情，传承乡村文明，发展新业态，激发新动能，进一步提升美丽乡村活力魅力，为农民建设美丽幸福家园。2021年农村综合性改革试点试验扩展到18个省区市继续开展试点试验①。

共同富裕目标下的乡村发展需要进行全面综合的农村改革。破解农业农村发展面临的矛盾障碍，根本靠深化改革。新阶段深化农村改革，涉及的利益主体更加多元、利益关系更加复杂，协调难度加大，需要做好系统谋划，加强统筹协调，促进要素融合，坚持稳中求进。农村住房制度改革与农村土地制度改革，是首当其冲的改革，要让农民获得更多财产权益，促进资金流在城镇和农村双向自由流动，让农民离土也离乡自由迁徙，切实解决好共享发展和共同富裕的最大难题。

一要注重综合。农村改革综合性强，靠单兵突进难以奏效，必须树立系统性思维，注重改革的系统性、整体性、协同性，把握好各项改革间的关系，加强统筹协调。同时，加强部门协调配合，明确任务分工，做好单项改革成果梳理对接，形成整体效应，推动农村改革系统集成、稳步

① 具体有北京、河北、内蒙古、吉林、江苏、浙江、安徽、福建、山东、河南、湖北、湖南、广东、深圳、广西、四川、云南、甘肃等18个省区市，每个试点省份开展1个试点试验，中央财政通过农村综合改革转移支付，按照有关规定实施定额补助。

深化。

二要注重融合。进入新发展阶段，城乡之间的土地、资本、劳动力等要素资源流动仍然存在体制机制障碍，农村各种集体资源资产如何融入社会主义市场经济、小农户如何融入现代农业发展以及城市与乡村如何融合发展还未完全破题。深化新阶段农村改革，需要加快县域内城乡融合发展，完善农村产权制度和要素市场化配置机制，破除城乡分割的体制弊端，打通城乡要素平等交换、公共资源均衡配置的制度性通道，促进城市和乡村的融合发展，充分激发农村发展内生动力。

三要注重适合。农村宅基地资格权、农村土地承包经营权以及集体收益分配权互相关联，各项改革之间的联系越来越紧密，牵一发而动全身。农村改革涉及农民群众基本权益，不能急于求成，更不能有一步到位的想法。要把握好稳中求进的主基调，把好"稳"的要求、找准"进"的节奏。在稳的基础上求进，就要通过开展改革试点，坚持问题导向，攻克改革发展中的堵点卡点，进一步探索总结可复制、可推广的制度性成果。全面推进乡村振兴，最大的动力还是改革。要加快土地制度改革，破解长期存在的城乡二元体制。加快土地制度改革是破解"三农"问题的突破口，也是促进共享发展、实现共同富裕的关键。为此，建议允许土地上市流转，允许农民依法享有土地用益物权即"财产权"的转让收益，让农民离土也离乡。建立健全土地交易市场，对土地交易价格实行最低保护价格机制，保护农民利益不受损害。严格规定土地用途，并实行严格的土地使用监管制度，严禁土地撂荒。要改革农村住房制度，允许农民住房自由上市流通。长期以来，受制于城乡二元经济体制，我国农民住房只能在村民之间交易转让、不能作为商品房上市流通。农民因为缺乏住房这一重要财产保值增值机制，只能靠打工赚钱养家，绝大部分农民陷入低收入状况，成为实现共同富裕的难点和重点对象。在当前促进共享发展、实现共同富裕政策大背景下，应当把不合理的农村住房制度改革作为重中之重的改革任务来抓。为此，建议尽快调整农村住房政策，允许农村住房与城市住房一样上市流通，允许农民自由处置住房，鼓励城市居民到农村购房，打通城乡要素流通渠道。

二、增进共同富裕转变发展方式：探索乡村高质量发展的模式

2017 年中国共产党第十九次全国代表大会首次提出“高质量发展”的新表述，并对我国经济发展的阶段做出论断，“我国经济已由高速增长阶段转向高质量发展阶段”，提出要“建立健全绿色低碳循环发展的经济体系”。2018 年中央经济会议也指出，推进高质量发展将成为中国未来一个时期的宏观调控、政策制定以及发展思路的“总要求”。其本质内涵是以满足人民日益增长的美好生活需要为目标的高效率、公平和可持续的发展，是以质量为价值取向和核心目标的发展。高质量发展既是发展观念的转变，也是增长模式的转型，更是对民生水平的关注。要告别过去过度注重数量、规模、速度，片面追求扩张的粗放式发展模式，转而追求质量和效益全面提升的内涵式、集约型、绿色化发展道路，高质量发展根本在于经济的活力、创新力和竞争力。这意味着新时代中国经济和社会发展的深刻转变：要从增长优先转向高质量发展，着眼于平衡经济增长与可持续发展，以构筑一个更为均衡发展的社会。

（一）共同富裕内含着高质量发展的要求

2021 年习近平总书记在主持召开中央财经委员会第十次会议时指出，要“在高质量发展中促进共同富裕”。一方面，共同富裕是高质量发展的根本目的，高质量发展就是要促进共同富裕的实现。另一方面，高质量发展是实现共同富裕的重要途径，是解决逐步实现共同富裕的基础和关键，

实现共同富裕必须依靠高质量发展。可以说，共同富裕内在要求高质量发展，不利于共同富裕的发展不能算是高质量发展。没有高质量发展，共同富裕也就是一句空话。可见，高质量发展与共同富裕二者具有统一性，统一于实现社会主义现代化的实践探索之中。

高质量发展就是高效地“做大蛋糕”，没有高质量发展，就不可能实现共同富裕。一是投入产出体现效率，要做到资源节约；二是创新促进体现动力，着力于创新经济发展质量变革；三是以结构优化促进平衡，实现协调发展，四是以绿色发展促进人与自然和谐共生；五是实现内外良性循环，在循环中平稳发展；六是以人为本全民共享发展。共同富裕之于高质量发展的作用在于分好“蛋糕”，因为共同富裕共享发展，调动了发展的积极性，从而调整好了各方面的关系，调动了全社会全体人民的积极性和创造性，解放和发展了生产力。因此要辩证地看待二者的关系，处理不好，也就会产生矛盾和问题，没有高质量的发展片面追求共同富裕，可能会导致共同贫穷，发展缺乏基础；没有共同富裕也就不会有高质量发展，因为不能分享发展的红利，发展的动力就会枯竭。

（二）乡村振兴要有高质量发展模式支撑

党的十九大报告提出乡村振兴战略，坚持农业农村优先发展，按照产业兴旺、生态宜居、乡风文明、治理有效、生活富裕的总要求，加快推进农业农村现代化。这是从时间、空间和思想维度上综合推进乡村发展的新思路，实现了由城乡统筹发展向城乡融合发展的战略转变。乡村振兴是一个阶段性的战略，其目的是发现乡村高质量发展模式，是高质量发展模式形成的一个契机。而高质量发展模式是一个相对稳定的发展方式，是契合发展规律又切合实际的经济增长方式，需要一个较长的实践探索才能发现形成。乡村振兴和乡村高质量发展都是推进农业农村现代化过程的战略举措和模式支撑，乡村振兴需要的是高质量发展，要实现持久的振兴，不能搞不切实际、不顾长远的无序开发，要克服只顾当前、不顾长远的短视心理，要立足本地发展实际探索高质量发展模式。而所谓乡村高质量发展模式基本由四方面构成：凭什么发展？由谁来发展？怎么能发展？向哪里发展？概而言之，“凭什么发展”要解决的是发展的动力问题，主要体现为创新的动力；“谁来发展”要解决分散化的小农与大市场的对接问题；“如何发展”要解决发展的路径问题，作为小农组织化的结果，便是在产业层面上的联系，就是形成一、二、三产业的融合；而“向哪发展”是要揭示农业农村发展的规律趋势，这便是城乡融合的趋向。

一是高质量发展要通过创新驱动。这是“凭什么获得发展”的问题，高质量发展是创新驱动的发展，是创新作为第一动力的发展，只有创新驱动才能推动农业经济从外延式扩张上升为内涵式发展。其中专业人才和科技创新是关键，包括种子工程、技术开发、数字赋能等都是农业农村领域的核心创新。需要强调的是一些科学技术的应用也是很重要的创新领域，例如，互联网在农村物流方面的应用，无人机在农业生产经营方面的应用，都发挥了很重要的作用。

二是高质量发展要着力于产业经营组织化。我国农业普遍是以一家一户为主的小规模方式，零散的耕地很难统筹去经营管理，导致了产业经营的组织化程度偏低，成为产业发展、乡村振兴的主要掣肘。但也要看到，我国人多地少，中国耕地面积 1.34 亿公顷，中国农业人口 5.76 亿，人均耕地 0.23 公顷，如果只考虑实际从事农业的 2 亿劳动力来说，人均也仅仅只有 0.67 公顷。各地农业资源禀赋条件差异很大，很多丘陵山区地块零散，不是短时间内能全面实行规模化经营，也不是所有地方都能实现集中连片规模经营。当前和今后很长一个时期，小农户家庭经营将是我国农业的主要经营方式。因此，为了正确处理好发展适度规模经营和扶持小农户的关系，党的十九大提出，要实现小农户和现代农业发展的有机衔接。2019 年中共中央办公厅、国务院办公厅颁发《关于促进小农户和现代农业发展有机衔接的意见》，明确提出要提高小农户组织化程度。提出发展多种形式适度规模经营，培育新型农业经营主体。通过引导小农户开展合作与联合、创新合作社组织小农户机制、发挥龙头企业对小农户带动作用、健全面向小农户的社会化服务体系等措施途径，而今已经探索形成了“公司+农户”“公司+基地+农户”和“公司+合作社+农户”等主要经营模式，今后还要鼓励发展多种形式适度规模经营，进一步探索更为切合各地实际的产业化经营组织。

三是高质量发展要实现融合发展。融合发展包括“产业融合”“产村融合”和“城乡融合”等三个层次。即：通过绿色化转型、数字化提升，拉长特色产业链，实现一、二、三产业的“产业融合”；通过以产兴村、以村促产，破解产业升级、村庄经营难题，实现“产村融合”；通过改革破壁垒、服务一体化，推动城乡互促共进，实现“城乡融合”。例如，浙江德清县有效整合资金、土地、人力等要素资源，以农村集体经营性建设用地入市改革试点为契机，全面激活农村产权收益，同时充分发挥乡贤参事会作用，走出了一条“产村融合”的高质量发展模式。再如，湖南长沙县城乡一体化试点探索出城乡融合模式，主要通过推动土地集中流转、环境集中治理、村民集中居住的“三集中”，实现村民的就地城镇化；通过土地改革和混合运营，发展生态、文化、教育、旅游、康养五大产业，推动农民致富增收，促进了乡村振兴。

（三）促进乡村振兴走向高质量发展轨道

乡村振兴战略包括产业兴旺、生态宜居、乡风文明、治理有效和社会富裕五大方面，高质量发展模式关涉发展的动力、发展的质量表现、与自然协调的可持续性和人与人关系和谐的程度等层面，不只是投入产出衡量上的低投入高产出，而且还要体现人口、资源、环境的协调性，更要体现人与人关系和谐性下的人类福祉增长。因此，要将二者联系起来考虑，促进乡村振兴走上高质量发展的轨道。

一是在产业兴旺上顺应产业发展规律。发展乡村产业，不论是走创新路线，还是深耕传统行业，都要走高质量发展之路。这就要在产业特色、产业品牌、产业平台、产业升级等方面提高质量，产业特色是一地发展的根植性所在，产业品牌是市场竞争的必然导向，产业平台是现代产业集聚发展的要求，产业升级是产业进化的内在趋向。

二是在生态宜居上强调绿色和谐。一方面要在生态层面重视与自然和谐的关系；另一方面在人居环境上注重乡村文化。要重视不同乡村所具有的原始风貌以及特色，尊重乡村居民所具有的生活习惯、传统风俗，以人为本提升乡村人居环境建设与优化水平。

三是在乡风文明上要重视乡村文化的培育。这是高质量最为抽象但也最为深刻的内涵，比如现在发展文旅突出的古村落，都是有历史沉淀、文化厚重的村落，要重视乡村文明培育工作、宣传淳朴的民风与家风，推动农村精神文化活动以及品牌的多元化发展，进而为农村文化产业的培育奠定良好基础。

四是在治理有效上要更为重视人际和谐。乡村生活与城市社区不一样的地方就是人际关系特点，这方面高质量的内涵差异最大，形成一个安全祥和的村落是乡村高质量的必要内容。

五是在社会富裕上不断提高乡村居民经济收入水平。创收增收是推动乡村振兴高质量发展的关键，同时也是提升乡村居民获得感幸福感的必要路径。这方面主要是激发乡村地区经济发展活力，增加经营性收入比重。

三、促进共同富裕巧借分配政策：适应三次分配瞄准乡村重点

作为促进共同富裕的政策手段，狭义来看不外乎三次分配政策，但这些分配政策手段作用的对象及其途径方式各不相同。因此，这里就需要仔细地辨析乡村振兴的不同方面，也要根据不同地方的实际，还要注意乡村发展的程度阶段，瞄准乡村重点，巧借分配政策，发挥最大效应。

（一）搞清三次分配政策的一般内涵和作用方式

关于三次分配界定及其关系特点描述，北师大唐任伍教授构建了一个基于“市场、政府、社会”三轮共同作用的驱动模型，界定了“初次分配、再分配、三次分配协调配套的基础性制度安排”框架，对三次分配的作用路径进行了说明，较好地阐释了共同富裕的实现逻辑。

初次分配又称为第一次分配，基于“竞争性”原则，以做大“蛋糕”为目标，充分发挥要素的积极性，做到有效市场、能者多得，为共同富裕奠定基础。按照参与财富创造的土地、劳动、资本、技术、信息等各类要素的贡献大小进行分配，本事越高、能力越强、贡献越大、获得就越多，有利于激发各种要素的积极性和创造性潜能，把“蛋糕”做大、共同富裕的基础筑牢。

二次分配又称“再分配”，基于“强制性”原则的，以维护“社会公平”为目标，充分发挥有为政府的调节功能，做到“分好蛋糕”，为共同富裕提供保障。政府作为这一责任的主体，按照强制性原则，通过税收、社会保障、转移支付、公共服务等各种制度设计，进行精准调节和引导，发挥共同富裕中的兜底作用，完善再分配机制，弥补市场失灵，实施“平富济穷”，实现共同富裕。

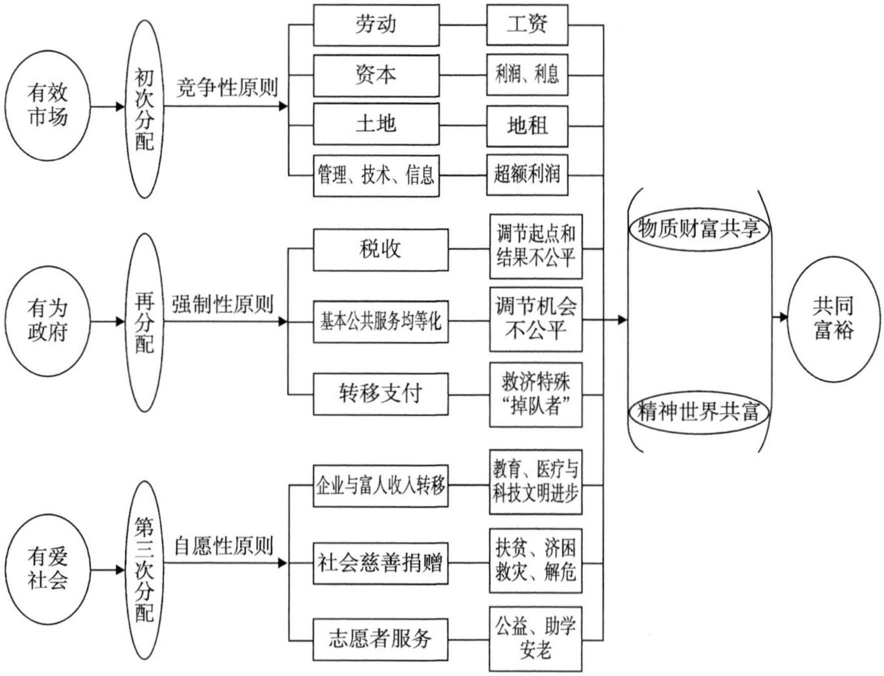

图 10-1 三次分配与共同富裕的相互关系及其作用途径

注：本图来自唐任伍教授。

第三次分配，基于“自愿性”原则的，以建设“和谐”社会为目标，充分发挥社会资本作用，为共同富裕实现提供自愿和信任的社会土壤。第三次分配是社会主体自主自愿参与的财富流动，是在向善、为公、乐施等社会价值理念的引导下，具有很强的伦理性，是充满活力的“社会之手”“仁慈之手”的推动，体现社会成员的更高精神追求。这是现代社会中的一种新型分配机制。诸如捐赠、慈善等被纳入分配体系之中，提升到共同富裕的国家战略高度，从边缘的配角成为国家分配政策中心的主角，将在共同富裕的实现进程中发挥出一定的作用。

总体上来说，要遵循“两个同步（居民收入增长和经济发展同步、劳动报酬增长和劳动生产率同步）”和“两个提高（提高居民收入在国民收入中的比重，提高劳动报酬在初次分配中的比重）”的原则。一方面改革财税制度，合理确定税种、税基和税率，规范足额征税，特别是利得税（企业和个人所得税）。适时开征不动产税、遗产税、赠与税等。另一方面调整优化财政支出，加大社会保障和转移支付的力度。加大对贫困户和灾民的社会救济。规范收入分配秩序，解决好部分行业和领域收入与其他领域反差过大、部分企业和行业高管收入畸高等问题。建议对财产性收益实行累进制征税，加大税收对收入分配的调控力度。实行鼓励诚实劳动和创新创业的政策，建立劳动者工资年度增长机制。适时开征“利得税”，发挥税收在要素交易收益分配中的调节作用，对股票交易、房产交易、矿权交易、土地交易等要素交易收益进行累进制征税，遏制矿权、股票、土地、房地产等领域严重暴利行为。

解决好初次分配和二次分配、包括公益慈善等三次分配在内的整个社会分配合理化问题，是完善社会主义市场经济的题中之义。促进共同富裕不能走回头路，去向计划经济“讨生活”；而只能继续前进，在“做大蛋糕”的同时，通过深化分配制度改革、优化公共服务供给去“分好蛋糕”，让改革、开放和发展的成果，更公平惠及全体人民群众。

还要处理好“市场与政府”的作用关系。市场对资源配置的“决定性作用”越强，就越需要“更好发挥政府（规范秩序、调节收入等公共管理）作用”。市场经济是法治经济，经济活动规模越大、内容越复杂，就越需要相关法治的健全和司法的正义。市场经济还是产权明晰、公平交易的经济。有效落实所有制和竞争“两个中性”的原则，“保证各种所有制经济依法平等使用生产要素、公平参与市场竞争、同等受到法律保护（党的十八大报告语）”，不管是生产过程，还是马克思所说“生产决定分配”的过程，才能更好地体现共同富裕的原则、达成共同富裕的目标。

此外，还要坚持“两个毫不动摇”。国有企业和民营企业都是实现共同富裕的重要基石。民营经济为我国贡献了 50% 以上的税收、60% 以上的 GDP、70% 以上的技术创新、80% 以上的城镇就业、90% 以上的市场主体数量。民营企业的发展是大多数人勤劳致富、创新致富的基本途径之一。没有民营经济的做大做强，就不可能建成社会主义现代化强国，也就谈不上共同富裕。

（二）瞄准乡村重点发挥三次分配政策最大效应

在第五章，我们就三次分配与乡村发展之间的关系通过一个图示（图5-4）来说明，这个图示揭示出三次分配政策工具及其作用方式的不同特点，依此再联系乡村振兴的重点，以便发挥三次分配政策的最大效应。

一要根据乡村振兴的不同内容区分三次分配政策重点。不同手段对应的乡村振兴任务不同，如，初次分配对应于产业振兴、人才振兴、生态振兴，而其他方面通过初次分配的作用相对较小，而且主要是通过市场机制来间接连接，这样我们用间断的线条来表示；二次分配影响较大的有生态振兴、文化振兴、乡村建设等，因为这个体现的是有为政府的直接作用，我们用实线来表示；三次分配影响较大的是组织建设、乡村建设及贫灾防治，非政府社会组织的作用相对突出，但也是因社会良俗和道德规范作用下的自愿捐助，因此，我们用虚线来表示这些作用。此外，以线的粗细来表示作用的强度大小。

二要根据乡村振兴的不同阶段考虑三次分配政策作用。如在脱贫攻坚“两不愁三保障”阶段，转移支付发挥的作用较大，而在乡村振兴时期，公共服务就成为重点，要对农村公共服务问题“对症下药”，引导资金使用。教育优先，就业优先，同时，农村公共服务供给也应该根据实际情况向产业引进、教育培训等方面倾斜。

三要根据不同地方的乡村发展统筹三次分配政策运用。发达地方和边远艰苦地区，三次分配政策运用也就不同，如边远艰苦地区，可能就要在基本工资的津贴制度方面予以补充，而不能局限于三次分配政策的一般性规定。

1. 建议将共享发展和共同富裕指标纳入政绩考核内容，切实强化各级各部门推进共享发展和共同富裕的工作力度

一是将共享发展纳入政绩考核评价内容。建议制定和定期统计共享发展指标体系，将其纳入政绩评价体系，作为考核各级各部门政绩的重要内容，形成有利于共享发展和共同富裕的考评机制和用人机制。二是建立有利于共享发展和共同富裕的法规政策体系。建议加快建立和完善有利于共享发展和共同富裕的法规政策体系，一些不利于共享发展和共同富裕的法律、规章和政策，该更新的要更新，该终止的要终止，坚决破除影响共享发展和共同富裕的法规政策瓶颈，创造有利于共享发展和共同富裕的法规政策环境。

2. 建议对财产性收益实行累进制征税，加大税收对收入分配的调控力度

一是建议调整收入分配政策，从政策思路上将“效率优先、兼顾公平”调整为“公平为先”，实行鼓励诚实劳动和创新创业的政策，建立劳动者工资年度增长机制。二是建议开征“利得税”，发挥税收在要素交易收益分配中的调节作用，对股票交易、房产交易、矿权交易、土地交易等要素交易收益进行累进制征税，遏制严重暴利行为。

3. 加快土地制度改革，为解决“三农”问题创造条件

我国长期存在的城乡二元体制，带来一系列问题。我国农村户籍人口在 8 亿以上。加快解决“三农”问题，促进农业现代化、农民市民化、农村城镇化，是当前和今后一个时期促进共享发展、实现共同富裕最为重要的工作。“三农”问题的核心是农村土地制度问题。加快土地制度改革是破解“三农”问题的突破口，也是促进共享发展、实现共同富裕的关键。为此，建议按照党的十八届五中全会精神，立足改革创新，立足保护农民利益，立足解放农村生产力，切实加快农村土地制度改革，允许土地上市流转，允许农民依法享有土地用益物权即“财产权”的转让收益，让农民

离土也离乡。从操作层面上：一是建议成立若干个中央农业开发国有企业，各省市结合实际成立农业开发国有企业，按照自愿原则并以不低于国家规定的价格收购农民土地，加快推进土地集约化、农村城镇化、农民市民化、农业现代化。二是建议国家制定农民土地流转相关政策。建立健全土地交易市场，对土地交易价格实行最低保护价格机制，保护农民利益不受损害。严格规定土地用途，并实行严格的土地使用监管制度，严禁土地撂荒。

4. 改革农村住房制度，允许农民住房自由上市流通

农村住房是我国广大农民安身立命之本，是农民应该享有的最基本财产。长期以来，受制于城乡二元经济体制，我国农民住房只能在村民之间交易转让、不能作为商品房上市流通。在这样的农村住房政策背景下，城镇住房随着房价逐步上涨房产价值不断增值，农村住房不但没有增值、反而在不断贬值。同时，这一政策阻断了城市居民选购农村住房、移居农村的渠道，导致资金流在城乡之间只能由农村流向城镇，成为一些农村地区走向荒芜、凋零和衰败的重要原因。最为重要的是，这一政策导致庞大的农民群体因为缺乏住房这一重要财产保值增值机制，只能靠打工赚钱养家，绝大部分农民陷入低收入状况，成为实现共同富裕的难点和重点对象。

在当前促进共享发展、实现共同富裕的大背景下，应当把农村住房制度改革作为重要的改革任务来抓。为此，建议尽快调整农村住房政策，允许农村住房与城市住房一样上市流通，允许农民自由处置住房，鼓励城市居民到农村购房，打通城乡要素流通渠道。

总之，希望通过农村住房制度改革与农村土地制度改革，让农民获得更多财产权益，促进资金流在城镇和农村双向自由流动，让农民离土也离乡自由迁徙，为解决“三农”问题创造条件，切实解决好共享发展和共同富裕的最大难题。

参考文献

[1] Aslihan Arslan, David E. Tschirley & Eva-Maria Egger Rural Youth Welfare along the Rural-urban Gradient: An Empirical Analysis across the Developing World [J].The Journal of Development Studies, 2021, 51 (4): 544-570.

[2] Abreu I, Nunes JM, Mesias FJ. Can Rural Development Be Measured? Design and Application of a Synthetic Index to Portuguese Municipalities [J]. Social Indicators Research, 2019, 145 (3): 1107-1123.

[3] Abreu I, Mesias F. The Assessment of Rural Development: Identification of an Applicable Set of Indicators Through a Delphi Approach [J]. Journal of Rural Studies, 2020, 80: 578-585.

[4] Becker, G.S, B.R.Chiswick. Education and the Distribution of Earning [J]. American Economic Review, 1966, 56: 358-69.

[5] Calderón C, Chong A. Volume and quality of infrastructure and the distribution of income: an empirical investigation [J]. Review of Income and Wealth, 2004, 50 (1): 87-106.

[6] Chuliang Luo, Shi Li, Terry Sicular. The long-term evolution of national income inequality and rural poverty in China [J]. China Economic Review, 2020, 62: 87-104.

[7] Eimermann M. Two sides of the same coin: Dutch rural tourism entrepreneurs and countryside capital in Sweden [J]. Rural Society, 2016, 25 (1): 55-73.

[8] Galor, O.J.Zeira. Income Distribution and Macroeconomics [J]. Review of Economic Studies, 2020, 60: 35-52.

[9] International Food Policy Research Institute. (2019). 2019 Global Food Policy Report.

[10] Khandker, S. R., Bakht, Z., & Koolwal, G. B. The Poverty Impact of Rural Roads: Evidence from Bangladesh [J]. Economic Development and Cultural Change, 2009, 57 (4), 685 - 722.

[11] Liu C., X. Li, C. Xu, L. Zhou. 2012. Access to Transportation Infrastructure and Income Inequality in China [C]. 2012 全国数量经济学博士生学术论坛会议报告论文，中国厦门，2012 年 12 月 8—9 日 .

[12] Miranda B R, Sturtevant B R, Stewart S I, et al. Spatial and temporal drivers of wildfire

occurrence in the context of rural development in northern Wisconsin, USA [J]. International Journal of Wildland Fire, 2011, 21 (2): 141–154.

[13] Pai H I. Heritage management in Korea and Japan: The politics of antiquity and identity [M]. University of Washington Press, 2014.

[14] PIKETTY T. About capital in the twenty–first century [J]. American Economic Review, 2015 (5): 48–53.

[15] Ravallion Martin, Chen Shaohua. China's (uneven) Progress Against Poverty [J]. Journal of Development Economics, 2007 (1): 1–42.

[16] Shen Yangyang, Li Shi, Wang Xiaobing. Impacts of Two Tax Reforms on Inequality and Welfare in China [J]. China & World Economy, 2021 (3): 104–134.

[17] Van Der Ploeg J D, Renting H. Impact and potential: a comparative review of European rural development practices [J]. Sociologia ruralis, 2000, 40 (4): 529–543.

[18] Wilson O J. Village renewal and rural development in the former German Democratic Republic [J]. GeoJournal, 1998, 46 (3): 247–255.

[19] 安虎森，郭莹莹. 国外乡村振兴理论及其对我国的启示 [J]. 开发研究，2019 (3): 47–53.

[20] 白雪秋，包云娜. 中国城乡收入差距本源性探讨——基于劳动价值论视角 [J]. 社会科学辑刊, 2021 (5): 158–163.

[21] 曹斌. 乡村振兴的日本实践：背景、措施与启示 [J]. 中国农村经济, 2018 (8): 117–129.

[22] 曹戈. 二〇三五远景目标下实现共同富裕的路径探析 [J]. 新经济, 2021 (7): 53–55.

[23] 曹永栋. 新思想对马克思主义共同富裕理论的丰富与拓展 [J]. 国家治理，2021 (30): 3–7.

[24] 常江，朱冬冬，冯姗姗. 德国村庄更新及其对我国新农村建设的借鉴意义 [J]. 建筑学报, 2006 (11): 71–73.

[25] 陈斌开，张鹏飞，杨汝岱. 政府教育投入、人力资本投资与中国城乡收入差距 [J]. 管理世界，2010 (1): 36–43.

[26] 陈盛伟，冯叶. 基于熵值法和 TOPSIS 法的农村三产融合发展综合评价研究——以山东省为例 [J]. 东岳论丛, 2020, 41 (5): 78–86.

[27] 陈锡文. 实施乡村振兴战略，推进农业农村现代化 [J]. 中国农业大学学报 (社会科学版), 2018, 35 (1): 5–12.

[28] 陈锡文. 农村土地制度改革的重点与路径 [J]. 国土资源，2014 (8): 4–5.

[29] 陈新. 国外乡村建设对我国欠发达地区乡村振兴的若干启示 [J]. 乡村科技，2019 (30): 8–10.

[30] 陈秧分，黄修杰，王丽娟. 多功能理论视角下的中国乡村振兴与评估［J］. 中国农业资源与区划，2018，39（6）：201–209.

[31] 程恩富，刘伟. 社会主义共同富裕的理论解读与实践剖析［C］// 马克思主义政治学研究（第 2 辑 · 2012），2014：569–579.

[32] 崔艳娟，孙刚. 金融发展是贫困减缓的原因吗？——来自中国的证据［J］. 金融研究，2012（11）：116–127.

[33] 德清县残联：《德清县成功入围全省首批促进残疾人共同富裕先行先试项目之"全链条"无障碍建设先行区》，2021.11.19.

[34] 邓旋. 财政支出规模、结构与城乡收入不平等——基于中国省级面板数据的实证分析［J］. 经济评论，2011（4）：63–69.

[35] 豆书龙，叶敬忠. 乡村振兴与脱贫攻坚的有机衔接及其机制构建［J］. 改革，2019,（1）：19–29.

[36] 杜芳. 国内外乡村振兴研究的知识图谱：热点演进、发展趋势及国际启示［J］. 西南民族大学学报（人文社会科学版），2022，43（4）：231–240.

[37] 杜岩，李世泰，秦伟山，等. 基于乡村振兴战略的乡村人居环境质量评价与优化研究［J］. 中国农业资源与区划，2021，42（1）：248–255.

[38] 范馨仪. 乡村振兴背景下农民持续增收推进共同富裕的路径及政策研究［J］. 南方农业，2021，15（29）：29–31.

[39] 方达，郭研. 农村土地流转、资本有机构成与城乡收入差距——基于马克思政治经济学的经验与实证证据［J］. 经济学家，2020（11）：107–115.

[40] 高强，孔祥智. 论相对贫困的内涵、特点难点及应对之策［J］. 新疆师范大学学报（哲学社会科学版），2020，41（3）：120–128+2.

[41] 顾小玲. 农村生态建筑与自然环境的保护与利用——以日本岐阜县白川乡合掌村的景观开发为例［J］. 建筑与文化，2013（3）：91–92.

[42] 郭平，周洁. 财政分权、社会保障支出与城乡居民收入差距的实证分析［J］. 财经理论与实践，2016（5）：88–93.

[43] 郭翔宇，胡月. 乡村振兴水平评价指标体系构建［J］. 农业经济与管理，2020，63（5）：5–15.

[44] 国家统计局住户调查办公室编：《中国住户调查年鉴——2019》，中国统计出版社，2019 年，第 451 页。

[45] 韩广富，葛一璇. 习近平新时代脱贫攻坚思想及其指导意义［J］. 东北师大学报（哲学社会科学版），2018（3）：26–31.

[46] 韩磊，王术坤，刘长全. 中国农村发展进程及地区比较——基于 2011 ~ 2017 年中国农村发展指数的研究［J］. 中国农村经济，2019，415（7）：2–20.

[47] 韩文龙，祝顺莲. 新时代共同富裕的理论发展与实现路径［J］. 马克思主义与现

实，2018（5）：31-37.

［48］韩欣宇，闫凤英．乡村振兴背景下乡村发展综合评价及类型识别研究［J］．中国人口·资源与环境，2019，29（9）：156-165.

［49］黄承伟．论乡村振兴与共同富裕的内在逻辑及理论议题［J］．南京农业大学学报（社会科学版），2021，21（6）：1-9.

［50］黄承伟．推进乡村振兴的理论前沿问题［J］．行政管理改革，2021（8）：22-31.

［51］黄承伟．中国特色减贫道路论纲［J］．求索，2020（4）：91-98.

［52］黄季焜．乡村振兴：农村转型、结构转型和政府职能［J］．农业经济问题，2020（1）：4-16.

［53］黄祖辉．准确把握中国乡村振兴战略［J］．中国农村经济，2018（4）：2-12.

［54］贾晋，李雪峰，申云．乡村振兴战略的指标体系构建与实证分析［J］．财经科学，2018，368（11）：70-82.

［55］蒋政．共同富裕新论——基于平等理论的分析［J］．岭南学刊，2014（1）：22-26.

［56］科技金融网：《湖州：科技强农支撑共同富裕》，2021.11.9.

［57］科技日报：《甘肃前进村："挤"出来的前进路》，2019.1.24.

［58］孔祥智，等．中国农村发展40年：回顾与展望［M］．北京：经济科学出版社.2018.

［59］孔祥智．我国农业劳动力数量和劳动生产率估算［J］．改革，2019，303（5）：38-47.

［60］李丹，裴育．城乡公共服务差距对城乡收入差距的影响研究［J］．财经研究，2019，45（4）：111-123+139.

［61］李建伟，李树生，胡斌．具有普惠金融内涵的金融发展与城乡收入分配的失衡调整——基于VEC模型的实证研究［J］．云南财经大学学报，2015，31（1）：110-116.

［62］李军刚，范星亮．论如何以脱贫攻坚精神助力乡村振兴和共同富裕［J］．贵州社会主义学院学报，2021（3）：34-37.

［63］李乾，芦千文，王玉斌．农村一二三产业融合发展与农民增收的互动机制研究［J］．经济体制改革，2018（4）：96-101.

［64］李实，陈基平，滕阳川．共同富裕路上的乡村振兴：问题、挑战与建议［J］．兰州大学学报（社会科学版），2021，49（3）：37-46.

［65］李实，罗楚亮．中国城乡居民收入差距的重新估计［J］．北京大学学报（哲学社会科学版），2007（2）：111-120.

［66］李实，朱梦冰．中国经济转型40年中居民收入差距的变动［J］．管理世界，2018，34（12）：19-28.

［67］李实．共同富裕的目标和实现路径选择［J］．经济研究，2021，56（11）：4-13.

［68］李小静．乡村振兴战略视阈下农民可持续增收路径探析［J］．农业经济，2021

（4）：72-74.
［69］李小云，唐丽霞，许汉泽．论我国的扶贫治理：基于扶贫资源瞄准和传递的分析［J］．吉林大学社会科学学报，2015，55（4）：90-98+250-251.
［70］李秀霞，刘雁．社会主义新农村评价体系研究［J］．农村经济，2006（11）：105-107.
［71］李玉恒，阎佳玉，宋传垚．乡村振兴与可持续发展——国际典型案例剖析及其启示［J］．地理研究，2019，38（3）：595-604.
［72］梁双陆，刘培培．数字普惠金融与城乡收入差距［J］．首都经济贸易大学学报，2019，21（1）：33-41.
［73］刘东燕．共同富裕视域下乡村振兴重点帮扶县治理转型研究——以广西为例［J］．广西民族研究，2021（5）：181-188.
［74］刘合光．乡村振兴战略的关键点、发展路径与风险规避［J］．．新疆师范大学学报（哲学社会科学版），2018，39（3）：25-33.
［75］刘楝子．乡村振兴战略的全域旅游：一个分析框架［J］．改革，2017，286（12）：80-92.
［76］刘培林，钱滔，黄先海，董雪兵．共同富裕的内涵、实现路径与测度方法［J］．管理世界，2021，37（8）：117-129.
［77］刘儒，刘江，王舒弘．乡村振兴战略：历史脉络、理论逻辑、推进路径［J］．西北农林科技大学学报（社会科学版），2020，20（2）：1-9.
［78］刘赛红，王志飞．农村信贷投入、农业振兴与城乡居民收入差距研究［J］．云南财经大学学报，2019，35（3）：94-104.
［79］刘守英．集体地权制度变迁与农业绩效——中国改革40年农地制度研究综述性评论［J］．农业技术经济，2019（1）：4-16.
［80］刘晓光，张勋，方文全．基础设施的城乡收入分配效应：基于劳动力转移的视角［J］．世界经济，2015，38（3）：145-170.
［81］刘彦随．中国新时代城乡融合与乡村振兴［J］．地理学报，2018，73（4）：637-650.
［82］陆铭，陈钊．城市化、城市倾向的经济政策与城乡收入差距［J］．经济研究，2004（6）：50-58.
［83］罗楚亮，史泰丽，李实．中国收入不平等的总体状况（2007—2013年）［M］//李实，岳希明，史泰丽，佐藤宏．中国收入分配格局的最新变化．北京：中国财政经济出版社，2017.
［84］罗楚亮，汪鲸．人力资本回报与城乡收入差距变动［J］．浙江工商大学学报，2021（5）：77-92.
［85］吕承超，崔悦．乡村振兴发展：指标评价体系、地区差距与空间极化［J］．农业经

济问题，2021，497（5）：20–32.
［86］吕承超．中国社会保障支出缩小了城乡收入差距吗：基于规模与结构的动态面板模型分析［J］．农业技术经济，2017（5）：98–110.
［87］吕炜，杨沫，王岩．城乡收入差距、城乡教育不平等与政府教育投入［J］．经济社会体制比较，2015（3）：20–33.
［88］吕勇斌，李仪．金融包容对城乡收入差距的影响研究——基于空间模型［J］．财政研究，2016（7）：22–34.
［89］毛锦凰，王林涛．乡村振兴评价指标体系的构建——基于省域层面的实证［J］．统计与决策，2020，36（19）：181–184.
［90］孟祥林．乡村振兴战略：国外的成功实践与我国的发展选择［J］．河北科技大学学报（社会科学版），2019，19（3）：15–21.
［91］那鲲鹏，方丹．国外复合型首都市郊乡村振兴模式研究——以巴黎为例［J］．小城镇建设，2019，37（11）：103–108.
［92］宁满秀，袁祥州，王林萍，邓衡山．乡村振兴：国际经验与中国实践——中国国外农业经济研究会2018年年会暨学术研讨会综述［J］．中国农村经济，2018（12）：130–139.
［93］沈斐．"美好生活"与"共同富裕"的新时代内涵——基于西方民主社会主义经验教训的分析［J］．毛泽东邓小平理论研究，2018（1）：28–35+107.
［94］沈扬扬．以农业农村现代化建设中国特色社会主义乡村振兴道路［J］．兰州大学学报（社会科学版），2021，49（3）：59–65.
［95］宋晓玲．数字普惠金融缩小城乡收入差距的实证检验［J］．财经科学，2017（6）：14–25.
［96］搜狐网：《日本合掌村：百年不懂"变通"，却靠"守旧"复兴了经济》，2019.8.6.
［97］搜狐网：《吴兴成功入选！》，2021.7.30.
［98］搜狐浙江咨询：《浙江统一战线出台六大专项行动，同心助力共同富裕示范区建设》，2021.8.17.
［99］孙永强，万玉琳．金融发展、对外开放与城乡居民收入差距——基于1978—2008年省际面板数据的实证分析［J］．金融研究，2011（1）：28–39.
［100］万海远，李实．户籍歧视对城乡收入差距的影响［J］．经济研究，2013，48（9）：43–55.
［101］汪三贵，冯紫曦．脱贫攻坚与乡村振兴有效衔接的逻辑关系［J］．贵州社会科学，2020（1）：4–6.
［102］汪勇政，唐婷，李久林，余浩然．基于文本解码的中国"三农"政策演进研究［J］．安徽农业大学学报（社会科学版），2020，29（5）：20–27.

[103] 王春光. 迈向共同富裕——农业农村现代化实践行动和路径的社会学思考[J]. 社会学研究，2021，36（2）：29–45+226.
[104] 王婷，苏兆霖. 中国特色社会主义共同富裕理论：演进脉络与发展创新[J]. 政治经济学评论，2021，12（6）：19–44.
[105] 王修华，邱兆祥. 农村金融发展对城乡收入差距的影响机理与实证研究[J]. 经济学动态，2011（2）：71–75.
[106] 王艺明，蔡翔. 财政支出结构与城乡收入差距——基于东、中、西部地区省级面板数据的经验分析[J]. 财经科学，2010（8）：49–57.
[107] 韦家华，连漪. 乡村振兴评价指标体系研究[J]. 价格理论与实践，2018，411（9）：82–85.
[108] 卫兴华. 坚决走共同富裕之路[J]. 红旗文稿，2013（3）：21–24+1.
[109] 卫兴华. 遵循共同富裕的原则促进分配公平[J]. 新视野，2013（5）：21–24+75.
[110] 魏后凯，姜长云，孔祥智，等. 全面推进乡村振兴：权威专家深度解读十九届五中全会精神[J]. 中国农村经济，2021（1）：2–14.
[111] 魏后凯. 从全面小康迈向共同富裕的战略选择[J]. 经济社会体制比较，2020（6）：18–25.
[112] 吴彬彬，章莉，孟凡强. 就业机会户籍歧视对收入差距的影响[J]. 中国人口科学，2020（6）：100–111+128.
[113] 吴敬琏. 当代中国经济改革教程[M]. 上海：远东出版社，2018.
[114] 武小龙. 英国乡村振兴的政策框架与实践逻辑[J]. 华南农业大学学报（社会科学版），2020，19（6）：23–33.
[115] 习近平. 关于《中共中央关于制定国民经济和社会发展第十四个五年规划和二〇三五年远景目标的建议》的说明[EB/OL].（2022–3–20）.[2020–11–03].
[116] 习近平. 在省部级主要领导干部学习贯彻党的十九届五中全会精神专题研讨班开班式上的讲话[EB/OL].（2022–10–8）.[2021–01–11].
[117] 夏英，王海英. 实施《乡村振兴促进法》：开辟共同富裕的发展之路[J]. 农业经济问题，2021（11）：20–30.
[118] 谢冬水. 农地转让权、劳动力迁移与城乡收入差距[J]. 中国经济问题，2014（1）：49–59.
[119] 新华网：《走基层：农民"上班"拿工资前进村走上小康路》，2013.2.26.
[120] 徐达. 我国乡村文化评价指标体系构建研究——基于共同富裕理念的分析[J]. 浙江树人大学学报（人文社会科学），2021，21（6）：38–46.
[121] 徐凤增，袭威，徐月华. 乡村走向共同富裕过程中的治理机制及其作用———项双案例研究[J]. 管理世界，2021，37（12）：134–151+196+152.
[122] 徐锦华. 中国农村小康标准研究——摘要与思考[J]. 柴达木开发研究，1993

（1）：81–83+52.

［123］薛宝贵. 共同富裕的理论依据、溢出效应及实现机制研究［J］. 科学社会主义，2020（6）：105–112.

［124］严文波，祝黄河. 社会主义共同富裕的理论阐释与实现机制［J］. 江西财经大学学报，2014（4）：105–110.

［125］央视《焦点访谈》聚焦浙江：《共同富裕，从“浙”起步》，2021.8.8.

［126］姚树荣，周诗雨. 乡村振兴的共建共治共享路径研究［J］. 中国农村经济，2020（2）：14–29.

［127］姚耀军. 金融发展与城乡收入差距关系的经验分析［J］. 财经研究，2005（2）：49–59.

［128］叶兴庆. 新时代中国乡村振兴战略论纲［J］. 改革，2018，287（1）：65–73.

［129］余菊，刘新. 城市化、社会保障支出与城乡收入差距—来自中国省级面板数据的经验证据［J］. 经济地理，2014（3）：79–84.

［130］张立军，湛泳. 金融发展影响城乡收入差距的三大效应分析及其检验［J］. 数量经济技术经济研究，2006（12）：73–81.

［131］张琦，李顺强. 全面开启乡村振兴，加速实现共同富裕［J］. 可持续发展经济导刊，2021（9）：22–24.

［132］张琦，庄甲坤. 乡村振兴是实现共同富裕的重要战略部署 2021-09-03 10：51 人民论坛网.

［133］张挺，李闽榕，徐艳梅. 乡村振兴评价指标体系构建与实证研究［J］. 管理世界，2018，34（8）：99–105.

［134］张艳萍. 乡村振兴战略下中国城乡关系的重构［J］. 农业经济，2018（12）：68–70.

［135］张义博，刘文忻. 人口流动、财政支出结构与城乡收入差距［J］. 中国农村经济，2012（1）：16–30.

［136］赵莎莎，张东辉，张伟. 新型城镇化、民生财政支出与城乡收入差距——基于经济增长门槛模型的实证分析［J］. 华东经济管理，2018（12）：78–85.

［137］赵戊辰. 五个维度看乡村振兴与共同富裕的辩证关系［N］. 绍兴日报，2021-09-16（003）.

［138］浙江日报：《云享湖州，数说生活 ——以数字化改革助力共同富裕》，2021.9.17.

［139］浙江日报：《种好高山菜 探出致富路》，2021.9.26.

［140］浙江省统计局课题组，方腾高，王兆雄. 浙江乡村振兴评价指标体系研究［J］. 统计科学与实践，2019，411（1）：8–11.

［141］浙江新闻：《湖州南浔全区行政村入股“强村公司”实现自主“造血”助力共同富裕》，2021.5.12.

[142] 郑兴明. 基于分类推进的乡村振兴潜力评价指标体系研究——来自福建省 3 县市 6 个村庄的调查数据 [J]. 社会科学，2019，466（6）：36–47.
[143] 中国新闻网:《打造“无差别城乡”：浙江湖州的共同富裕“新名片”》，2021.9.27.
[144] 中国组织人事报:《马志祥：让前进村不断前进》，2014.7.21.
[145] 周扬，郭远智，刘彦随. 中国县域贫困综合测度及 2020 年后减贫瞄准 [J]. 地理学报，2018，73（8）：1478–1493.
[146] 朱诗柱. 朝着实现全体人民共同富裕的目标稳步迈进——学习习近平共同富裕思想笔谈 [J]. 税收经济研究，2017，22（6）：1–5.
[147] 左停，刘文婧，李博. 梯度推进与优化升级：脱贫攻坚与乡村振兴有效衔接研究 [J]. 华中农业大学学报（社会科学版），2019（5）：21–28.

附录：2008 年以来我国农业补贴政策演变一览表

2008—2021 我国农业补贴政策演变

发布时间	文件名称	主要政策摘要
2008.1.30	中共中央 国务院关于切实加强农业基础建设进一步促进农业发展农民增收的若干意见	扩大良种补贴范围，增加农机局购置补贴种类，提高补助标准
2008.10.12	中共中央关于推进农村改革发展若干重大问题的决定	明确三农领域仍存在农业基础薄弱、农村发展滞后、农民增收困难的问题，并保障各级财政对农业投入力度的加大
2008.12.31	中共中央 国务院关于 2009 年促进农业稳定发展农民持续增收的若干意见	进一步增加农业补贴，包括增加补贴力度，扩大补贴范围，实现水稻、小麦、玉米、棉花全覆盖，扩大油菜和大豆两种补贴范围
2009.12.31	中共中央 国务院关于加大统筹城乡发展力度进一步夯实农业农村发展基础的若干意见	坚持对种粮农民直接补贴。增加良种补贴，增加农机具购置补贴
2010.3.3	关于印发 2010 年中央财政农作物良种补贴项目实施指导意见的通知	水稻、小麦、玉米、棉花良种补贴在全国 31 个省（区、市）实行全覆盖
2010.12.31	中共中央 国务院关于加快水利改革发展的决定	健全农田水利建设新机制
2012.2.1	关于加快推进农业科技创新持续增强农产品供给保障能力的若干意见	持续加大财政用于“三农”支出，持续加大农业科技投入
2013.1.31	中共中央 国务院关于加快发展现代农业进一步增强农村发展活力的若干意见	不断强化农业补贴，加快让农业获得合理利润，完善农资综合补贴动态调整机制，逐步扩大种粮大户补贴试点范围
2014.1.19	关于全面深化农村改革加快推进农业现代化的若干意见	完善财政支农政策，增加“三农”支出，公共财政将把“三农”作为支出重点。新增补贴向粮食等重要农产品、新型农业经营主体、主产区倾斜

续表

发布时间	文件名称	主要政策摘要
2015.1.27	2015—2017年农业机械购置补贴实施指导意见	通过农业机械购置补贴政策实施，加快推进粮棉油糖等主要农作物生产全程机械化，提高政策的指向性和精准性
2015.5.22	关于调整完善农业三项补贴政策的指导意见	将80%的农资综合补贴存量资金，加上种粮农民直接补贴和农作物良种补贴资金，用于耕地地力保护；20%的农资综合补贴存量资金，加上种粮大户补贴试点资金和农业“三项补贴”增量资金，按照全国统一调整完善政策要求支持粮食适度规模经营
2016.6.23	农业支持保护补贴资金管理办法	农业支持保护补贴用于耕地地力保护的资金，补贴对象原则上为拥有耕地承包权的种地农民
2018.5.10	关于做好2018年农业生产发展等项目实施工作的通知	2018年中央财政继续安排农业生产发展资金、农业资源及生态保护补助资金、动物防疫等补助经费、农业生产救灾及特大防汛抗旱补助资金、农村土地承包经营权确权登记颁证补助资金，支持提升农业发展质量，培育乡村发展新动能
2019.4.1	农业农村部办公厅财政部办公厅关于进一步加强农机购置补贴政策监管强化纪律约束的通知	为深入贯彻落实党中央、国务院决策部署，严格中央财政农机购置补贴政策实施工作纪律，加强监管，严惩违规，推进农、财两部各项规定有效落实，最大限度发挥政策效益
2021.7.2	财政部、农业农村部发布2021年重点强农惠农政策	重点加强强农惠农政策，包括支持粮食生产发展、耕地保护与质量提升、种业创新发展、畜牧业健康发展、农业全产业链提升、新型经营主体培育、农业资源保护利用、农业防灾减灾、农村人居环境整治几个方面

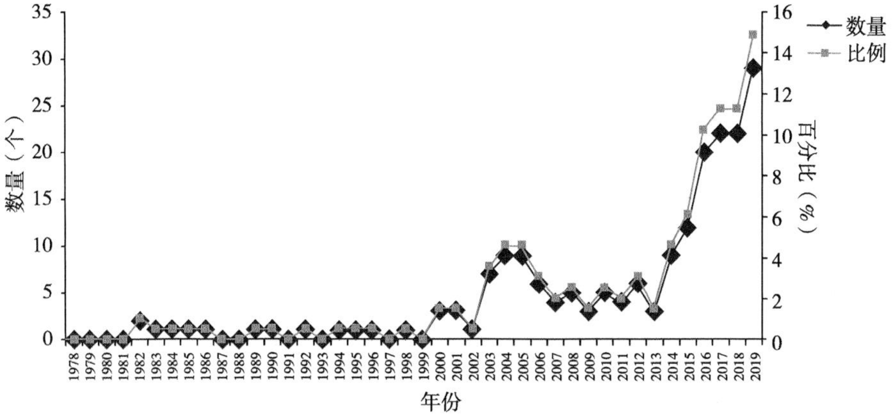

附图：1978—2019 年“三农”政策文本数量演变

资料来源：汪勇政，唐婷，李久林，余浩然.基于文本解码的中国“三农”政策演进研究［J］.安徽农业大学学报（社会科学版），2020，29（5）：20-27.